"商中之商"：中国经纪人史

曲彦斌 曲 哲 著

中原出版传媒集团
大地传媒

大象出版社
·郑州·

图书在版编目(CIP)数据

商中之商：中国经纪人史／曲彦斌，曲哲著.—郑州：大象出版社，2017.9
ISBN 978-7-5347-9237-3

Ⅰ.①商… Ⅱ.①曲…②曲… Ⅲ.①经纪人—商业史—中国 Ⅳ.①F729

中国版本图书馆CIP数据核字(2017)第098748号

商中之商：中国经纪人史
SHANG ZHONG ZHI SHANG ZHONGGUO JINGJIREN SHI

曲彦斌　曲　哲　著

出 版 人	王刘纯
责任编辑	郑强胜
责任校对	裴红燕　安德华
版式设计	王　敏

出版发行　大象出版社（郑州市开元路16号　邮政编码450044）
　　　　　　发行科　0371-63863551　总编室　0371-65597936
网　　址　www.daxiang.cn
印　　刷　郑州新海岸电脑彩色制印有限公司
经　　销　各地新华书店经销
开　　本　787mm×1092mm　1/16
印　　张　18.75
字　　数　280千字
版　　次　2017年9月第1版　2017年9月第1次印刷
定　　价　48.00元

若发现印、装质量问题，影响阅读，请与承印厂联系调换。
印厂地址　郑州市文化路56号金国商厦七楼
邮政编码　450002　　　　电话　0371-67358093

图1　清丁观鹏《太平春市图》（局部）
图2　宋李公麟《五马图》（局部）
图3　19世纪前期的北京前门大街市肆场景

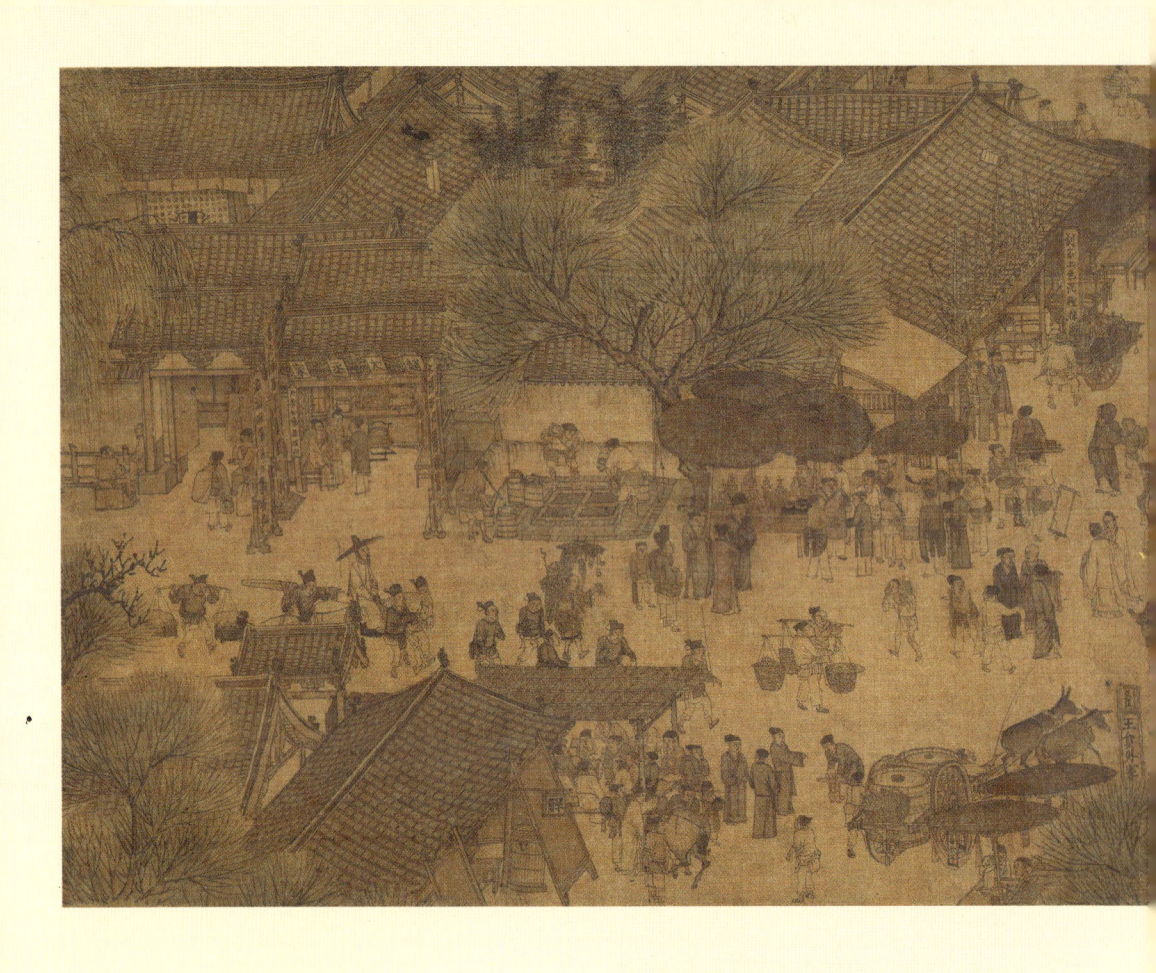

图 4	图 5
图 6	图 7

图 4　宋张择端《清明上河图》（局部）中的市肆店铺

图 5　明仇英《清明上河图》（局部）中的市肆店铺和招幌

图 6　清郎世宁《羊城夜市图》

图 7　清徐扬《姑苏繁华图》（局部）中描绘的苏州街肆

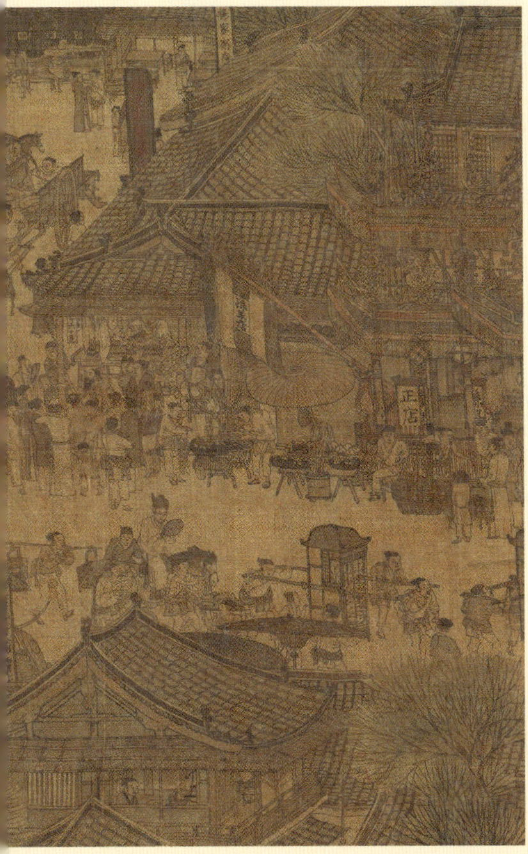
正店

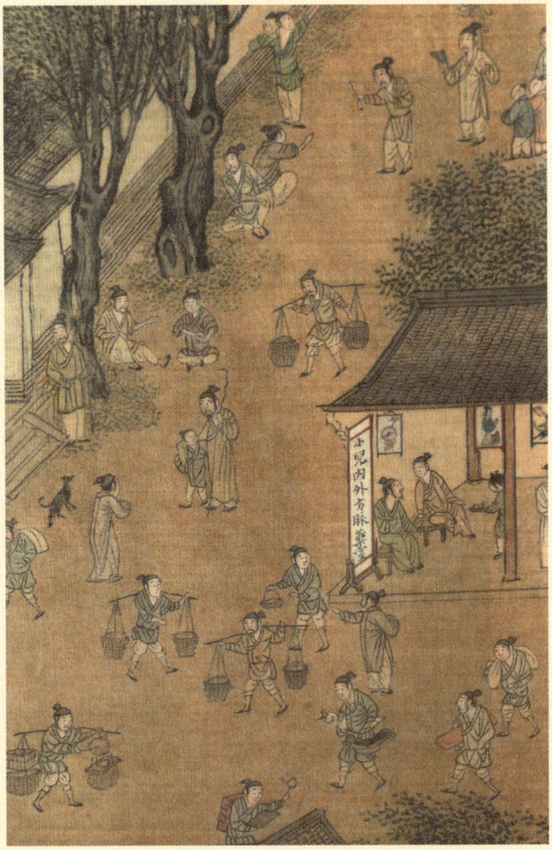
小兒内外方脈

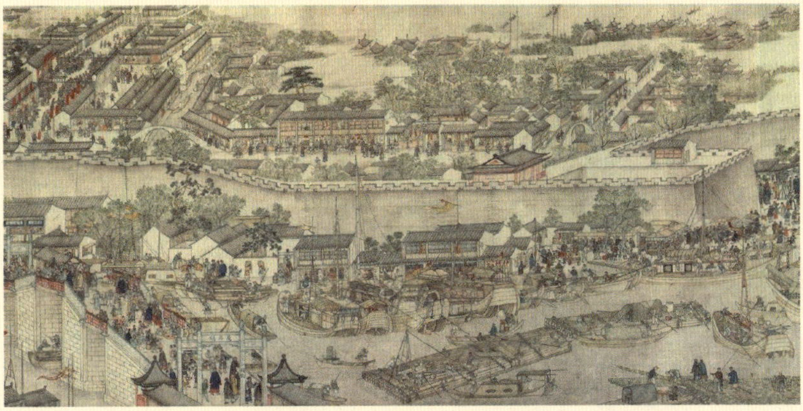

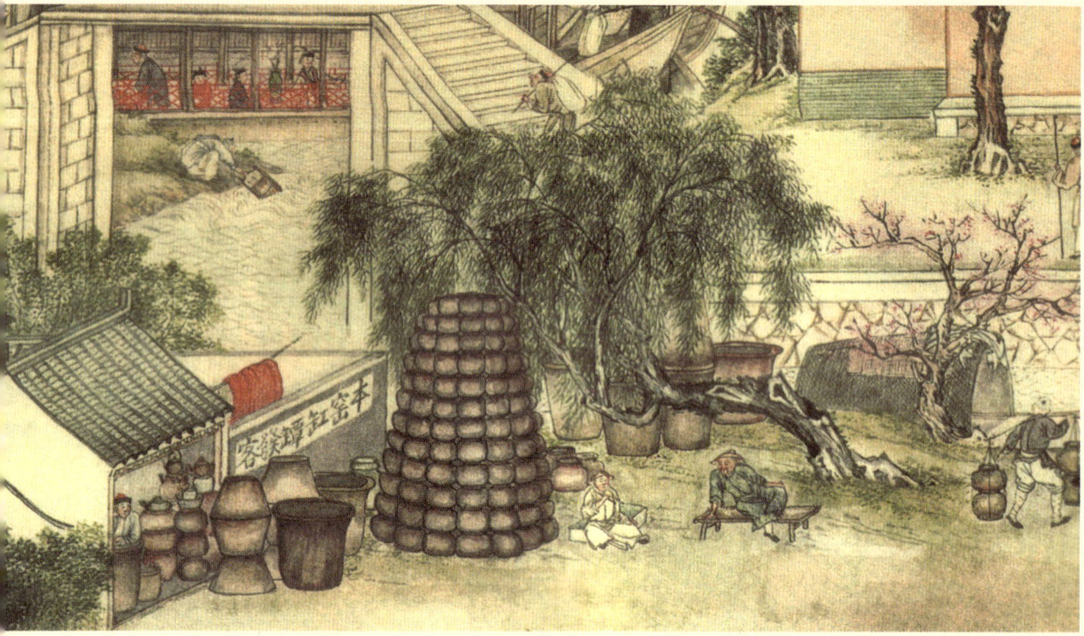
本窑缸罈發客

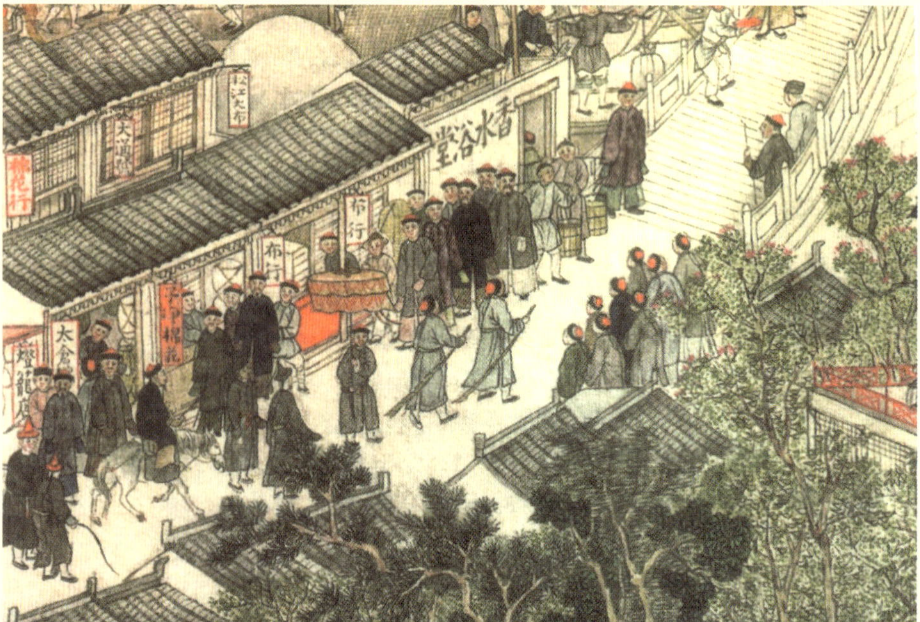
香水浴堂
松江大布
布行
布行

图8	图10
图9	图11

图8　清徐扬《姑苏繁华图》（局部）中描绘的苏州街肆

图9　清徐扬《姑苏繁华图》（局部）中描绘的苏州街肆

图10　《卢沟运筏图》长卷（局部）中的市肆店铺和招幌

图11　元代《卢沟运筏图》（局部）中卢沟桥附近的市肆

图12

图13

图12 明代宫廷绘画《南都繁会景物图卷》（局部）描绘的明代南京城郊市廛店铺景象

图13 明代"钱塘十景"之一杭州北关夜市

作者简介

曲彦斌，辽宁社会科学院研究员、文化学刊杂志社社长兼总编辑，民俗学、文化学研究所创所所长，中国典当研究中心主任。享受国务院特殊津贴专家。曾当选并出任中国民俗语言学会会长、辽宁省民俗学会会长、辽宁省演讲学会会长、辽宁省茶文化研究会会长、兼任中国刑事警察学院中国民俗语言与隐语行话研究所所长，以及中国华侨大学、沈阳音乐学院、辽宁师范大学、沈阳师范大学、辽宁大学等多所大学的教授和研究生导师。

主要研究方向有民俗学、语言学、文化人类学。涉足的学术研究领域有社会生活史、文化史、网络社会学、古典文学、民间文艺学等。是"民俗语言学""中国典当学""汉语隐语行话""企业民俗学""民俗问题"等学说和理论的原创者。先后出版《中国行会史》《杂纂七种校注》《民俗语言与社会生活》以及《蓴菲菁华录：历代采风问俗典籍钩沉》等学术专著、译著、古籍校注40余种，主编或合著专著、辞典、丛书十数种，发表论文、学术文章200余篇，出版、发表学术著述数百万字。在中国学术史上原创了若干个"第一部"，主要有《民俗语言学》《语言民俗学概要》《中国典当史》《中国招幌与招徕市声——中国传统广告艺术史》《中国镖行——中国保安业史略》《中国民间秘密语》《中国乞丐史》《中国招幌辞典》，以及主编的《中国民俗语言学》《中国典当学》和九卷本《辽宁文化通史》等。

曲哲，辽宁社会科学院文献信息中心副主任。主要从事公共图书馆、文献信息等方面的研究。先后发表学术论文数篇，如《锡伯族民间故事类型探析》《辽宁历代竹枝词文献类析》《公共图书馆的公共文化服务体系现状略探——以辽宁省各主要城市公共图书馆为例》《第三空间图书馆在公共文化服务体系建设中的作用及发展趋势》《从"农家书屋"看我国基层公共文化服务体系建设》等。参与合著《沈阳历史文化丛书·民俗风尚》《中国民俗知识丛书·辽宁卷》《中国隐语行话大辞典》《隽永格言大辞典》《世界名言大辞典》《中国招幌辞典》以及《世界名言赏读集录》等书。

中国经纪人史的"关键语"与"社会史点阵"的研究"套路"

——以辑录旧文连缀而成的特别言说

这是一篇别出心裁的、完全以作者旧文摘抄连缀而成的特殊序言。

"为何关注中国经纪人史"这个话题以及乞丐史、典当史、保安史、招幌史等,都是作者撰写此类社会生活专门史著作时认真并深入思考的问题。因此,本篇之所以如此,除取其新颖之趣外,更主要在于作者多年来撰写社会生活史轨迹的一次展示、梳理和总结。之所以采取以辑录作者旧文摘抄连缀而成这种形式,亦在于借说明"为何关注中国经纪人史"这个话题,以此体现了作者一以贯之的思想方法以及锲而不舍的探索历程和心路历程。

一、关于本书的缘起

大约20世纪末,我应邀与他人合作撰写了一本小册子《市场经纪人》。在那篇题为《"抑商"传统感言》的"代序"中,我写道:

> 继完成中国典当史、中国保安史、中国招幌与市声等有关传统经济、商业、民俗史的专题研究之后,最近,山东学界和出版社的友人又为我出了个新的题目——研究市场和经纪人。……通过这些专题研究,我获得了一些虽说难免肤浅却比较清晰的认识。其中包括:市场与商人、商业的出现,是社会发展到一定阶段的产物。市场的发达,是经济繁荣的主要标志,是社会进步的必需条件之一。商人,是一种社会职业分工。从商,需要必要的知识、技能,

需要相应的素质。商人的社会作用和贡献，是其他职业分工所不能取代的。经纪人是商品流通的重要环节，"投机"是经纪人的职业本分。至于不法奸商，属于商人中的败类，不仅需要加强道德建设，还需要法律法规的惩罚。商人使用招幌和市声之类广告促销，既是维护商业利益，也便利了消费者。典当是一种高利贷行业，令人望而却步，令人生厌，但它的调剂缓急作用适应了社会经济生活的要求，因而有其市场，需要在有关法规的制约下适量存在。从冷兵器时代传统镖行发展而来的保安业，其需求者主要是商业等经济活动，商业的繁荣为它带来了复兴的契机和广阔市场。有人说，不懂得历史就不知道现在。说起来，上述这些观点，除感性体悟外，更主要是通过进行有关专项研究获得的，并通过发表著作传播给了社会。(《"抑商"传统感言》，《市场经纪人》"代序"，山东教育出版社1999年)

古今中外典当业的经营发展轨迹，为当代典当业的复兴、开发，显示了一种综合经营、灵活适应、方便利用的可观前景。几十年前，大陆的典当业是伴随取缔高利贷行业而消失的。伴之而来的，则是在以往人们对待典当的观念之外，又增加了一层暗淡色彩。然而，可以相信，一旦人们发现新兴的典当业在现实生活中的作用时，这一切都会迅速改变。当然，这首先取决于典当业自身如何适应社会需求而开辟新的前景。至于旧有的高利贷盘剥当户之弊，在现行经济制度的基础上进一步完善有关管理制度即可解决，是毋庸担忧的。(《中国典当史》初版"跋"，上海文艺出版社1993年)

《市场经纪人》是仅仅几万字的一本小册子。就当时要求交稿的时限而言，在第一时间就决定了那仅仅是个非常仓促的"急就章"，只能以粗浅的思考和少量的史料予以应对。特别是，为赶时间，还临时约了一位从未合作过的年轻同事一起来做。于是，留下了一个耿耿于怀的未竟心事。因而在其后的岁月里始终跟踪这个专题的信息和研究动态，未敢稍息。本人治学有个习惯，盯上某个专题后，往往一盯到底，而且往往是在思考积累到一定程度时方才动笔。至今，尚有十几个累积多达二三十年的专题，仍在跟踪累积过程中。如今付梓的这部经纪人史，便是这样持续关注累积了十几年的结果。

《市场经纪人》封面,山东教育出版社 1999 年　　《中国典当史》初版封面,上海文艺出版社 1993 年

再次进入本专题研究,旨趣有二:一是想回答"为何关注中国经纪人史"这个一直在探索中的问题,这是每项专题研究都必须面对的问题。二是借此过程结合其他社会史专题的研究,对研究"套路"或者说思想、方法做一次稍微深入一点的小结。

二、本书主要见解的关键语

通常说,"关键词"这个术语源自英文"keywords",特指检索所使用的用以表示特定内容的专门词语。学术著作编设"关键词",是西方现代著作的规范。近年,已为中国学术界所广泛采用。一篇学术论文编设几个关键词,便于概观了解论文的基本信息以及检索相关选题的论文。一部十几万字的学术著作,仅仅编设几个关键词则难以实现这个目的,往往是编制重要术语乃至人名、地名等的索引附于书后,与主要参考文献目录一并提供给读者检索参考。

读者除从全书总目录略窥本书的基本内容和结构框架外,往往还习惯从本书的"前言"、"后记"了解作者撰写本书的主要思想和方法。本书即参照当今学术论文编设关键词的方式,从本书正文各章之中摘录、选辑出部分作者自以为能引起读者关注的"关键话语",省称"关键语",提供给读者作为阅读参考。

这些看似凌乱庞杂的"关键语",大体回答了作者"为何关注中国经纪人史"这个问题。

1.无处不有市,凡市皆有牙

从古老的集市贸易到现代集约化、规模化或专业化的商品大市场,都离不开经纪人这种中间商的经营活动。而且,社会越发达、市场经济越活跃,经纪人的作用显得越发重要。

中国的经纪人,早于周秦时代已见端倪,当时的"质人",兼具经纪人的职能。或言之,中国的经纪人执业者,可追溯至周秦时代的"质人"。《周礼·地官·质人》载:"质人,掌成市之货贿、人民、牛马、兵器、车辇、珍异。"唐代贾公彦疏云:"此质人若今市平准,故掌成平'市之货贿'已下之事……古人会聚买卖,止为平物而来,质人主为平定之。则有常估,不得妄为贵贱也。"对此,晚清经学大师孙诒让在《周礼正义》引惠士奇曰:"质人,卖使人民用长券,谓之质。王褒僮约,石崇奴券,古之质欤。质许赎,鲁人有赂臣妾于诸侯者,而通逃之臣妾,皆得归其主焉。有主来识认,验其质而归之。"究其实,"质人"之职,主要是掌管平抑物价、发放和监督管理交易契据的市肆小吏。契据是具有中证效力的凭证,卖主可凭此质券进行赎买。郭沫若主编的《中国史稿》认为:"'质人'就是管理市场的经纪人,由他制发买卖的契券。"依此说,则中国经纪人已有三千年的悠久历史了。(本书第三部分"中国经纪人行业踪痕例话")

在异彩纷呈的古今商业贸易舞台上,诸行百业的经营者各显神通。在批发商、零售商以及行商坐贾等各类经商者中,有一种活跃于诸行百业商品交易过程中的"二传手"——中间商,通称经纪人。(本书第二部分"经纪人概说")

古今集市及各类市场为经纪人提供了生存的空间和展现才华的舞台。于是,经纪人便在这个舞台或说竞技的"战场""擂台"上尽情驰骋、演示,呈现了千百年来一幕幕正剧、丑剧和悲剧、喜剧及至闹剧。这也是一个人生历史的大舞台,是人生的生动历程。(本书第二部分"经纪人概说")

2.中国居间经纪人行业及其发生发展轨迹与流变的基本规律和特点

中国居间经纪人行业及其发生发展轨迹与流变,基本的规律和特点有三:

第一,同是牙商,因行有别。

常言说:"三百六十行,行行出状元。"就商业史而言,可谓"三百六十行,行行有牙商"。"牙商"并非"状元",却是几乎任何商业行当都存在的专业行当和特定的商人角色。尽管牙商在总体上是个具有独自行业特点的独立行业,具有一定的共通性,但是由于牙商分布于各个行当,在各个行当中实现自己特定的责、权、利,因而这是一个分布广泛而又各具相对独立、专业性很强的行业。行业格局是一个干疏枝繁、干与枝纵横交错的结构。牛行、马行经纪与米行、木作行、古玩行等不同行当的经纪,同样是"隔行如隔山"。行行都有居间经纪人,各行经纪人都必须具有也必须精通当行的专业知识,方能在当行实现其角色所赋予的责、权、利。也就是说,总体上居间经纪人同为牙商一行,但因其所服务的行业对象不同而有别。

第二,行业枯荣始终与市场经济发展曲线共进退。

居间经纪人行业的发生、发展轨迹显示,商业活动秩序的需求,决定着其行业的生灭荣枯。以牛马为主要生产、交通工具乃至重要军事装备的时代,形成以驵侩为代表的居间经纪人,并以"驵侩"为行业或从业者的通用代称,即为那个时代市场经济商业活动秩序的需求使然。唐宋以来,随着社会职事分工和商品经济繁荣所致使的行业分工的逐渐专业化,居间经纪人的行业分工也相应地越发明细化,几乎各种商业行当都出现了专业的经纪人。清末民初,伴随广州、上海等地的外贸逐渐发达,掮客、买办亦空前活跃,乃至形成

"官僚买办资产阶级"。

第三,在经纪人行业文化史上没有形成牙商统一的行业共同习俗。

同是牙商,因行有别,所以在传统的行业群体语言习俗和言语习惯方面,除部分通用行话用语外,居间经纪人很难形成统一的、通用的经纪人隐语行话。谙熟所经营行业的隐语行话,是其从业所必需的基础知识和工具。否则,何以置身于其中扮演角色?究其缘故,不存在相应的功利性,无需求也就难以形成大一统的牙商共同行业习俗。(本书第三部分"中国经纪人行业踪痕例话")

3.中国居间经纪人行业与中国典当业形成、发展的历史轨迹与流变何其相似

笔者曾概括中国典当业形成、发展的历史轨迹为八句话,业内流传颇广,即《中国典当史歌诀》:

初见萌芽于两汉,肇始于南朝寺库,

入俗于唐五代市井,立行于南北两宋,

兴盛于明清两季,衰落于清末民初,

复兴于当代改革,新世纪有序发展。(本书第三部分"中国经纪人行业踪痕例话")

纵观中国经纪人行业形成与发展的历史轨迹,令人惊奇地发现,套用一句文言老话,那就是"何其相似乃尔"。再套用《中国典当史歌诀》并联系本行业的历史实际编成《中国经纪人史歌诀》,即:

周秦质人汉邸舍,晋侩黑白履市廛;

隋唐牙郎本互郎,立行滥觞宋金元;

明清两季新常态,买办兴自行十三;

改革开放重登场,洗却铅华焕新颜。

何以如此相似?或许与两者均属于市场经济活动中的服务性行业这个属性相关。在此属性前提下,两者有着比较相似的滥觞、勃兴,乃至沉浮、枯

荣的轨迹。(本书第三部分"中国经纪人行业踪痕例话")

4. 以牙商为传统商业中介,是中国传统商业制度的核心

中间商,几乎是各种商业行当自古以来就存在的一种商业活动和商人,是一大商业行当。(本书第三部分《中国经纪人行业踪痕例话》)

以牙商为传统商业中介,是中国传统商业制度的核心,也是颇具中国传统特色的社会经济制度。在中国商业史乃至经济发展史上,这是一个具有十分重要作用的制度。(本书第三部分"中国经纪人行业踪痕例话")

实际上,13至16世纪在英国伦敦、法国巴黎、意大利佛罗伦萨等欧洲城市的贸易经营活动中的"商栈",与中国历史上的邸舍、邸店、塌房、牙行等的性质、功能十分相近。中国秦汉的邸舍、隋唐时代的邸店、宋元以来的塌房、明代的牙行、明清时期的歇家、清代广东专事对外贸易的"十三行""公行",均属于集客店、经纪人、仓储、贸易、运输、借贷等多种功能于一体的行商商务交易场所。牙商及其居间经纪活动自在其间,究其性质,无论是官办还是私营,均属行商交易活动场所,可以统谓之行商商栈。(本书第三部分"中国经纪人行业踪痕例话")

明代牙商行业,确实存在有所谓的"牙僧"之说,用以称谓充当牙侩或从事牙商活动的僧人。尽管可能尚属孤证(明代其他文献是否还有同样用语尚未考知,待考),尽管托称发生于"宋绍兴年间"的故事,但白纸黑字还是明代的世情话本小说。可以据此认定,明代确有"牙僧"。(本书第三部分"中国经纪人行业踪痕例话")

从民间开始到正式的进出口贸易过程中,陆续衍生出捐客、买办,乃至集体性买办的"十三行",实现了传统牙商向现代经纪人和居间经纪机构的蜕变。(本书第三部分"中国经纪人行业踪痕例话")

买办主要以外贸和受雇于外商为本业,其间传统官私牙商与之并存。买办阶层的出现,促进了突破闭关锁国的对外开放和近代化进程。(本书第三部分"中国经纪人行业踪痕例话")

5.牙商的技巧、智慧与"无商不奸"

在我们这个农业文明历史悠久的国度,"抑商""轻商"一向是居主导地位的正统观念。历史上虽不乏"官商"和商人出资捐爵之例,但许多朝代的律例都对商贾及其子弟出仕为官加以严格限制。在官本位的文化传统中,限制商贾或其子弟为官便将"抑商""轻商"制度化了。因而,长时期便形成了这么一种含混的观念:投机倒把者为奸商,"无商不奸",商人亦即"奸商"。这种观念,几乎成了过去许多年代的一种共识。"文化大革命"将其推向了极致,直到荒唐岁月终结,社会方才重新咀嚼"无商不活"这句俗训。于是,商海潮涌,铺天盖地而来,景象空前。商海诱人,人们争先恐后地下海,甘为"奸商",不愿做穷光蛋无产者。没多久,在大陆销声匿迹几十年、因高利贷而声名狼藉的典当业重新复兴,生意红火。随之,"商中之商"的经纪人行当也应运复出。如此这般,还未来得及给商人正名或平反,一切就被决堤之势的时代大潮推动着重新开始了。(《"抑商"传统感言》,《市场经纪人》"代序",山东教育出版社1999年)

历来社会的经济发展、市场繁荣都离不开商业活动和商贾的作用,当然也离不开中间商这一环节。中间商的历史,几乎从古代集市贸易形成就开始了。(本书第二部分"经纪人概说")

牙商首要是商品的"伯乐"。一如牛马畜市的驵侩,首要是必须具备"伯乐"的技能,否则如何鉴定优劣好坏,如何估价高低,无此即全无从业经营的资格。(本书第八部分"中国经纪人史诗话(上篇)")

诸行经纪人出于生计和居间经营交易需要,均要谙熟并会使用当行及至相关行业的隐语行话。隐语行话是其必须掌握的经营工具和维护自身及当行利益、交流信息的基本手段。同时,这些隐语行话也是其当行行事及至行业内幕别有天地的窗口,是其行业历史十分重要的语言化石。中国经纪人行业,主要是词语形态有声的隐语行话和非言语形态的隐语行话。

由于历代牙商大都分散存在诸行百业,除了部分通用行话用语,很难形成统一、通用的牙商隐语行话。反之,确需谙熟所处行业的隐语行话,作为在该行业从业所必需的入门基础知识和内部言语交际工具。(本书第六部分"中国经纪人的传统行业习俗")

在民间口碑中,"无商不奸"原本是褒义的"无商不尖"。"市侩"原本是中国经纪人行业史上的"牙商",却因其唯利是图的欺诈行为而蒙羞积垢,成为一个声誉不佳,玷污世风的不良行业形象。于是,至明清,则逐渐演变成了善于钻营、道德伪善、作风粗鄙庸俗、蝇营狗苟的奸诈势利小人的代名词。

"市侩"语义演变的历史轨迹,显示着人们善与恶的双重本性在崇善惩恶的道德取向上的博弈,是公序良俗法则的裁判与规范。(本书第七部分"'市侩'演变故实")

举凡古今中外商业活动行为,多以诚信商德和经营技巧取胜。如何坚守诚信商德,是业商的道德底线。如何把握商机与经营技巧,则属于商人的智慧。市场商界多投机行为,是否属于把握商机与经营技巧的智慧呢?各类商人群体中,牙纪是采取"投机"行为谋求佣金最大化的商人,是除股份投资以外最为典型的"投机商"。(本书第六部分"中国经纪人的传统行业习俗")一如"市侩"之辨,亦需要对"投机"进行辩证分析。

作为经济学术语,"投机"是指利用市场的价差、时机进行买卖交易,从中谋求利润最大化的市场商业行为。曾几何时,传统的观念认为,"投机"是靠不正当手段营私舞弊而谋求私利的行为。"我国曾把经济领域中的'投机'行为一律视为资本主义的东西去批判、去打压,严重地制约了国民经济的发展。长期以来思想的禁锢和理论的贫乏,把市场经济视为资本主义的'专利',如'买空卖空'这个资本主义的特定产物。"实际上,这是中国计划经济制度下的产物。计划内部分物资实行国家统购统销,统一配价,同时允许部分企业超计划自销产品并按市场价格出售,于是形成了特殊的"价格双轨制",也就出现了"投机倒把"。当时有一个与之相关联的罪名,叫作"投机倒把罪",顾名思义,就是特指以买空卖空、囤积居奇、套购转卖等所谓"非法"手段牟取暴利的一种犯罪。中国改革开放初期,随着市场经济体制的确立,投机倒把行为出现了明显分化,有的已经成为正常市场行为,有的则上升至法律规范。1979年3月14日第八届全国人民代表大会第五次会议修订的刑法取消了"投机倒把罪"。8年之后的1987年9月17日,国务院发布的《投机倒把行政处罚暂行条例》公布实施;在这个《投机倒把行政处罚暂行条例》实施20年后,我国刑法取消了"投机倒把罪"。2008年1月23日,国务院公布的《关于废止部分行政法规的决定》,被宣布废止或失效的92件行政法规中,包括《投机倒把行政处罚暂行条例》。国务院宣布其失效的理由是"调整对象已消失,实际上已经失效"。(本书第六部分"中国经纪人的传统行业习俗")

中国历史上10位与"驵侩"职业有关的人物,可分为三种类型。一类是以驵侩为生计职业并因此而闻名于世的,如名垂青史的"相马"名家伯乐、九方皋,三国时长安布衣市侩刘仲始;二类是曾经出身于驵侩业,但因其他事迹而闻名于世的,如出身于"晋国之大驵"的著名政治家段干木,"种玉得妻拜大夫"的牙侩杨雍伯,"驵侩、无行、善盗"的乱世枭雄王君廓,曾经同为"互市牙郎"的安禄山与史思明,元朝的掘墓人"盐场纲司牙侩"张士诚;三类是由于变故或人生际遇失意后以驵侩职业为生计闻名于世的,如避世墙东"侩牛自隐"的王君公,差强人意亡命马侩的汉将军吴子颜,卓有建树的启蒙思想家唐甄。诸人何以如此?首先在于驵侩是一种可以赖以谋生的社会职业;其次是各自的人生际遇使然;再次是以自己的勤勉执着获得世人的首肯而名垂青史,或是在把握各自的人生际遇中获得某种令世人瞩目的事迹而闻名于世,各有其故,各有千秋。因此,历代驵侩不乏高人奇士。(本书第四部分"历代著名牙商故实考略")

三、社会史研究的思想与方法

我在九州出版社2007年出版的《中国乞丐史》(增订本)"后记"中写道:

一九九〇年,《中国乞丐史》由上海文艺出版社出版,迄今已经面世十七八个年头了。当初未曾料到的是,这本小书出版后,当即在海内外引起了较大关注。新华社、《解放日报》《新民晚报》《浙江学刊》等相继刊文评介。《文汇读书周报》不仅列入《每周一书》栏目向读者推介,还于同年七月二十一日发表上海文艺出版社原社长江曾培先生题为《开拓补缺,亦庄亦谐——读〈中国乞丐史〉》的评论,认为:"这是一本补缺的书,一本别致的书,一本颇富价值的书……有益于对整个社会文化作全面而深入的把握,表明我国社会文化专史的研究,明显地拓展到江湖下层社会了。"不知这位著名出版家江曾培先生写这篇书评时是否想到过,他这段颇富有见地的深刻评论,警醒我开始注意社会文化专史的思想方法和写作方法,对我此后20多年这方面的影响至为深刻。我此后的典当史、行会史等的研究与写作,均坚持了这个套路。同时,他对这个思想方法和写法的精辟概括与肯定,不仅影响了我这些年的执着探索,而且还作了有力的推广。此即当时上海文艺出版社民间文学编辑室以拙著《中国乞丐史》和《中国典当史》两种为开端,随即组织编写了"中国社会民俗史丛书",陆续出版了《优伶史》《奴婢史》《风水史》《小妾史》《缠足史》《妓女史》《赌博史》《流氓史》《选美史》《医俗史》《年画史》《钱庄史》《商贾史》《流民史》《盗墓史》《贞节史》《刺客史》《丧葬史》《侠客史》《傩俗史》《媒妁史》《收藏史》《典妻史》《窃贼史》《盟誓史》《游戏史》,以及除《典当史》《乞丐史》外我随即接续撰写的《行会史》等,多达20多种,蔚为大观,一时犹若开社会文化专史的研究"风气之先",令海内外学界耳目一新,影响甚广,甚至是纷纷效仿"跟风"。

如果用几句话简要概括一下"中国社会民俗史丛书"和我本人这些年来社会史的研究"套路",或者说思想与方法的话,似乎可以概要地说是:抉隐发微,正本清源;俗事探雅,雅题俗做;点面交集,立体通观;关注现实,辨风正俗;民俗语言,别有天地。

1.抉隐发微、正本清源与点面交集、立体通观

1991年,拙著《江湖隐语行话的神秘世界》作为"中国民俗语言文化丛书"的一种出版后,著名文化学者彭定安先生曾发表评论,对是书所显现的研究方法给予了学理性的评价。他认为:

《弁言》中还提到,此种学问,即关于隐语行话这个语言文化的一个神秘世界的事情,是"枝梢末节",——他用了引号,或有转借、保留之意,然而,不管他的本意如何,我都是不同意的。当然,解释一两个隐语行话,揭破三言两语"黑话",或考证一些隐语行话之类的出处来历,只能看作是做学问的枝梢末节。但是,系统地、有独立见解地整理前人之学术积淀,收集这方面的历时性资料,进行分类研究,并且描述、提示这个语言的也是社会的秘密世界,这工作就绝不是枝梢末节了。这还只是就其"本体"的、直接的内涵与意义而言,如果连类而及、扩大关涉范围和作跨学科的思考与研究,那么它就至少还有历史学、民俗学、文学、文化人类学、社会学、心理学、训诂学等方面的意义。它可以帮助解读古籍、杂学,可以研究历时性和共时性的亚文化(如书中所列三种分类形态的各种社会阶层、各行各业、各种秘密会社的隐语、行话、秘密语)状况,研究历史上的现实社会状况、阶层结构、"角色"状态以及社会心理,等等。从这些方面看,这就是一种"大系统"研究和"研究大系统"了,因此也就是一门大学问了。

这本书的专业性很强,但是却又有知识性、可读性。它介绍了许多鲜为人知的语言的、社会的、历史的、文学的知识,它又介绍了不少人们熟知的各方面知识的历史渊源、来龙去脉,读起来令人颇有兴味。……总之,我喜欢这部书,也认为作者收集了丰富的资料,且做了抉隐发微的工作,又对这些资料进行了独到的研究,做了开辟性的工作。我乐于向读者推荐这部书,并借此机会祝作者取得更多更好的研究成果。(彭定安《民俗语言学的又一新著——谈〈江湖隐语行话的神秘世界〉》,《社会科学辑刊》1992年第1期)

《江湖隐语行话的神秘世界》封面，
河北人民出版社1991年

历史不是简单的线性轨迹，亦非毫无来由的平面或截面图。历史是时空交错的多面体，是立体而且多维的存在。作为一种数学抽象的空间点阵，是指原子、离子或分子等组成晶体的粒子在三维空间中形成有规律的某种对称排列。其中，若以点来代表组成晶体的粒子，那么这些点的空间排列即为空间点阵。点阵中的各个点，则称为阵点。1850年，法国晶体学家布拉菲（A.Bravais）曾经用数学群论的方法推导出14种空间点阵，即简单三斜、简单单斜、底心单斜、简单正交、底心正交、体心正交、面心正交、简单六方、简单菱方、简单四方、体心四方、简单立方、体心立方、面心立方。根据其对称特点，它们分别属于七个晶系。如果把人类社会生活史比作"点阵"的话，那么这个"社会史点阵"所应展示的，就是一个通过抉隐发微、正本清源而出现的点面交集、立体通观的"点阵"。历史以其不同历史时空条件下所发生的各种事件，所产生的事物、人物（如时间、地点、人物、事件、因果以及各种关系的关联与制衡等要素）显现出的多维度、多层面的"阵点"，构成错综复杂的历史"点阵"。"抉隐发微，正本清源"在于还原、辨析和解读"点阵",进而"点面交集,立体通观"地廓清并解读其所处纷繁复杂交织而成的"点阵"。这个社会史的"历史点阵",亦可根据需要"透析"为简单三斜、简单单斜、底心单斜、简单正交、底心正交、体心正交、面心正交、简单六方、简单菱方、简单四方、体心四方、简单立方等不同类型的"点阵",乃至如不同层面专门史的"历史晶系"。

就此,本人的实践与思想轨迹,可见诸以下一些文字:

有一家报纸说我在"开拓"。冷静地回顾自己走过的学术之路,我所从事的课题大都是不为人所关注的冷角落,是"国粹"中的细微事物,以自己的认识从中爬梳出一点一得之见,远不敢妄称"开拓"。然而,我有一种作为人文科学工作者的责任感,有作为中华民族子孙的荣誉心,希冀能为发掘和科学地阐扬民族文化尽些绵薄之力,为人类文化史的长河增加一点浪花。(《中国民间秘密语》"自序",三联书店上海分店1990年)

我多年的学术工作,大都是从事中华民族文化史(主要是古近代民间文化)的微观研究,有意识地通过一系列实证性的微观研究,为来日宏观现象的科学研究做一些基础性的准备工作,力求使之言之有据、论辩成理而不流于浮泛空论。

在此过程中,我试图"别辟蹊径",选择一些以往学人涉猎较少、鲜为人关注而又颇具价值的近似"空白"的课题,从抉隐发微入手,进行实证性的研究。我以为,这种坐冷板凳式的选择,非但是进一步研究的基础工作,亦兼可通过拓荒填补某些文化史的空白,为促进文化史的研究作些知识积累。显然,对于弘扬中华民族传统文化,乃至促进人类多元文化的交流,均有一定的实际意义。其中,有些创造性学说如"民俗语言学"的提出,就是从这类实证性的研究中产生,并以实证性方法进行基本理论构建的。

作为被誉为"填补中国专题史学术研究空白"的一本小书,之所以获得如此青睐,主要还在于本书的选题,恰是近年颇受学界关注的社会生活史、风俗史等专门史的空白。鲁迅在1933年6月18日致曹聚仁的信中说:"中国学问,待重新整理者甚多,即如历史,就该另编一部。古人告诉我们唐如何盛,明如何佳。其实唐室大有胡气,明则无赖儿郎,此种物体,都须被其华衮,示人本相,庶青年不再乌烟瘴气,莫名其妙。其他如社会史、艺术史、赌博史、娼妓史、文祸史……都未有人着手。"(《鲁迅书信集》上卷,人民文学出版社1976年,第379页)我进行本选题研究的初衷,在于从专门史的微观视点切入社会文化的深层结构——民间文化和亚文化之中,探析社会文化的本源、发生、发展以及流变的轨迹。因而,在此前后我曾经陆续涉猎了典当史、行会史、保安史、经纪史、拍卖史、生肖史、隐语行话史、招幌和招徕市声史、俗语史乃至流氓文化等,多属拾遗补阙之作。而且,大都采用业已形成的民俗语言学老办法,从与之相关的民俗语汇、关键词考索切入,逐步深入展开。(《中国典当史》初版"跋",上海文艺出版社1993年)

民俗学是与社会学、人类学、文化学、历史学、语言学等多种人文社会科学有着广泛联系和交叉的"多缘性"学科,民俗学史也与这些学科的学术史紧密相关。英国哲学家休谟说:"历史不仅是知识中很有价值的一部分,而且还打开了通向其他许多部分的门径,并为许多科学领域提供了材料。"(《论历史研究》)可以相信,中国民俗学史不仅可以打开"通向其他许多部分的门径,并为许多科学领域提供了材料",是对相邻科学领域的特别贡献,也是对中国文化史以及学术史的一种积累和推进。我想,这当是这部民俗学史之于中国民俗学学科本体而外的学术价值所在。(《"钟敬文时代"的三部中国民俗学史——文宝先生〈中国民俗研究史〉》"序",《中国民俗研究史》,黑龙江人民出版社2003年)

就这样,在原有研究的基础上,我力求进一步扩大视野,从纯数学到各种理数、天文、地理、卜筮,乃至俗语、敦煌变文、民间秘密语、儒道释三教之数、少数民族之数及古典诗文的数语言,尽可能广泛涉及,并尽可能在民俗语言学方法基础上运用更多一点可能借鉴的现代科学方法,诸如文化人类学、符号论等,使之有一个力所能及的深度和广度,给人以一个立体的数文化思想。这就是这部断断续续写成的《中国民族数文化》。(《神秘数》"自序",河北人民出版社1997年)

《中国民间秘密语》封面,三联书店上海分店 1990 年　《神秘数》封面,河北人民出版社 1997 年

2.民俗语言,别有天地

我曾说,鉴于民俗语言学"这门科学的多缘性外部联系与学科间的交叉,随着基础理论的完善与深化和应用研究领域的不断开拓,势将展示出益见广阔的应用前途。除不断为相关学科和应用领域提供可资参证的专门材料,为之提供特定的科学视点或方法,更重要的还在于通过渗透与传播对有关学科理论建设、发展提供某些有益的启示"(《民俗语言学新论》,《民俗研究》1992 年第 1 期)。因为,民俗语言文化不仅与社会生活息息相关、骨肉相连,而且处于社会文化的深层结构。因此,长期以来,我把民俗语言作为探析和解读社会生活史的重要文本,把民俗语言学作为一个特定的研究视点和方法,在实践中获益良多。

一般说,"文化"与"语言"是两种不同的科学范畴。然而,它们却属"近亲",有着千丝万缕的"血缘关系"。

21 世纪初,美国观念主义语言学派的创始人爱德华·萨丕尔(Edward Sapir,1884—1939)明确提出,文化的定义可以是:一个社团所做的和所想的是什么;语言指的是人具体怎样想。语言的内容,无疑与文化关系密切。语言的词汇多多少少忠实地反映出它所服务的文化。从这种意义上说,语言史和文化史沿着平行的路线前进,是完全正确的。然而,"语言有一个底座。说一种语言的人属于一个(或几个)种族,属于身体上某些特征与别人不同的一个群。语言不脱离文化而存在,不脱离那种代代相传的、决定我们生活面貌的风俗信仰总体"。

近半个世纪以来,语言学和文化学的新学科、新学派不断出现,有许多即建立在这两门科学相联系的基点上,为这项宏观课题的研究提供了更多的论据。以语言为视点考察传统文化和以文化考察扩大语言研究的视野,不仅会增强对两者关系的深入了解,更有助于为各自学科的建设和发展拓宽道路、增强活力。尤其是选取以前往往被人们所忽略或探讨发掘不够的语言与文化凝聚较强或沉积较深的典型"语言文化现象"或"文化语言现象",加以剖析研究,无疑是极有意义的工作。(《江湖隐语行话的神秘世界》"卷首",河北人民出版社1991年)

关注语言与民俗之间相互浸染凝聚的"涵化"性密切关联,将"田野调查"所获方言土语、俗语谣谚等口碑资料纳入基本研究对象范畴,很早就是西方人类学、民俗学学者的基本研究方法。(《采风问俗:古今中外源远流长的文化传统》,《蓻菲菁华录:历代采风问俗典籍钩沉》,大象出版社2015年)

美国人类学家兼语言学家萨丕尔在《语言论》中认为:"语言是我们所知道的最庞大、最广博的艺术,是世世代代无意识地创造出来的无名氏的作品,像山岳一样伟大。"

语言是积淀于文化底座上最广博、最伟大的结晶之一,是历代社会生活中使用、流传最广泛的民俗语言,也是最富有群体种族属性特征的语言文化形态。鲁迅在《门外文谈》中所言意味深长、趣味津津,比"古典"还要活,使文学更加精彩的"炼话",即属此类。(《俚语隐语行话词典》"前言",上海辞书出版社1996年)

使宗教经典、教义民俗语言化,不仅是普及教义的需要,也为入籍僧侣尽快掌握佛教知识、研习经典成为再度传人提供了极大方便,因为历代僧众大多出身寒微,识字不多,文化修养有限。同时,相对于文言的枯燥费解来说,民俗语言尤其适合于传经布道的口诵心记方式。(《宗教与民俗语言文化》,原载《中国民间文化》第9辑,学林出版社1992年;全文收入《二十世纪中国民俗学经典·民俗理论卷》,社会科学文献出版社2002年)

事实上,非但日本等海外汉学界如此,即或对中国学者来说,准确地理解、诠释唐宋以来民俗语言亦不是很轻松的事。正如王安石所谓:"看似寻常最奇崛,成如容易却艰辛。"(《题张司业集》)一如宋元话本、元明杂剧、明清小说,禅宗语录也是以白话写成的。其大量的民俗语言一向都是令人头痛而备受学者关注的难点。究其原因,主要有三:首先是囿于崇雅抑俗传统观念的制约。人们一向注重经、史等所谓正统典籍的发掘、积累和整理诠释,轻视以民俗语言语料为主的白话文献,至今犹然,累积为历史的偏误和欠账。其次,民俗语言多产生、流行于一时一地,具有较强的口头性、变异性、转换性等口碑性特质,虽生生不息,但也在不断消亡,新陈代谢比较活跃。因而,许多为当时人们习见不殊的民俗语言,随着时间的推移、文化环境的变迁,便令人费解起来。最后,缺乏对有关文献的深入发掘、系统整理和全方位的综合研究。片面地、单一地就只言片语作孤立的考究,往往不免望文生义或产生误解。(《关于禅籍俗语言的民俗语源问题》,原载日本《俗语言研究》创刊号1994年)

《蒳菲菁华录:历代采风问俗典籍钩沉》封面,大象出版社2015年

民俗语言学是综合运用语言学、民俗学及其他相关科学方法、材料,对语言、言语与社会习俗惯制等民间文化现象相联系的形态、性质、规律、机制、源流等进行双向、多方位考察研究,从而给予科学解释并指导应用的人文科学。所谓"双向、多方位",包含"互动"与"相互"的含义。当时我谈到民俗语言学

"既从民俗学视点研究语言,亦从语言方面探讨民俗学问题,重点在于两者涵化的产物——民俗语言文化。因而,民俗语言学又可称为'民俗语言文化学'"。在此语境前提下,显然不好按照以往业已习惯的"相互交叉式"命名方法的程式,严格区别为"民俗语言学"和"语言民俗学"。如果需要突出哪一个视点,也只能用特定的语境加以限定。

求索、研究民俗语言学的历程,使我获得了一个已经成为习惯性的学术思维方式,就是从语言切入展开研究的研究方法。由此生发开去,其直接的收获,就是在中国典当史的研究、中国传统保安史的研究、中国传统广告艺术史的研究、中国经纪人史的研究、中华民族虎文化史的研究,以及中国乞丐史的研究等一系列有关中国社会生活史、民俗专门史的研究过程中,获益匪浅。例如,我从《金瓶梅词话》的有关描述及其用语考证认为,中国的传统保安业——镖行,至迟在明代就已经形成了,而并非以往有的著作所认为的肇始于清代。根据有关文献认定,"镖行""保镖"之"镖",本字应是"标",与"锦标"同源,均出自传统的民间"竞标"游艺民俗。这一收获,反过来也进一步充实了民俗语源问题的研究。(《二十年求索与耕耘——关于〈民俗语言学〉(增订版)》,《民俗语言学》(增订版),辽宁教育出版社2004年)

《俚语隐语行话词典》封面,
上海辞书出版社1996年

《民俗语言学》(增订版)封面,
辽宁教育出版社2004年

3.俗事探雅，雅题俗做

中国文化向有"趋雅避俗"的"崇古""尚雅"传统。似乎古者皆雅,雅者皆美。就连考释俗语,也向古代典籍寻源,以古人所云为本。诸如唐代的《匡谬正俗》《资暇集》《刊误》,宋代的《释常谈》《古今谚》,明代的《目前集》《俚言解》《常谈考误》《询蒭录》《俗言》《谚原》《俗呼小录》《雅俗稽言》,清代以来的《通俗编》《直语补正》《俚俗集》《土风录》《里语征实》《恒言录》《迩言》《恒言广证》《语窦》《吴下谚联》《乡言解颐》,清末民初的《俚语证古》等,皆然。其实,并不尽然。人在社会生活中最自在、最本真的状态,是其日常的世俗生活状态。世俗生活是人类最寻常、最本真的社会生活状态。即或是宫廷权贵,也不会脱离四时八节各种源自民间的人生礼俗、饮食起居等日常生活习俗,即在于此。历代宫廷园林创设"买卖街"之类,表达的正是这样一种本真的潜意识。所谓"俗事探雅,雅题俗做",就是力图回归社会生活和社会史的本真。为此,首先就必须克服以往"趋雅避俗"的"崇古""尚雅"传统所制造的障碍,力求切近客观事实地构建起客观、理性记述与解读的相应知识源流。

除《圣经》外,诸如古巴比伦的《吉尔伽美什》,古印度的《摩诃婆罗多》《罗摩衍那》,古希腊的"荷马史诗"、《伊利亚特》、《奥德赛》,中古欧洲的《罗兰之歌》《贝奥武甫》《尼贝龙根之歌》,以及西非的《松加拉史诗》等,这些流传至今的世界著名民间口头叙事经典,无不是多代人采录和传承的文化结晶,无不印证着采风问俗是一种世界性的、跨种族的、跨文化的文化传统。(《采风问俗:古今中外源远流长的文化传统》,《葑菲菁华录:历代采风问俗典籍钩沉》导论,大象出版社2015年)

就诸行学问本身来说,有些是难以为人们雅俗共赏的,如核物理、高等数学,因其同世俗日常生活缺少直接的联系。有的如民俗学、文学,则容易做到雅俗共赏。

科学知识是社会的共同财富,做学问者都有责任推广、普及这些知识。

科学知识普及程度的高低,是考察民族文化和人的素质的基本标志。

学问、文章做得越精到、越深刻、越佳,但绝非越玄奥、越令人费解才好。只可孤芳自赏的作品之所以少有生命力,就在于它难以获得世人的广泛注意和认同。

我曾说过,有的书虽是自己写的,出版后尽管同道给予许多褒誉,但自己却不甚喜欢,原因是缺乏文彩,影响兴致。我非常钦佩一些能把科学道理说得层次分明,通俗流畅,清新有味,毫无迂腐做作的学问家、大手笔,能用随笔表达的未必一定非要写成专业论文。

于是,我想到"雅题俗做"和"俗题探雅"。

"雅题俗做"或"雅事俗写",是力求把比较专门的理论知识,用比较轻松的笔调深入浅出地写出来,不故弄玄虚,以通俗的言语"世俗化"地阐释记述,让人读得懂,读得进去。

"俗事探雅"或"俗事雅做",是要把一些人们习见或不以为然的事物的研究,赋以科学的认识,入情入理地分析,既不故弄玄虚,又使人明了个中的学术问题,增长新知。(《话说"雅"与"俗"》,《文化学刊》2016年第10期)

无论俗语还是民俗语汇,都是涵化了民俗要素的语言文化符号,这是民俗语言最本质的特征。民俗语言的外部特征,主要表现在功能方面,是言语交际活动中最活跃、最富民间社会生活色彩的通俗语言材料。(《民俗语言学新论》,《民俗研究》1992年第1期)

生活交际语言的粗俗化、浅薄化趋向,严重污染了时俗风尚,有悖富有优良传统的语言文明和精神文明,对现实社会生活及其发展进步均有不容忽视的危害性,亟须遏制和治理。雅与俗,是一对对应的概念,在此,是就生活交际语言的雅尚与俗劣而言的。生活交际语言的俗劣不雅,则在于败坏了其所应有的诚、敬、美等传统的雅尚。日常生活中的言语交际,往往使用通俗、浅白的语言。然而,通俗不是俗野,浅白不应浅薄。生活交际语言的雅尚,主要应以诚、敬、美为标准和规范。(《略论生活交际语言的雅与俗》,《语文建设》1996年第11期)

我一向所主张的"俗题雅做,雅题俗做"的思想,……在于有效地推广学术见解,传播科学知识。

然而,操作起来绝非易事。要想实现上述想法,除作者必备相当学识功底和相应的意识外,还需具备一定程度的文字水平。(《生肖文化,人生一典——"十二生肖丛书"总序》,辽宁古籍出版社 1996 年)

一位师长在为我写的一篇书序中,对我杜撰的座右铭"冷板凳自有冷趣"颇加赞赏,以为是做学问者应有的精神。我亦觉自得,感到了一点去官从学的慰藉。而所谓"冷板凳",尚有另一层潜意识,即我所致力的都是一些向居冷清之隅的"冷学问",如方言俗语、副语言习俗、俗语学史、民间秘密语、招幌、乞丐史、农业文化思想史之类,多为拓荒之事,要从中搞出点科学见解,"爆"这种"冷门"唯有甘坐"冷板凳"不可,其"甘苦"亦只有"寸心知"了。然而个中亦有乐趣,即每有一点新的发现和得到一个新的认识之时,这些若得到学界反响,乐趣亦更浓。我在为一个书画展书写的联语中表达了这一心情:"雅俗相间得高趣,跌宕起伏是文章。"所谓"跌宕起伏",则指从那些"雅俗相间"的"冷学问"中梳理、总结出一点新见解,提供一些新视野。兴之所至,同时又书了"冷趣"两个大篆字,款注"为学之乐",以抒情尽兴。(《神秘数》"自序",河北人民出版社 1997 年)

4.关注现实,辨风正俗

应劭提出的"辨风正俗",语出《风俗通义》"自序":"为政之要,辨风正俗最其上也。"大意是说,治理国政的关键,在于辨察风尚,匡正民俗。作为社会发展进程中的一种调控机制,辨风正俗是同社会文明进程相伴随的一种社会变革过程,也是社会发展的必要条件。因而,需要通过辨风正俗、择优汰劣和移风易俗对民俗中的优良陋劣加以引导和规范。

宋代王安石也讲:"变风俗,立法度,最方今之所急也。"于是他以"变风俗,立法度",主导了政治、经济、文化等方面的改革。

历史是一种"过去时"时态。研究历史，即便是把讲述议论历史故实视为一种娱乐，也是基于现实和未来的需要，亦即探古鉴今。学术"入世"才有其意义，即或是一些所谓的基础性研究乃至"绝学"之类的学问，一无例外地都各有其与现实社会生活的关联，都有其对现实社会生活的不同担当。脱离如此担当与责任，那种同社会生活"全无干系"的学问便是"无源之水""无根之木"，那样的历史研究势必会被历史所淘汰。社会生活史、文化史研究尤其如此。因而，本人主编的《文化学刊》从创刊伊始，便确定了以"瞩目学术前沿创新使学界瞩目，因关注重大理论问题让社会关注"为办刊宗旨。围绕现实社会文明进程和发展动态，至少可为社会提供一些事物、人物、事件的历史佐证、发展态势和探古鉴今的史实文本。

在李商隐的《义山杂纂》中，"入境问风俗"被视为"有智能"，"入境不顺风仪"则是"不达时宜"。其所本，不过是《礼记·曲礼》"入竟而问禁，入国而问俗，入门而问讳"的古训。文化是个复杂的事物，尤其是处于深层结构层面的底层文化或民间文化，不经深入了解和解析处于社会底层隐性层面的民间文化就难以客观地把握社会。古往今来，采风问俗一直是一种考察民间文化的有效方法，久而久之，则成为一种文化传统乃至文化制度。（《采风问俗：古今中外源远流长的文化传统》，《蒟菲菁华录：历代采风问俗典籍钩沉》"导论"，大象出版社2015年）

民俗本身是良莠并存十分复杂的社会文化现象，有必要从抉隐发微进行微观研究入手，在积累和介绍有关知识的同时，注意分别良莠、扬善祛邪和辨风正俗。世人无不生活于各类民俗活动和民俗事象之中，辨风正俗尤其应以具体细微或往往习焉不察的民俗作为标本。此即本文库所努力实践的立意所在和特点。（《灵鹊报喜——"花喜鹊"民俗文库》"总序"，辽宁人民出版社2000年）

在考察研究世界史时，欧洲行会制度一向是颇引人注意的一个社会经济现象。遗憾的是，在考察介绍中国历史的时候，世界上历史最为悠久而自成传统的中国行会制度却未能引起足够的注意。在鸦片战争之后的中国早期现代化进程中，中国传统行会制度借鉴了西方行会制度的优点，一定程度上适应了社会和经济进步的变革要求。而今,面对当代经济体制、政治体制改革的新阶段,有一项课题已经受到国家决策行政机关和有关学者的关注,这就是中国传统行会制度与现代化行业管理。具体言之,是通过考察、研究、分析国际上行业管理经验得失和中国传统行会制度发展史,科学地认识和解决在市场经济条件下政府主管部门职能的调整与转变后,如何对经济等行业组织及其活动行为的调控监管。(《行会史》"前言",上海文艺出版社1999年)

社会进步离不开科学理论的指导,社会现象需要科学的阐释。在迅猛的时代大潮面前,某些领域的科学研究难免显得理论滞后,却未必就可认为尴尬。因为,科学是社会变革的主要力量,但科学研究绝非一蹴而就即可成功的事情或短期行为。爱因斯坦说:"科学绝不是,也永远不会是一本写完了的书。每一项重大成就都会带来新的问题。任何一个发展随着时间的推移都会出现新的严重困难。"另一位美国学者乔治·萨顿在《科学的生命》中说:"科学活动是累积和渐进的""是逐渐进步的。"对于近20年来商业大潮的出现,以及此间众多社会现象的发生、发展,科学家们有责任作出适时的、客观的理论阐释。这是时代为人文社会科学工作者提出的众多课题之一。(《"抑商"传统感言》,《市场经纪人》"代序",山东教育出版社1999年)

《行会史》封面,上海文艺出版社1999年

曲彦斌总主编《辽宁文化通史》,大连理工大学出版社2009年

时下,适值典当业刚刚复兴之际,亟须在充分调查研究的同时展开必要的理论研究,以利于有关政策、制度的制定,指导其健康发展,在现实社会发展中发挥应有作用。在此意义上,本书的出版,正是在于完成一项基础性的准备工作。为现实服务,亦即我研究这一课题的初衷之一,期待它能产生这种效应。(《中国典当史》初版"跋",上海文艺出版社1993年)

我特别提出,"民俗"和"民俗学"的庸俗化倾向,同其他科学、理论的庸俗化同样可怕、可悲。民俗包括积极健康的成分,也同样混杂着大量的愚昧、迷信,陋俗、恶俗。这是社会生活的多样性和复杂性决定的。要揭露那些打着"民俗"招牌的愚昧迷信活动和各种伪科学、反科学的事物,遏制、打击各种陋俗和恶俗。对此,民俗学者必须有清醒的认识。(《辽宁文化通史》"跋",大连理工大学出版社2009年)

民俗学服务社会的最重要职责,是通过辨风正俗来推进社会文明进程的。民俗学要直接与现实"对话",解决现实社会生活中的"民俗学问题"。通过科学地"辨风正俗"来不断地"移风易俗",推进文明进程,这是社会文明进程的永恒需要,是国家和地方政府在经济建设与精神文明建设中应予切实重视的事情,也是民俗学家们的首要社会责任。(《光明日报》2002年12月24日)

已经走过了80多年发展历程的中国民俗学,应当尽快地从单一的抢救性、描述性研究,进入与思辨性的研究并举的新时代。这是民俗学理论建设的需要,是现实社会发展对中国民俗学发展的迫切要求。脱离这种现实需求,这门科学就不会前进,就难以发展。民俗学是民众的学问,是社会的学问,本应回报民众,全力为社会服务。不仅要关注过去的民俗传统,准确地描述其状况,而且要分析论证其为什么那样,探讨其作用于社会生活的功能机制和发展规律,乃至如何辨风正俗、移风易俗,充分发挥其在社会生活中的积极、有效的制衡调控功能。(《光明日报》2002年12月24日)

民俗学既是一门基础性学科,也是一门具有很强应用性的科学。倡导健康民俗,摒弃各种陋俗、恶俗,移风易俗,其前提是必须"辨风正俗"。汉代学者提出的"为政之要,辨风正俗最其上也",把它提到了关系国家政治生活稳定、关系国家大政方针的重要地位,这本身就说明民俗学应用性研究的重要性和特点。民俗本来就产生于民众之中,民俗学研究当然不应该脱离现实社会生活。不能把民俗学锁在学院和深闺,束之高阁。在走向现代文明的今天,在城市化进程发展迅速的今天,不应只把民俗学观点一味地盯在乡村的"田野作业",更应当直接关注都市民俗文化对现代化进程的深刻影响,及其传承扩布过程中对社会生活秩序的制衡调控功能,让民俗学研究直接为现实社会进步服务。(《光明日报》2002年12月24日)

以社会民俗风尚作为基本研究对象的民俗学,是一门直接出自社会生活,并为社会发展进步作出独到贡献的科学。这就要求民俗学研究应积极关注现实生活,关注民俗文化变革的现状,实行从与现实脱节的所谓"纯"学术研究向直接为现实服务的应用性研究战略转移。这是关系民俗学前途命运的问题。因为世界上没有哪一门科学或学说的生成与发展,不是出自社会发展进步的需要。如果不是社会的需要,这门科学也就没有存在的必要,就难以出现,即或出现了也必然很快消亡。民俗学也不例外。(《光明日报》2002年12月24日)

前面,谈到了一个"社会史点阵"的概念。那么,可以说"抉隐发微,正本清源;俗事探雅,雅题俗做;点面交集,立体通观;关注现实,辨风正俗;民俗语言,别有天地"这个"套路",便是还原和解读"社会史点阵"的实践历程中所探索出的一个具有思想方法性质的心得。

唐代刘知幾曾提出,史学家必须兼备史才、史学、史识"三长"。换言之,就是要求史学家要具备必要的历史知识、历史见解以及研究能力与表述技巧。梁启超在《中国历史研究法》中强调,治史者要具备史德、史学、史实和史才"四要素"。因为"有了史德,忠实地去寻找资料;有了史学,研究起来不大费力;有了史识,观察极其锐敏"。至于"史才",则是"专门讲作史的技术""就是文章的构造";因为"要作出的历史,让人看了明了,读了感动,非有特别技术不可"。看来,治史谈何容易!(《辽宁文化通史》"跋",大连理工大学出

版社 2009 年）

社会史研究是我此生兴致盎然的学术领域。尽管史德、史学、史实和史才"四要素"诸项功夫远未修炼到位，但始终是在上下求索的艰苦执着的攀登途中。余生有限，亦不甘虚度，学术之路永无穷期，孜孜不倦、持之以恒就是。

丙申年七月十四中元节前夕

目 录

一、经纪人的舞台与战场——集市古今   1
  1."集市"考略   1
  2."市井"探源   4
  3.传统集市——庙会   10
  4.岁时节日集市   13
  5.彝族十二兽集场   16

二、经纪人概说   19
  1.五花八门的"经纪"称谓   19
  2.形形色色的经纪人   22
  3.历代经纪人制度略说   28

三、中国经纪人行业踪痕例话　　32
　　1."质人""邸舍"与"黑白履"　　34
　　2.唐代"牙郎"疑"互郎"　　38
　　3.宋代牙商　　46
　　4.元代牙商　　52
　　5.明清的牙商常态　　55
　　6.捐客·买办·十三行　　69
　　7.清末民初经纪行为的民事习惯法　　81
　　8.当代经纪人　　87

四、历代著名牙商故实考略　　91
　　1.从"伯乐相马"说起　　92
　　2.一代大驵段干木　　99
　　3."侩牛自隐"：避世墙东王君公　　101
　　4.雍伯种玉得妻拜大夫　　102
　　5.亡命马侩吴子颜，差强人意汉将军　　103
　　6.有德市侩刘仲始　　105
　　7.乱世枭雄王君廓　　106
　　8."互市牙郎"安禄山与史思明　　108
　　9."盐场纲司牙侩"张士诚　　110
　　10.唐甄：失败的牙商　　112

五、中国古代书画市场的经纪人　　116
　　1."雅市""雅侩"唐代初见端倪　　116
　　2."书侩"与"书驵"　　120
　　3.市肆小贩充"雅侩"　　124
　　4.亦匠亦侩的"裱褙匠"　　126

— 2 —

5.《一捧雪》与《乔断鬼》及裱褙匠市语　　130

六、中国经纪人的传统行业习俗　　135
    1.投机商尤其要恪守"规矩"　　135
    2.崇拜·行会·规约　　138
    3.隐语行话　　150
    4.行业箴言谣诀　　155

七、"市侩"演变故实　　160
    1."市侩"原本是"牙商"　　160
    2."车船店脚牙"之"牙"　　169
    3."六婆"之首是"牙婆"　　172
    4.律例层面的裁判与规范　　178

八、中国经纪人史诗话（上篇）　　182
    1.诗的世俗化与经纪人行业平民化的交集　　183
    2.诗赞伯乐孙阳，怀才感慨不遇　　185
    3.市侩徒争汗马劳，千秋史笔炯难逃　　188
    4.盖防驵侩态，岁久熏莸似　　190
    5.《丰镇观马市歌》与广陵《卖马行》　　194
    6.内外贸易与牙商的转型嬗变　　198

九、中国经纪人史诗话（下篇）　　200
    1.埠头兼具牙行功能　　201
    2.大市小集皆有牙　　204
    3.领帖入行做牙郎，唯利是图乃本能　　207
    4.一班掮客善钻营，买办家家特地忙　　209

    5.市侩本色难脱尽，俗状尘容总未除   212

十、中国经纪人研究文献提要选辑   214
    1.称谓溯源与考辨   214
    2.性质与管理制度   224
    3.经营方式与类型   229
    4.唐宋金元牙商   231
    5.明清牙商   234
    6.近代牙商与买办   241
    7.传统行业习俗   256
    8.其他   257

参考文献   260

一、经纪人的舞台与战场——集市古今

作为中间商的经纪人,是商人的一种。

商人赖以存在的基地是市场。

商人在市场这个广阔的大舞台上进行经营活动,以其专长技艺尽情地表演着一幕又一幕的连续剧,成功失败、喜怒哀乐、酸甜苦辣尽在其中。正如俗语所说:"商场如战场。"商海竞游,时沉时浮,犹如千舟竞渡争夺锦标,恰如战场。商海,亦即市场;市场,是包括经纪人在内的商人的舞台与战场。

那么,作为中国商人舞台与战场的市场是从什么时候产生的呢?

1."集市"考略

所谓"集市",就是进行商品交易的市场。"市场"这个词语,始见于南唐史官尉迟偓(音 wò)的《中朝故事》一书,"每阅市场,登酒肆,逢人即与相喜"。汉语的"集市"一词比"市场"这个词出现得还晚一些,始见于明代常州人蒋一葵的《长安客话·狄刘祠》所记:"京师货物咸趋贸易,以席为店,界成集市,四昼夜而罢;俗呼狄梁大会。"所说系当时都城长安(今西安)的集市贸易盛况。但是,与"集市"相近的"市集"之说,已见于元代文献,如《元史·刑法志三》所记:"诸在城及乡村有市集之处,课税有常法。"有趣的是,如今用作"集市""市集",简称的"集",在文献记载中比前两者都早。例如,唐代诗人杜甫《述古》诗之一:"市人日中集,于利竞锥刀。"

集市、市集或集,既指定期、定地点的商品贸易活动,也用作其活动的地点。"赶集"是参与集市贸易的活动;集镇,则是因商贸活动相对集中的乡村以非农业人口为主的居民聚居区。至今,我国北方还有一些以"集"为地名的地方,如山东夏津县的张集、安徽的符离集等。唐代中叶以来,以"集"为地名,多是集市贸易地而形成的集镇。

"集"字本义为鸟栖止于树,并由此衍生为会聚之义,如《说文解字》所释:"群鸟在木上也。"南唐徐锴的《说文解字系传》进一步解释说,"集"就是"众集也"。集市贸易是一种定期、定点聚散的经济活动形式,其聚合与分散,皆为专门称谓用语。清代梁绍壬《两般秋雨盦随笔》卷三"集虚"条说:"乡城聚众贸易之处,北人曰'集',从其聚而言之也;南人曰'虚',指其散而言之也。"由于汉语同音假借的习惯,指集市、集镇的"虚"也写作"墟"。例如,北宋人钱易《南部新书》:"端州以南,三日一市,谓之趁墟。"元代周达观在《真腊风土记·贸易》中写道:"国人交易皆妇人能之……每日一墟,自卯至午即罢,无铺店,但以篷席之类铺于地间,各有常处。"真腊,明代万历年间改名柬埔寨。周达观在元代元贞元年(1295)随元使赴当时的真腊进行访问,至大德元年(1297)返国。他是元永嘉(今属浙江)人,因而采用我国南方把集市称作"墟"的习惯来记述当时真腊的集市贸易。对于"墟",清代刘献廷《广阳杂记》卷二亦有具体说法:"后世市谓之墟,归市曰趁墟;言有人则嚣,无人则墟也。"考"墟"字本义,是指大山丘,用指"集市"。除其与"虚"音同而假借缘故外,山丘不也是土石堆聚之状吗?

清代李光庭在其《乡言解颐·市集》中,对"集市"(市集)所作阐述可资参考。文称:

> 古者日中为市,盖以日中为齐集之时。集者,言人与物相聚会也。路远者,披星戴月,陆骑水舟。路近者,冒日冲风,肩挑背负。迨交易而退,则夕阳在山,人影散乱矣。冯骥语孟尝曰:君独不见夫朝趋市者乎?明旦侧肩争门而入,日暮之后,过市朝者掉背而不顾,非好朝而恶暮,所期物亡其中也。市朝朝字音潮,言市之行列有如朝位也;幼时读肆,诸市朝语未详,师亦未分解,

今始释然。城内之集在单日,一日集东学街,三日集南大街,五日集西大街,七日集北大街,九日集东大街。四乡之集,一、六在新集与大口屯(讹为搭各屯)、新安镇、八门城(讹为把门城)。同日,三、八在新开口及黄庄。五、十在黑狼口(讹为黑客口)。又口东庄有小集,以四、八。廿年前,厚俗里之方家庄新立市集,以五、十。吾乡林亭口(讹为林定口,天津人则谓之银定扣)集期以二、七。他集之置货处未详。林亭则二日粮市在东街,七日在西街,鱼市在大街阁东,菜市、席市在南街,麻市、草帽在东栅栏外之火神庙,骡马市在文昌阁后。凡物皆有经纪。《后汉书·左原传》:郭太语之曰:"段干木,晋国之大驵。"注:驵,子郎反,会也。谓合两家之买卖,如今之度市,即乡人之所谓经纪也。村庄之赴市集曰赶集,即南人之趁墟也。远者谓赶集,恐不及也。近者曰集上去。闲日则曰上街。街有三:中谓大街,南曰南街,又曰南后头,北曰北街,又曰北后头。东街头垒小瓮,圈安门上,有堞有楼,谓之东栅栏。西街头如之。无北栅栏。南栅栏较低。于大街中间建高阁,供关帝,谓以镇火,此为热闹之地。有相争者,则曰到阁儿底下讲讲去。阁儿底下,如县城之幢子上也。阁西通北街,有王家过道,通南街,有李家过道。阁东通北街,有盐店过道、张家过道,通南街,有陈家过道。过道者,小街衢也。盖皆当年住家之通过道,岁久易主,则为通行之道。故解造房者,不作通过道,为此故也。街外之北河,由丰台、芦台可以达天津。陆路则四达不悖。故虽非冲要,而货物丛集。乡言"货到街头死",言路远至此,则不得不卖,且有经纪把持之,虽欲居奇而不能。又曰"河里无鱼市上取",盖自他处来售者,不必近河之鱼,无惑乎山人足鱼也。他物称是。

此外,集市在各地还有称作"场""亥"等名目的。称作"场",汉代已有先例。班固在《两都赋》中写道:"九市开场,货别隧分。"至现代,四川等地仍用这种叫法。郭沫若是四川乐山人,他在《我的童年》第一篇中写道:"每逢二、四、七、十的场期,乡里人负担着自己的货物到街上来贩卖。"作家沈从文在"自传"中也写道:"小河边到了场期,照例来了无数小船和竹筏,竹筏上且常常有长眉秀目脸儿极白奶头高肿的青年苗族女人。"所谓"场期",即集市贸易的日期。

清代学人褚人穫《坚瓠四集》卷三有一篇《市名》,记述、解释各种集市名目颇为详细,且抄示如下:

  市井之区,交易之地,其名各省不同。南方谓之牙行,北方谓之"集",谓百货集于此也。声转亦谓之"积",西蜀谓之"疾",岂"疾"即"集"之误耶?或言欲其交易之疾速也。岭南谓之"虚"。柳宗元诗:"青箬裹盐归峒客,绿荷包饭送虚人。"王安石云"花间人语趁朝虚",黄庭坚云"荷叶裹盐同趁虚",义或取夫市朝满而夕虚也。一曰虚而往、实而归也,或谓古"虚""墟"字通用。又有谓之"亥"者,南昌有常州亥,则因亥日为市。元稹谪通州,白居易诗云:"寅年篱下多逢虎,亥日沙头始卖鱼。"后人有《东南行》云:"亥日饶虾蟹,寅年足虎狼。"长籍云"江村亥日常为市",山谷亦有"鱼收亥日妻到市"之句。南中诸夷谓之场,每以丑卯酉日为市,故曰牛场、兔场、鸡场云。

2."市井" 探源

集、墟、场,其性质都是市,即集市、市场。唐宋以来的集市、墟市,主要是指设在村镇上的规模较小而非每日常设的小型定期贸易市场。即便形成集镇,也与一般城市集市在规模上有所区别,有大小之分。这种区别,从古至今未变。《中华人民共和国国务院关于城乡划分标准的规定》中明文规定:"城镇可以再分为城市和集镇。"

但是,最初"市"的规模也是很小的,即或当初未叫"集""墟",其规模、形式也是很相近的。一如由集市而形成集镇,"市"之设也是形成城市的主要因素,城市的主要功能之一便是商品的集散流通。例如古代著名都市南京、扬州等,都是商贸繁荣的商品集散地。

西晋皇甫谧编著的《帝王世纪》中,有一则"放虎入市"的故事。故事说,夏桀是个极其荒淫暴虐的暴君,为了取乐,将圈中饲养的老虎放入市场,吓得市上人们大声喊叫着奔跑躲避,桀则十分开心地大笑。若依此说,那么至迟在公元前16世纪的夏朝末年中国即已形成了市场。不过,此说迄今尚有待获得考古发现或确切文献记载的实证性支持。

比"放虎入市"更早的有关"市"的起源，见于《吕氏春秋·审分览·勿躬》等先秦典籍中的"祝融作市"说。《易经·系辞下》则说神农氏一方面"斫木为耜，揉木为耒，耒耨之利，以教天下"，发展农业生产，同时又创建了商品贸易市场，"日中为市，致天下之民，聚天下之货，交易进退，各得其所"。东汉高诱在《吕氏春秋》和《淮南子》的有关注释中说，祝融亦即神农氏。但许多文献说神农是炎帝，而《山海经》等说祝融是炎帝的后裔，如《海内经》所记："炎帝之妻，赤水之子听訞，生炎居，炎居生节并，节并生戏器，戏器生祝融。"两人相隔数代。在无实证确认的情况下，上古神话传说只能视为古人口耳相传的臆断。尽管如此，"日中为市"之说，已透示出有关原始市集的一些信息。

先秦典籍中所言"祝融作市"之神农氏祝融

现存典籍文献确认的，是西周时期已设立了管理市场的"司市"等职官，说明当时业已形成了市场。否则，即无必要设专门职官。《周礼·地官》中记述的各种管理市场的官员，各有分工，各司其职，各负其责。例如：

> 司市：掌市之治教、政刑、量度、禁令。以次叙分地而经市，以陈肆辨物而平市，以政令禁物靡而均市，以商贾阜货而行市。以量度成贾而征价，以质剂结信而止讼，以贾民禁伪而除诈，以刑罚禁虣而去盗，以泉府同货而敛赊。大市，日昃而市，百族为主；朝市，朝时而市，商贾为主；夕市，夕时而市，贩夫贩妇为主。凡市入，则胥执鞭度守门，市之群吏，平肆、展成、奠贾，上旌于思次以令市。

> 质人：掌成市之货贿、人民、牛马、兵器、车辇、珍异。凡卖价者质剂焉，大市以质，小市以剂。

廛人：掌敛布䌰布、总布、质布、罚布、廛布，而入于泉府。

贾师：各掌其次之货贿之治，辨其物而均平之。展其成而奠其贾，然后令市。

司虣：掌宪市之禁令，禁其斗嚣者，与其虣乱者，出入相陵犯者，以属游饮食于市者。

司稽：掌巡市。而察其犯禁者，与其不物者而搏之。

秦代都城管理市肆官员的"市印" 　　汉代城邑管理市肆官员的"市亭"印

西汉城邑管理市肆官员的"市印" 　　西汉城邑管理市肆官员的"市府"印

肆长：各掌其肆之政令。

泉府：掌以市之征布，敛市之不售，货之滞于民用者，以其贾买之，物揭而书之，以待不时而买者。

由此可见，当时西周不仅形成了市场，而且市场的管理制度也比较规范、完备，反映了当时市场的发展水平和制度形式。据今存文物所见，秦、汉时司市官吏使用有"市印"。

清末邹容在《革命军》中说道："外国之富商大贾，皆为议员执政权，而中国则贬之曰'末务'，卑之曰'市井'，贱之曰'市侩'，不得与士大夫为伍。"商贾何以卑称为"市井"或"市井之徒"，原来是本于古称城中市场为"市井"。

四川彭州出土的汉代画像砖市井图

四川广汉市出土的汉代画像砖市井图

四川成都出土的汉代画像砖市井图　　　明代王圻《三才图绘·宫室》中的市井图

"在东方国家中,城门或集市在一个相当长的历史时期中扮演了一种分配日常生活必需品的制度性机制的角色。在今天的中亚、苏丹一带的市场上我们也能看到这种作用。"[1]那么,中国古代又何以称"市场"为"市井"呢?对此,历来说法不一,有多种解释。主要有如下几种:

一是仿造井之制设立市场说。《管子·小匡》载:"处商必就市井。"唐代尹知章注云:"立市必四方,若造井之制,故曰市井。"又《国语·齐语》载:"处商,就市井。"

二是因井田立市说。汉代何休对《公羊传·宣公十五年》"什一行而颂声作矣"一语的注中说:"因井田以为市,故俗语曰市井。"唐代徐坚等编的《初学记》卷二四亦载:"或曰:古者二十亩为井,因井为市,故云也。"

三是总称说。《汉书·货殖传序》:"商相与语财利于市井。"对此,唐代颜师古注称:"凡言市井者,市,交易之处;井,共汲之所,故总而言之也。"

四是在井上清洗货说。《诗·陈风·东门之枌序》孔颖达疏引汉代应劭《风俗

---

[1] [日]栗本慎一郎:《经济人类学》中译本,王名等译,商务印书馆,1997年,第42页。

通》说:"俗说:'市井,谓至市者当于井上洗濯其物香洁,及自严饰,乃到市也。'"

五是井边交易说。《史记·平准书》:"山川园池市井租税之入,自天子以至于封君汤沐邑,皆各为私奉养焉。"对此,唐代张守节在《史记正义》中称:"古人未有市,若朝聚井汲水,便将货物于井边货卖,故言市井也。"

总括上述诸说,主要是"因井设市"说。但是其"井"已非单纯汲水之井,而与井田制直接相关。唐代李贤在为《后汉书》作注中,已经注意到了这一点。他引述《风俗通》"俗说市井者,言至市有所鬻卖,当于井上洗濯,乃到市也"之后谈道:"谨按《春秋井田记》:人年之十,受田百亩,以食五口。五口为一户,父母妻子也。公田十亩,庐舍五亩,成田一顷十五亩。八家九顷二十亩,共为一井。庐舍在内,贵人也。公田次之,重公也。私田在外,贱私也。井田之义,一曰无泄地气,二曰无费一家,三曰同风俗,四曰合巧拙,五曰通财货。因井为市,交易而退,故称市井也。"清代著名学者赵翼在《陔馀丛考·市井》中也认为"此说较为有据",是很有道理的。如此看来,唐代尹知章关于仿造井之制设市的见解,亦应理解为春秋时代井田制规定的"八家九顷二十亩,共为一井"而"因井为市",这样才符合历史。

唐代诗人刘禹锡在被贬为连州(今广东连县)刺史期间曾写过一首《插田歌》,诗云:"冈头花草齐,燕子东西飞。田塍望如线,白水光参差。农妇白纻裙,农夫绿蓑衣。齐唱田中歌,嘤伫如竹枝。但闻怨响音,不辨俚语词。"题下有引辞云:"连州城下,俯接村墟,偶登郡楼,适有所感,遂书其事为俚歌。"其中的"村墟",亦即村市,乡村集市。如宋人吴处厚《青箱杂记》卷三所言:"岭南谓村市为墟。柳子厚《童区寄传》云:'之虚所卖之。'又诗云:'青箬裹盐归峒客,绿荷包饭趁虚人。'即是也。盖市之所在,有人则满,无人则虚,而岭南村市,满时少,虚时多,谓之为虚,不亦宜乎?"

综上可见,古代初期的"市",即如后世村镇的"集市"。最初是"日中为市",至西周时则发展为具有相当规模和比较规范的固定市场,分为早、午、晚三市。《周礼·地官·司市》中亦明确记载,当时已形成了职掌市场交易中质剂的"官牙"——质人,即官府指派的经纪人。经纪人制度的形成,说明了西周农业经济的市场已比较发达、繁荣。

3.传统集市——庙会

除一般的农村集市、城市集市外,庙会是集宗教、贸易与娱乐活动为一体的传统集市,是一种多功能的综合性民俗形态。

在现存历史文献中,"庙会"一词始见于汉代。《后汉书·张纯传》中记载:"元始五年,诸王公列侯庙会,始为禘祭。"说的是西汉平帝末年的一次王公诸侯的庙祭聚会。在当时,是否存在集市贸易活动,这一点尚无文献说明。直到清代,"庙会"一词方明确用来表示集宗教、娱乐与贸易为一体的集市活动。例如,清代张培仁在《妙香室丛话·财运》中说:"京师隆福寺,每月九日,百货云集,谓之庙会。"在清代,"庙会"又称"市会",如富察敦崇《燕京岁时记·东西庙》载:"自正月起,每逢七、八日开西庙,九、十日开东庙。开庙之日,百货云集,凡珠玉、绫罗衣服、饮食、古玩、字画、花鸟虫鱼,以及寻常日用之物,星卜、杂技之流,无所不有,乃都城内之一大市会也。"足见当时庙会盛况。

清末北京隆福寺庙会([日]青木正儿《北京风俗图谱》)

清末北京夜市摆摊小贩([日]青木正儿《北京风俗图谱》)

庙是供奉祭祀先祖、神佛和先贤的建筑。

祭祀兼娱神娱民的原始宗教性质的庙会活动,要比《后汉书》记载的"庙会"早得多。其直接的起源,是缘于原始的祖先、天地以及先贤的崇奉祭祀,具体则源于古代的庙祭和郊祀。寺庙建筑为庙会活动提供了相应的场地。南北朝尚佛以来，佛教寺庙大兴，进一步繁荣了庙会活动。唐宋以来城镇经济的繁荣，则进一步促进了庙会与商贸的结合，使之切实成为集市性的庙会。因而，明清以来又称庙会为"庙市"。例如，明代话本小说《二刻拍案惊奇》卷三中说："京师有个风俗：每遇初一、十五、二十五日，谓之庙市。凡百般货物俱赶在城隍庙前，直摆到刑部街上来卖。"清代陈维崧《瑞鹤仙·慈仁寺松》词中亦咏道："只新来庙市，喧阗蹙踏。"

庙会以各种神庙为依托，举凡神祇诞辰、祈吉禳灾之类，均是举行庙会的缘由。北宋东京汴梁（今开封）的相国寺，甚至每个月举办五次庙市，充分体现了庙会的集市贸易功能。宋代孟元老在《东京梦华录》卷三记述了当时"相国寺内万姓交易"的情景：

> 相国寺每月五次开放万姓交易，大三门上皆是飞禽猫犬之类，珍禽奇兽，无所不有。第三门皆动用什物，诞中设彩幕露屋义铺，卖蒲合、簟席、屏帏、洗漱、鞍辔、弓剑、时果、脯腊之类。近佛殿，孟家道院王道人蜜煎，赵文秀笔及潘谷墨，占定两廊，皆诸寺师姑卖绣作、领抹、花朵、珠翠头面、生色销金花样幞头帽子、特髻冠子、绦线之类。殿后资圣门前，皆书籍、玩好、图画及诸路罢任官员土物香药之类。后廊皆日者货术传神之类。寺三门阁上并资圣门，各有金铜铸罗汉五百尊、佛牙等，凡有斋供，皆取旨方开三门。

据载，明代北京的城隍庙庙会是当时城内诸庙会中最为热闹的一个，远近闻名。每月朔望和农历廿五日，均为城隍庙庙会日子。届时，城隍庙左右街商贾毕集，人满为患。"大者车载，小者担负，又其小者挟持而往，海内外所产物咸集焉。"举凡日用百货、僧道用品、工匠工具、梨园乐器、农具、兵器、文房四宝，无所不有。这个城隍庙庙会尤以书画古董贸易最具特色，皇宫内廷的剔红、填漆旧器物和宣德炉、成化年间瓷器之类，尽可从庙市觅得。蒋德璟《游宫市记》和吴溥《送司训徐君序》载，至清代，北京的庙会主要是每月初三的土地庙会，初四、初五的白塔寺庙会，初七、初八的护国寺庙会，初九、初十的隆福寺庙会。

清代以来，天津以天后宫为主要建筑依托的"皇会"，是当地曾盛行了200多年的大型庙会。乾隆年间三月皇会期间,"买卖齐声喊,喧哗有万千。乱嚷嚷,早听见'冰糖梅苏丸'。一群村媪跕街前,河沿上早来了香火船,手持竹竿,身穿布衫,靠定栏杆,人人等把抬阁看"(杨一昆《皇会论》)。光绪年间,天津皇会仍热闹非凡,盛况不减。"鸣钲考鼓建旗蠹,寻橦掷盏或交扑。鱼龙曼衍百戏陈,更奏开元大酺曲。笙箫筝笛弦琵琶,靡音杂遝听者哗。老幼负贩竞驰逐,忙煞津门十万家。……津门近海鱼盐利,商舶粮艘应时至。"(沈存圃《皇会歌》)

2008年10月作者摄于开封大相国寺

集市贸易

清代以来,天齐庙庙会是沈阳的一大著名庙会。清代缪润绂《沈阳百咏·天齐庙会》咏道:

圣会开时芍药肥,碧霞宫阙绣成围;
游人恰比寻香蝶,齐向花丛艳处飞。

按:娘娘庙在天佑门外东街,四月十八日碧霞元君娘娘圣会,百珍竞列,埒于天齐庙。会期前后五日,游女云屯,游人鳞集,托言进香,实借以娱目耳。《召南》之诗曰:"有女怀春,吉士诱之。"如是。

春山螺黛髻龙盘,浪逐狂风去不安;
刻意戒严偏遇险,进香人最艳妆难。

按:天齐、娘娘二会日,士女纷纷上庙。从中有衣衫首饰特逞别才者,而狂童之狂动辄蜂拥而前,偎倚之不足,而群捧之,必尽兴玩弄而后已。有地方之责者,此风宜早遏也。

至于位于沈阳故宫北面钟鼓楼之间的老商业街"四平街"(今谓"中街"),常年有庙会。

唐代诗人杜牧曾咏道:"南朝四百八十寺,多少楼台烟雨中。"(《江南春》)南朝自尚佛兴寺以来,全国各类寺庙不计其数,以此为依托的各地规模、形式不等的庙会亦不计其数,构成了中国传统集市的一大类型,也是

20世纪初沈阳中心商业街四平街

传统民俗文化别具特色的一大景观。

除一般庙会外,还有一种行业庙会。唐宋以来,中国工商诸行开始形成以职事群体为本的同业行会。同业行会的会所,往往就设在其行业祖师庙内,或设祖师神位于会所殿堂之上,甚至有许多行会的名称,以"庙""祀""殿"等为名。例如清代湖南长沙酿酒、糟坊业的"杜康庙"、角盒花簪业的"火宫殿"、武冈染纸作坊业的"梅葛祀"之类。行会组织的信仰,则是每逢祖师诞日或特别约定的日期举行祭祀活动和聚会。这种行业庙会,除当行从业者竞相参加外,还吸引许多业外人等前往观看。会间,除举行祭祀仪式、进行公议行规等事务外,通常还有演戏酬神及聚饮之类。届时,一些市井商贩则前往招揽生意进行贸易活动。行业庙会规模大小不一,但亦属庙会。

4.岁时节日集市

庙会主要是以寺庙为依托、以宗教节日为会期的民俗活动。除此之外,各种民间岁时节日,也是集市贸易活动所习惯采用的日期。

传统岁时节日,有的是祭祀的节日,有的是喜庆或纪念性节日,有的是娱乐性

节日,而过节的形式则主要是宴饮、聚会、娱乐和休息。节前或节日期间的集市,是满足节日期间各种活动和生活物质供应需求的商贸行为,赶集兼为节日期间的一种休闲娱乐活动。因而,节日集市也是各种娱乐业为社会服务的重要场地。南宋临安(今杭州)清明节时,"公子王孙富室骄民,踏青游赏城西,店舍经营,辐辏湖上,开张赶趁"(《西湖老人繁胜录》),系节日游艺民俗活动之需而形成的节日集市。

中国是一个多民族国家,许多少数民族的重大节日,同时也兼为盛大的商贸集市。例如云南白族的"三月街",蒙古族的"那达慕大会",甘肃、青海等地的"花儿会",广西壮族的"三月三"等,都是盛大的节日集市。

云南大理白族的"三月街",又名"观音节"。有关史志文献记载,"三月街"形成于唐代永徽年间(650—655)。明代李元阳编撰的《云南通志》说:"三月三日至十五日,在苍山脚下贸易各省市之货,自唐永徽间至今,朝代累更,此市不变。"《白国因由》亦称:"善男信女朔望会集,于三月十五日在榆城(今大理)西搭篷礼拜方广经……年年三月十五日,众皆聚集以蔬食祭之,名曰祭观音处,后人于此交易,传为观音街,即今三月街也。"又有《滇中琐记》载:"大理三月街,古称观音市,在西门点苍山下……按此市实昉于唐永徽年间,相传观音以是日入大理,后人如期焚香顶礼,四方风闻咸来瞻仰,遂以成市。"由此可知,"三月街"的形成与佛教影响有关,但它并非因宗教节日而形成的庙会,突出的是节日娱乐、交际和集市贸易的特点。大理三月街,"盛时百货生意颇大,四方商贾如蜀、赣、粤、浙、桂、秦、黔、藏、缅等地,及本省各州县之云集者殆十万计,马骡、药材、茶市、丝棉、毛料、木植、磁、铜、锡器诸大宗生意交易之,至少者亦值数万"(《大理县志稿》),其盛况有如"长安灯市"(《滇系》)。

广西壮族以及侗、布依、水、仫佬、毛南、苗、瑶等民族每年农历三月初三举行的"三月三"歌仙节,相传是因纪念壮族歌仙刘三姐而形成的。歌仙节期间,人们赶歌圩、搭歌棚、举办歌会赛歌,青年男女们在对歌、碰蛋、抛绣球等游艺过程中谈情说爱。侗族在这一天斗牛、斗鸟、对歌、踩堂,还抱花炮,所以又称"花炮节"。节日期间,也同时进行商品贸易活动,从四面八方云集而来的交易者就地摆设货摊,往往是山上对歌、山下赶场,歌节兼为集市。

浙南地区畲族,每年秋收时节都例行举办"抢猪节"。相传,这个节是纪念曾帮助人们饲养好猪的马氏娘娘。过节这天,由节日的主持人"迎神头"请戏班在马氏仙宫连续演戏七天七夜。到最后一天晚上戏停之后,村民们都急忙回家杀猪,将杀好洗净的猪绑在木架上,只等马氏仙宫传出一声猪叫,便立即抬着猪向仙宫跑去,以期抢得"首猪",预示来年养出大肥猪的吉兆。俟全村各户的猪依次到齐并按先后次序排放好后,即进行评猪,将评选出的最大的"大猪"和最小的"昌猪"披红挂彩,鸣鞭奏乐送回主人家,其余各自抬回。是夜,各家邀集亲友欢聚宴饮,名为"杀猪福"。宴毕,主人根据客人来时所送红包中的钱数,按当时市价分别称好一份份猪肉交给客人并各自带回。如今,"抢猪节"的节日活动内容除例行民俗仪式外,更多的重在生猪或猪肉的贸易,使之成为专门进行猪的交易的节日集市。

改革开放以来,各地方凭借本地区的历史文化、民俗文化等人文与自然资源,举办丰富多彩的文化节,据估计多达 2000 余个。这些文化节的一个共同的宗旨,是所谓"文化搭台,经贸唱戏",尽管名称不一,实乃"经济文化节"。有的一年一届,有的两年一届,有的地方每年都有几种文化节交替举行。仅北京一个地方,就举办过北京国际风筝会、北京中国艺术节、中华民俗风情百乐艺术节、北京文物节、北京桃花节、圆明园踏青节、密云冰雪狂欢节、八大处重阳登山节、香山红叶节、大兴西瓜节等。有些商场、酒店,也以办节形式开展促销或广告宣传活动,如北京中国大饭店的德国啤酒节、北京天坛饭店的啤酒节、北京王府饭店的慕尼黑啤酒节等。全国比较著名的新兴经济文化节有山东潍坊国际风筝节、辽宁大连国际服装节、黑龙江哈尔滨冰雪节、山东国际孔子文化节、河南洛阳牡丹花会等。这些经济文化节,是放大了的节日集市,是传统节日集市民俗适应当代社会发展的一次大发展、大会演。

5.彝族十二兽集场

在地图出版社1956年出版的《中国分省地图》黔西大方县(旧为大定县)境内,标有"羊场""鸡场"之类的地名。一般不谙其俗的外地人,仅将其视为普通地名符号而已。孰不知,其"场"乃集市所在,集期便是"羊日""鸡日"。在清道光三十年(1850)重修的《大定府志》卷十三中,记载有当地众多的十二兽集场,且抄录其中一段以见一斑。

> 在常平里者四,曰福集厂猴场,在六甲,距城三十里,申日集。白车河马场,在八甲,距城六十里,午日集。茨冲牛场,距城五十里,五日集。严沙河羊场,在七甲,距城四十里,未日集。在时丰里者五,曰巴婴河猪场,距城七十里,亥日集。米裸狗场,距城九十里,戌日集。阿佐蛇场,在五甲,距城八十里,巳日集。阿戛羊场,距城七十里,未日集。阿女猴场,在八甲,距城西二十里,申日集。在岁稔里者六,曰白觉虎场,在七甲,距城一百五十里,寅日集。杨梅村羊场,距城西百二十里,未日集。都革蛇场,距城百里,巳日集。……

1921—1982年出版的有关地图所标地名统计,贵州彝族的十二兽集场共有45个,分布于24个市县。云南彝族的十二兽集场共有201个,分布于58个市县。这些十二兽集场大体分为四种基本类型。一是旷野集场。如云南南华县西南角兔街区与景东县大龙街区接壤的偏兔街区一侧的小寅街,设在兔街河畔的峡谷河滩地上;贵州威宁西北部高海拔地区的狗街,设在四周都是深山老林的荒坪上;武定县西境插甸鸡街集场,设在松林之中。因而,这类集场又俗称山场、乡场或露水街。这类集场没有任何固定的市场设施,集市期间人们从四方赶来进行交易,集散,人散,场空。二是草棚街。情况与旷野集场相近,但在场地上搭设有简易的固定货棚、货架,集期多为六或十二天,无人定居其间,集散,人散,棚空。三是瓦房街。集场建有瓦房住宅、店铺,有商贩居住,通常六天一集。集市期间,这里的商贩经营日用百货、生产资料以及餐饮等服务项目,同时低价收购土特产与其他集场进行购销贸易。四为集镇。如南涧县南境的虎街,有两条平行的南北街市,两侧各有一条岔街与之连通,格局呈"井"字形街市。街市上居住有一部分完全脱离农业生产的商贩,开设了各种店铺,每逢虎、猴两日为集日,间隔五天。街市西北有虎街山神庙,庙内立有"母虎日历碑"。各地来赶集者同时祭奠山神。又有滇东宜良坝子西南端距县城15里的羊街,有两条十字形街市,占地约2000平方米,有经商居民35户,手工业生产者14户,逢集时还有30余户屠宰户,集期为羊、牛、狗、龙四日,间隔仅两天。这四种彝族十二兽集场,依次反映了彝族集市的发生、发展、变化轨迹,集期间隔多寡变化是其进步的一种基本标志。楚雄彝族自治州首府,即由原碌城与虎街融合而成为"集无虚日"的古鹿城,进而发展成为今天的楚雄市。其实,这是中国集市与城市发展历史的一个缩影。

所谓"十二兽集场",实际上就是以十二兽纪日为集期的集市。滇、黔彝族的这种集市形式和得名,与其以十二兽纪日的历法直接相关。

滇、黔彝族历法用以纪岁、纪日的十二兽与汉族的十二生肖相同,即鼠、牛、虎、兔、龙、蛇、马、羊、猴、鸡、狗、猪。所不同的是,汉族十二生肖以鼠居首,而彝族的十二兽历以虎为首。汉族的十二生肖同彝族的十二兽纪岁、纪日,都是出自原始动物崇拜的原始历法民俗。彝族十二兽历法的十二兽排序以虎为首,源自彝族古老的虎图腾崇拜民俗。而且,彝族以母虎为图腾,显然是母系氏族社会的原始文化遗存。滇西南哀牢山上段地区的南涧、南华、楚雄、双柏等县,彝族自称为"罗罗",男人自称"罗颇",女人自称"罗摩","罗"即当地彝语"虎"的译音。有的村寨,即以"罗摩"为名——"母虎村"。"哀牢山"在《景东县志》中记作"文乐山",均系彝语"大虎山"的译音。每年正月(虎月)初八至十五日,彝族要过虎节。

在哀牢山上段的南涧彝族自治县南部虎街有座山神庙,庙中曾立有一通彝文的《母虎纪日谱碑》,亦即《母虎日历碑》,碑文从左至右分两行直书十二兽纪日日序。山神庙中,还绘有纪日十二兽壁画。每隔三年岁首虎日,这里都举行一次大型祭祀活动,祭祀仪式由"朵西摩"即女祭司主持,以象征母虎神。祭祀时,要在碑题和纪日十二兽居首位的"虎"字上用鸡血或羊血粘贴一些女发。另外,在纪日十二兽中的马、羊、牛、鸡、狗、猪六兽的彝字上面,分别粘以该兽的兽毛。按彝族民间传说,由于虎神的保佑,其先祖才猎获这六兽并将之驯养为家畜。狩猎时若猎得穿山甲,则将甲壳分别粘在"虎"和"龙"字上面。

十二兽历法是彝族的原始文化遗存,也是人类最古老的原始历法之一。以十二兽纪日来命名集场、规定集场日期,是彝族集市历史悠久并保存着远古民俗遗风的重要实证。

有人研究了市场机制与交易规模的关系后提出:"从墟场一类的乡村基本集市,到集散型集市(大集市),再到中心集市(集镇、城镇或镇市),是集市社区城镇化的主要道路,但不是唯一的道路。因为,任何低一级类型的集市向高一级集市转化都要受到许多客观条件的制约,有些是可以转化的,有些不但根本无法转化,甚至还可能因人为的城镇化而使之失去存在的价值。城镇化是现代化的内容之一,乡村集市的城镇化,也就是乡村社区的现代化。"集市这一古老的传统市场形态在其发育及成熟的历史过程中,促生了市场经纪人。

二、经纪人概说

在异彩纷呈的古今商业贸易舞台上,诸行百业的经营者各显神通。在批发商、零售商以及行商坐贾等各类经商者中,有一种活跃于诸行百业商品交易过程中的"二传手"——中间商,通称经纪人。

从古老的集市贸易到现代集约化、规模化或专业化的商品大市场,都离不开经纪人这种中间商的经营活动。而且,社会越发达、市场经济越活跃,经纪人的作用显得越发重要。

历来社会的经济发展、市场繁荣都离不开商业活动和商贾的作用,当然也离不开中间商这一环节。中间商的历史,几乎从古代集市贸易形成就开始了。

1.五花八门的"经纪"称谓

"经纪人"之说,始见于明代文献。在冯梦龙编的《古今小说·史弘肇龙虎君臣会》中写道:"夫人放买市,这经纪人都来赶趁,街上便热闹。"当时也简称为"经纪"。如《金瓶梅词话》第十六回:"一日西门庆会了经纪,把李瓶儿床后茶叶箱内堆放的香蜡等物,都称了斤两。"又如第六十回:"崔本专管收生活,不拘经纪买主进来,让进去每人饮酒三杯。""经纪"一词,在古代有"通行"之义。如《淮南子·原道训》:"经纪山川,蹈腾昆仑。"对此,汉代高诱注云:"经,行也;纪,通也。"经纪指中间商经营行为,当系沟通交易双方的活动而言。

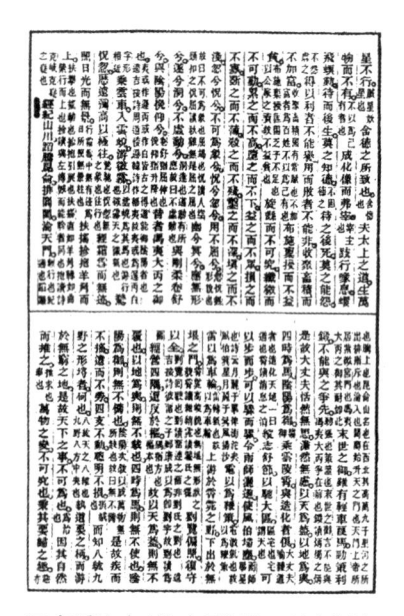

汉高诱注本《淮南子》卷一《原道训》中所见"经纪"一词

汉高诱注本《淮南子》卷十三《氾论训》中有关晋国大驵段干木的记述

还有人认为中国的经纪人始于牲畜市场交易中名为"驵"（音 zǎng）的中间商，如《淮南子》记述战国时魏国有名的大驵段干木，"最初只限于牲畜交易等少数行业，到唐代已广泛参与各行各业的交易"。其实不然，早在西周的市场活动中，就已出现了管理市场的职官——质人；质人参与并掌管包括牲畜在内的各种商品交易活动。《周礼·地官·质人》载："质人掌成市之货贿、人民、牛马、兵器、车辇、珍异。凡卖价者质剂焉。"可知，随着古代市场管理制度的形成，即产生了经纪人制度。

古代将说合交易称为"侩"（音 kuài），始见于南朝梁陈之际顾野王所撰的《玉篇·人部》："侩：合市也。"侩也用指中间商经纪人，如宋代陈彭年等奉诏增广重修《切韵》而成的韵书《大宋重修广韵·去泰》云："侩，会合市人也。"通常泛指商人的"市"，《宋本广韵·十四泰》中关于"侩"的释文，原本是经纪人的称谓。《淮南子·氾论训》："段干木，晋国之大驵也。"汉代许慎注："驵，市侩也。言魏国之大侩也。"

瞿秋白在《〈乱弹〉代序》中谈道："固然，乾嘉之世的绅士中已经掺杂了些盐商驵侩——郑板桥之类的名士所瞧不起的。"泛称市侩、经纪人为"驵侩"，是从牲畜交易经纪人发展而来的。驵，是好马，因称马市中间商为驵侩，又别作"驵会""驵阛""驵狯"等。《史记·货殖列传》："通邑大都，酤一岁千酿……佗果菜千钟，子贷金钱千贯，节驵会。"南朝宋裴骃《史记集解》引《汉书音义》："会亦是侩也。"《汉书·货殖传》"节驵侩"，唐代颜师古注云："侩者，合会两家交易者也。驵者，其首率也。"北齐刘昼《新论·因显》写道："故若物无所以因，良马劳于驵阛，美材朽于幽谷。"《新唐书·王君廓传》："君廓，并州石艾人，少孤贫，为驵会。"宋代吴曾《能改斋漫录·辨误》："《刘贡父诗话》谓今之谓驵侩为牙，谓之互郎、主郎，主互市事也。"《唐韵正》则认为："《中山诗话》云：'古称驵侩，今谓牙，非也。'刘道原云：'本称互郎，主互市。'唐人书'互'为'乐'，似'牙'字，因讹为'牙'耳。"明代谢肇淛《五杂俎·地部二》："驵狯之徒，冒险射利……今之茶什五为奸商驵狯私通贸易。""驵侩"又作"侩驵"，如宋代黄庭坚《送吴彦归番阳》诗句"诸子厌晚成，躐学要侩驵"，多用来泛称商贾。亦称"侩父"，如清代黄景仁《六州歌头·愁》词句："倘是伧才侩父，休相觑，雅昧平生。"

宋代《明公书判清明集》有一篇胡石壁的《治牙侩父子欺瞒之罪》判牍，其中说道："大凡求利，莫难于商贾，莫易于牙侩。"意思是说，经纪人比一般其他商贾获利容易得多。其所谓"牙侩"，即经纪人。称经纪人"牙侩"始自唐代。唐代谷神子《博异志·张不疑》载："数月，有牙侩言，有崔氏孀妇甚贫，有妓女四人，皆鬻之。"明代仍有用者，如叶宪祖《团花凤》剧第二折即有"你待去风月场为牙侩"之语。

唐代以来关于经纪人的正式称谓，主要是"牙""牙人""牙商"，即所有"市牙"。唐代薛用弱《集异记·宁王》："宁王方集宾客宴话之际，鬻马牙人麴神奴者，请呈二马焉。"《旧唐书·卢杞传》："市主人、牙子各给印纸，人有买卖，随自署记，翌日合算之。"《旧唐书·安禄山传》亦载："（安禄

《宋本广韵·十四泰》中关于"侩"的释文

山)及长,解六番语,为互市牙郎。"

经纪人为何被称作"牙"呢?原来竟是由于一时字误而以讹传讹,居然约定俗成,流传了千百年。据认为,此"牙"系"互"字之误。"互",即"互市牙郎"之"互"。所谓"互市",相互贸易,居间商人称作"互郎"。"牙郎"乃"互郎"讹衍而来。宋代刘邠《贡父诗话》谈道:"古称驵侩,今谓牙也。刘道原云:'本称互郎,主互市,唐人书互为牙,因讹为牙。'理或信然。"其"古称驵侩"并未穷源,而最早是称"质人",刘道原的考辨还是对的,是许多学者的共识。又如清代褚人穫《坚瓠四集》卷三说:"牙本作'互',以交互为义;'互'字似'牙',因讹为'牙';牙音似'衙',又讹为'衙'。"韩愈《广州》诗云"衙时龙户集,上日马人来"是也。"牙"与"侩"均指经纪人,故复合为"牙侩"。

清末民初,上海俗称经纪人为"掮客"。吴趼人《二十年目睹之怪现状》第九回:"上海的这些露天掮客真正不少。"周而复《上海的早晨》第一部:"朱延军成了西药掮客。"掮,本指以肩扛物,用称经纪人,当含常言所谓"一手托两家"之义。

现代口语又称经纪人为"跑合的",如孙犁《风云初记》二十:"这客人像一个退休的官员,又像一个跑合的商人。"近年又有所谓"对缝的"之说,显系"跑合的"而言,即"跑合对缝"作中间商。有的也直称为"介绍人"或"中间人"。

2.形形色色的经纪人

如果说古今有关经纪人的称谓五花八门,那么活跃于各种集市或交易活动中的经纪人则可谓形形色色。

首先,从经纪人所属性质而言,有官、私之分。

属官府委派或指定的经纪人或经纪人组织机构,是官牙,余者则属私牙。在中国经纪人历史上,向以官牙为主,私牙为辅。尤其是关系国计民生或利润丰厚的商业行业,如盐、粮等的经纪人,都以官牙垄断为主要流通渠道。

"官牙"一词始见于明清。《明会典》卷三五载,朱元璋于明初曾旨令"天下府州县镇店去处,不设有官牙、私牙"。清代袁枚《新齐谐·牙鬼》:"男子官牙刘某,吞布价而花销之。"但是,官牙之制却远非明清时才出现,而是西周。最先见于文献记载的即为官牙,即《周礼·地官》中记述的"质人"。

"私牙"一词始见于元代。元人刘致《端正好·上高监司》套曲中唱道:"私牙子船弯外港,行过河中宵月朗。"此例说明,至迟在元代或元代以前便出现了官牙、私牙之分。其实,唐代的邸店即兼具私牙性质。《淮南子·氾论训》所记"晋国之大驵"段干木,当是见诸典籍较早的私牙。

唐代都城长安东西两市诸行密集,"市内货财二百二十行,四面立邸,四方珍奇,皆所集积"(宋敏求《长安志》)。"邸"即"邸店","居物之处为邸,估卖之所为店"(《唐律·名例·疏议》)。"邸店"又称"邸舍""邸阁",东晋、南朝时业已出现,至唐代随着市、行的发展而普遍兴立,类如后世的货栈、批发商店。唐代长安、洛阳等一些大都市中,邸店达数百家之多。古代邸店为专业货栈,乃官办。《礼记·王制》云:"古者公田藉而不税,市廛而不税。"汉代郑玄注:"廛,市物邸舍,税其舍不税其物。"唐代孔颖达疏:"廛谓公家邸舍,使商人停物于中,直税其所舍之处价,不税其在市所卖之物。"在客商进店存货或洽谈交易过程中,邸店主人便往往充当中间商并以此赚取租金以外的经纪人佣金。例如,"鬻两池盐者,坊市居邸主人,市侩皆论坐"(《新唐书·食货志四》)。

其次,从经纪人居间经营的内容来看其行业类型。

古往今来,几乎所有作为商品进入市场贸易流通者,均有经纪人居间经营。即或是政府控制的统购统销商品,亦直接或间接地由官牙居间调控供销。

西周市场管理职官中的官——质人,不分商品种类而统一"质、剂",居间经营管理。但是,随着社会分工的日趋细化和商品生产流通的日渐专业化,尤其是隋唐"行"及同业行会、专业市场的出现,经纪人的专业分工越发专业化、具体化。因而,形成了各种兼营多种商品和专营性的居间经纪人,出现了不同行业类型的经纪人。

今据文献所见,最早的专行经纪人是汉代马市的驵侩,其后晋有大驵段干木,唐代安禄山少年时也曾充当驵侩,以至后世泛称经纪人为"驵侩",如宋代孔平仲《孔氏谈苑》所谓"今人谓驵侩为牙"。还有的将"驵竖"作为经纪人的鄙称,如清代况周颐《蕙风词话续编》卷一："右词数阕,当时踢球唱赚之法,藉存概略,犹有《风》《雅》之遗意焉。犹贤乎己,是之取尔。讵谓今日等于牧奴驵竖所为哉?"市侩恶棍乃称"驵棍",如明代谢肇淛《五杂俎·事部三》："盖我朝内臣,目不识字者多,尽凭左右拨一二驵棍,挟之于股掌上以鱼肉小民。"欺诈则谓"驵诈",如南朝陈徐陵《在北齐与杨仆射书》："日者通知,方敦襄睦,凶人驵诈,遂骇狼心。"有些地方马侩奉祀"灵官马元帅"为行业神,行中流传有《相马经》和《相马图》。清末《三教源流搜神大全》卷五所载"灵官马元帅",系养马人、贩马人、马经纪人共同奉祀的神祇图。民间兽医传抄的《相良马图》《相马旋毛图》所录"马经",也是驵侩的相马、贩马经验。

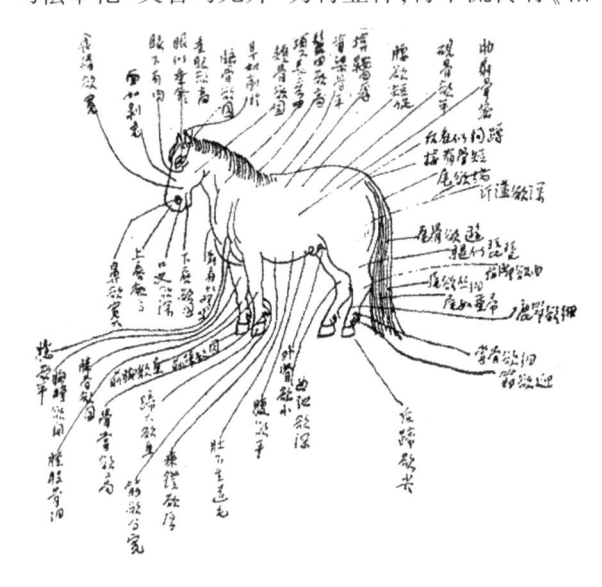

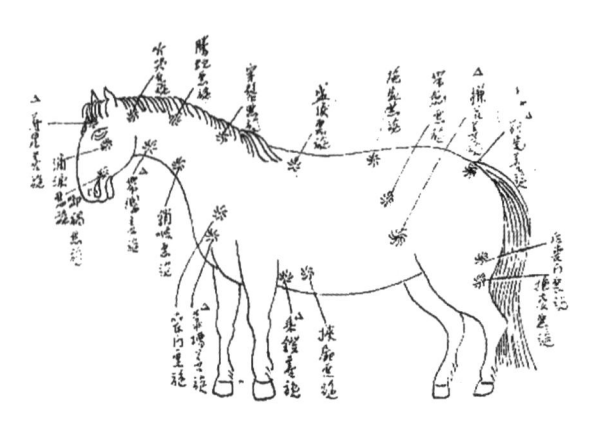

民间兽医传抄的《相良马图》（上图）、《相马旋毛图》（下图）

南宋都城临安城内米市有米牙。宋代吴自牧《梦粱录》卷一六载："杭州人烟稠密,城内外不下数十万户,百十万口。每日街市食米,除府第、官舍、宅舍、富室及诸司有该俸人外,细民所食,每日城内外不下一二千余石,皆需之铺家。然本州所赖苏、湖、常、秀、淮、广等处客米到来,湖州市米、市桥、黑桥,俱是米行,接客出粜……城内外诸铺户,每户专凭行头于米市做价,径发米到各铺出粜。铺家约定日子,支打米钱。其米市小牙子,亲到各铺支打发客。"

书籍字画市场的中间商称"书侩"。唐代李绰《尚书故实》记载:"京师书侩孙盈者,名甚著。盈父曰仲容,亦鉴书画,精于品目。豪家所宝,多经其手。"

介绍佣工、职业的经纪人,称"荐头",开设"荐头店"。明代周履靖《锦笺记·争馆》:"昨日听见姜裁话,个向邹家还未有先生,旧年听我卖葛个何老女,惯向渠家走动,须索寻渠做个荐头。"清代小说《官场现形记》第四八回:"荐头正为太太说要拿他当窝家办,吓得心上十五个吊桶七上八落。"至现代,仍不乏这种行业经纪人。叶圣陶《隔膜·一生》中写道:"伊进了城,寻到一家荐头。荐头把伊荐到一家人家当佣妇。"旧时北京有多家专事介绍女佣的荐头店,名叫"老妈店"或"老妈作坊"。北京俗称女佣为"老妈子",故名。设老妈店,开业前必须呈报警察局备案,领取开业许可证后方能挂牌经营。

旧时贩卖人口者称"人牙子"。《红楼梦》中多处说到"人牙子",如第四六回:"心里想要再买一个,又怕那些人牙子家出来的不干净。"第八〇回:"快叫个人牙子来,多少卖几两银子,拔去肉中刺、眼中钉,大家过太平日子。"同回又写道:"我即刻叫人牙子来卖了他,你就心净了。""人牙子"实际上就是人贩子。曹禺《原野》剧第二幕:"大星的爹为你妹妹把那人贩子打个半死。"

贩牛经纪人叫"牛侩",其居间说合交易活动即"侩牛"。东汉有个隐居不仕者名王君公,即以侩牛为生计。《后汉书·逸民传·逢萌》载:"君公遭乱独不去,侩牛自隐。时人谓之论曰:'避世墙东王君公。'"李贤注云:"侩谓平会两家买卖之价。"

贩猪经纪人的居间说合交易,古称"侩豕"。宋代王谠《唐语林·容止》:"比至鬻豚之肆,见侩豕者。"

旧时烟叶行贸易,官府多未指派经纪人。但一些经纪人见有利可图,则以非法的私牙身份从中居间牟利。清乾隆十四年(1749),时任山东潍县县令的郑板桥曾于潍县城隍庙大殿立了一通《潍县永禁烟行经纪碑》。碑文中说:"查潍县烟叶行本无经纪,而本县莅任以来,求充烟牙执秤者不一而足,一概斥而挥之……"

布行有"布牙"。清顺治十六年(1659)四月,苏松两府曾刊立《禁布牙假冒布号告示碑》。清代叶梦珠《阅世编》中记载:"前朝标市盛行,富商世贾操重资而来市者,白银动以数万计,多或数十万两,少亦以万计。故牙行奉布商如王侯,而争布商如对垒。"

鱼牙是鱼市的经纪人。《水浒传》第三十八回写戴宗和李逵陪宋江在琵琶亭上饮酒观景,其醒酒汤用料并非鲜鱼而是腌鱼,味道不佳。为此,酒保解释说:"今日的活鱼还在船内,等鱼牙主人不来,未曾敢卖动,因此未有好鲜鱼。"这里的鱼牙子就是后来成为梁山好汉的"浪里白条"张顺。李逵到江边等到张顺过来,为之"凑扰十数尾"金色鲤鱼,然后张顺则"自点行贩,吩咐了小牙子把秤卖鱼"。

清末傅崇矩(1875—1917)编撰的《成都通览·成都之执业人及种类》中,记有"人经纪""房贩子""银市经纪"等市肆经纪人类型。

  人经纪　即人贩子也。凡雇请女仆及乳母,则托人经纪介绍之。该人贩从中取钱,并能代人觅购使女及聘妾等事。凡贫家有女鬻者,多住在人贩子家,种种为难,多方索取。凡鬻女者,每百金入手,人贩应索扣二十金,饭钱宿钱在外。在前省外之到省买女口者,往往被若辈圈套,动遭讼事。现经警局查禁,若辈稍知敛手。省城凡四十五人。

  房贩子　省城凡七十三人,买卖房宅,从中介绍,索谢礼者也,局门甚多。

  银市经纪　银市分东市、南市二处,从中得谢。省城凡七十九人,经警局发有规则。经纪人亦名"老大",即平银者也,每银一锭抽钱四十文。背钱者名"老二",每一千文取一二文。

旧时北京房地产买卖、租赁的中间商叫"房纤手",其经纪活动称作"拉房纤";其低价购进房产,经过装饰后高价售出,称作"倒饬房"(方言又谓"捣腾房")。其说合交易的佣金比例,通常是"成三破二",即说合成交后购方付佣金3%,售方付2%,房纤手总得5%。若售方事先声明不付佣金,称作"净赚",这部分佣金由房纤手同购方商议提高佣金比例。旧时上海类似的经纪人,俗称"白蚂蚁",专事充当房屋购租交易的介绍人以收取佣金。

明清时,供应宫廷所需物品的商人、采买人称"买办"。明代田汝成《西湖游览志余·贤达高风二》:"近者,买办行于外府,骚扰遍于穷乡。"近代外商进入中国后雇用的采买或代理人沿用了"买办"之称。林则徐《批荷兰国总管番吧臣禀请发给红牌下澳由》:"并因夷馆中买办工人,欲引奸夷逃走,是以将其撤去。"后来,买办逐渐发展成为外商与华商之间贸易往来的中介人和代理人,即独立的中间商,按照合同规定的份额比例收取佣金。

中国的经纪人不仅有男性,还有一部分女性。南宋吴自牧《梦粱录》卷十九《顾觅人力》中写道,在当时都城临安(今杭州)城里,"如府宅官员,豪富人家,欲买宠妾、歌童、舞女、厨娘、针线供过、粗细婢妮,亦有官私牙嫂,及引置等人,但指挥便行踏逐下来",说明女经纪人亦有官、私之分。宋代洪迈《夷坚甲志·妇人三重齿》:"妇人曰:'我在此饥困不能行,必死于是,得为婢子,幸矣。'乃召女侩立券,尽以其当得钱,为市脂泽衣服。"清代纪昀《阅微草堂笔记·槐西杂志四》:"家人知主妇,事必有变也,伪向女侩买出,而匿诸尼庵。"其中"女侩",即女经纪人。宋代又有"妇驵"之说,米芾《书史》载:"姑苏衣冠万家,每岁荒及迫节,往往使老妇驵携书画出售。"女经纪人又称"牙媪""牙婆",宋无名氏《异闻总录》卷一:"婢昏然不省忆,但云因行至一桥迷路,为牙媪引去,迫于饥馁,故自鬻。"《水浒传》第二十四回:"王婆笑道:'老身为头是做媒,又会做牙婆。'"《醒世恒言·两县令竞义婚孤女》:"(石壁)遗下女儿和养娘二口,少不得着落牙婆官卖,取价偿官。"女经纪人除经营女红外,主要是充当人贩子,做妇女儿童等人口买卖生意的中间商。因而,女经纪人的生意兴旺,往往成为荒乱灾年的标志之一。《续资治通鉴·宋太宗太平兴国二年》载:"初,右监门卫率府副率王继勋分司西京,强市民家子女以备给使,小不如意,即杀而食之,以椠椟贮残骨,出弃野外,女侩及鬻棺者,出入其门不绝,民甚苦之——亟命雷德骧往鞠之。继勋具服,所杀婢百余人。乙卯,斩继勋并女侩八人于洛阳市。"

居间说合交易,往往费力少而获利丰厚,所以市井帮闲无赖者亦趋其利而插手其事。南宋吴自牧《梦粱录》卷十九《闲人》所谓"涉儿"所为,便属此类,云:"又有一等手作人,专攻刀镊,出入宅院,趋奉郎君子弟,专为干当杂事,插花挂画,说合交易,帮涉妄作,谓之'涉儿',盖取过水之意。"

3.历代经纪人制度略说

据《周礼·地官·质人》记述可知,中国历史上最早的经纪人制度是官牙制,由"质人"对市场中的各种交易强行进行居间管理,逐项发放质、剂为凭。其中,成交的奴婢、牲畜等大宗生意采用长券,称"质";兵器等小宗生意采用短券,即"剂"。质、剂为竹木制成,由官府监制并加盖官印,成交后一分为二,交易双方各执其一为凭。领取质剂需缴税,谓"质布"。

历代官府均实行商贾领帖注册制度,牙商自在其中,获得官方许可方为合法经营。唐代规定:"市牙各给印纸,人有买卖,随自署记,翌日合算之。有自贸易不用市牙者,验其私簿。无私簿者,投状自集。"(《旧唐书·食货志下》)当时规定,凡于市场经营货物,均需经过经纪人居间交易方许成交。如后唐明宗天成元年(926)敕文中所说:"在京市肆,凡是丝绢斛斗柴炭,一物上,皆有牙人。"发给注册牙商的"印纸",即经营执照,后世称作"牙帖"。核发执照的主要目的在于收缴牙税,缴纳有关税捐之后方可领得"牙帖"。清代黄六鸿《福惠全书·升迁·查税契》载:"其每年收税底簿及更换牙帖,俱宜查缴,不得存留。"又史致谔《禀左宗棠书》写道:"上年厘税之外,尚有另办户捐、牙帖等捐。"唐律所说"翌日合算之",亦为捐税。

牙商向官府缴纳的税称"牙税",宋代李心传《建炎以来朝野杂记甲集·财赋二·经制钱》载:"三年冬,遂命车南八路提刑司,收五色经制钱赴行在……增添田宅牙税钱。"又称"牙契税",宋代洪迈《容斋随笔·田宅契券取直》:"今之牙契投税,正出于此。"又称"牙契",叶适《经总制钱一》称:"得产有勘合,典卖有牙契。"《黄子耕墓志铭》:"通判卑辞借系省,预敛牙契,常为殿矣。"牙税税额,从宋人俞文豹《吹剑四录》所载,略见一斑:"牙契钱者,人间买田宅,则投印契书。嘉祐末,每千输四十;宣和末,陈亨伯经制增五六十;绍兴初,孟富文总制又增为一百,以三十五入经制,三十二钱半入总制,三十二钱半留州。"

经纪人在大宗交易中,既为中介人,又兼立契保人,故又名"牙保"。宋代王溥

《五代会要·市》:"如是产业、人口、畜乘,须凭牙保。此外并不得辄置。"宋代张邦基《墨庄漫录》卷四:"于舟尾得皂绦一条,系文字一纸,取观之,乃雇舟契也,因得其人姓名及牙保之属。"此外,《元典章·户部五·典卖》亦规定:"凡有典卖田宅,依例亲邻、牙保人等立契,画字成交。"这种"牙保"之"契",相当于西周"质人",发给成交双方的"质"。

牙商向官府缴纳"牙税",亦向成交双方收取佣金,即"牙钱"。对此,历代文献亦有记载。宋代苏辙《论蜀茶五害状》中说:"卖茶本法止许收息二分,今多作名目,如牙钱、打角钱之类,已收五分以上。"又宋代朱熹《措置赈恤粜籴事件》:"寻常客人粜米,必经由牙人方敢粜;常被邀阻,多抽牙钱,是致不肯往粜。"《元典章新集·刑部·杂例》载:"局院站赤、百户头目、里正、主首、牙行人等,因而取要钱物,取论招状,断罪追赃。"明代汤显祖《紫钗记·伤感》剧中有此对白:"[侯]一对钗儿百万钱。[堂]牙钱要分取十三千。"举凡诸例,多似对牙商佣金存有微议。事实上,历代均不乏牙商滥收佣金之事,但亦不可因此否定其应收佣金。西周"质人"身为职官,所收"质布",兼含税及佣金在内。牙商作为商人的一种,其主要是以收取佣金作为获利来源。既然依法缴纳"牙税",自当依法收取"牙钱"。

历代对经纪人实施的管理制度,首要在于"牙帖"及"牙帖税"的核发与收缴。清康熙三十二年(1693)佛山地方政府颁令"饬禁私抽设牙"。清光绪十一年(1885)五月十四日上海《字林沪报》所载《论捐牙帖》公告,即为显证。抄录如下:

> 总办江苏牙帖捐局,松江府上海县正堂莫,为会同出示晓谕事。照得本局本县奉松沪捐厘总局宪转奉督抚宪行,准部咨会议筹饷一折,奉懿旨:依议。钦此。抄录原奏条款,行会一体认真举办。当查奉发条款内开议,今推广牙帖捐输,并令烟酒行店,一律入资给帖。札饬本局,合同本县督率员董赶速查明,所辖境内无帖私开,以及顶名影射诸色牙行,各有若干,刻即逐细访查确定,先行造册呈送,勒限十日内,催令一律遵章捐帖。如再逾限不领,即由本县发封押闭,照例遵办,以儆效尤,仍将遵办缘由县复。此次通饬之后,各该印委,倘再置之不理,定行择尤详请记过,撤任不贷。等因。到局县。奉此。查苏省劝办牙帖,行之已久。惟所辖松太各属,无帖白拉,冒名顶替,以

及蒙庇私牙开各色牙行,在处皆有。前经迭奉严饬,认真清查,业经酌议整顿加罚,并追缴废铁章程,禀奉抚宪批饬通行各属,会同员董严加整顿,分别勒限追缴押闭。复又迭次札催遵办各在案。兹以现值边防需饷万紧,特奉大部奏准,行令遵照指饬,通行遵办。断难再任违延。所有白拉顶替各户,亟应彻底根查,均应一律限令遵奉部示,按户纳帖,以裕饷源,不容仍前观望,有妨大局。除先移请松江府太仓州分饬各属一体遵照,暨严饬劝办员董,迅速上紧查明禀办外,诚恐商民未能周知,合行会同出示晓谕。为此仰各色牙行人等知悉:自示之后,如有私开、未经领帖,以及租帖顶替之户,着即照限赶紧赴局,照章分别捐领。如再任意迁延,本县定即遵奉宪饬,先行发封押闭,照例惩办,决不稍从宽贷。该牙户等要知需饷防御,原以保卫身家起见,各宜争先恐后,亟图踊跃。倘有不肖奸商,包揽霸阻情事,定即立予严惩,勿贻后悔,各宜凛遵毋违,特示。

光绪十一年五月初十日示

清光绪十一年(1885)二月,法军攻陷谅山,侵占了镇南关(今友谊关);三月,法舰侵犯镇海海口;四月,法舰攻踞澎湖。这一边关吃紧局势,亦即上述告示中所说的"现值边防需饷万紧""该牙户等要知需饷防御,原以保卫身家起见,各宜争先恐后"纳捐领办牙帖的背景。在是年八月二十九日《字林沪报》所刊载的《查吊牙帖》报道中,又可略见当时沪上牙商佣金额度比例及不法牙商滥收高额佣金实例。报道全文如下:

前报载泰昌冰鲜行主俞桂堂投上海县,控同业公顺行影戤牙帖,增收行用(佣金)等情一案。前日由差提集原被人证,解候晚堂莫邑尊讯问。据俞桂堂供:同业公顺行,实系影射牌号,况我业向例客商买卖扣佣五分。今查公顺有多收二分行用之事。然历来并无七分之用,实于市面有碍,求请究断。邑尊命提公顺行主胡云甫至案。据供:开设公顺鲜行,照章捐帖,并非租赁而来。邑尊问:尔行开有几年?每年做若干生意?答称:已开四年,终年结算,可扯六万光景。邑尊谓:尔行何以多收二分行用?答称:均照大概章程,不敢多收,请求明察。邑尊谓:尔既捐帖开行,事无不合,着即将牙帖缴案查核。

饬将公顺行主胡云甫交保,俞桂堂斥退。惩治不法牙商,早有先例。宋代《名公书判清明集》卷十一胡石壁判牍《治牙侩父子欺瞒之罪》即为一例。这篇判牍载:"颜文龙不远千里,兴贩货物,投托李四之父子,前后赢余其牙钱,亦必不少,颜文龙意其可托,遂以银、会寄于其家,取守会以为证,自谓他日必可执券取偿。岂料李四父子全无信行,遽欲从而于没之。及至到官,乃谓保正立双头文字,系是寻常富室欺凌愚民之所为。"结果被判"欠负之罪轻,欺瞒之罪大,李七五、李四杖一百,押出府界,仍监还所欠钱银"。无信牙商终落得应得下场。

凡此,可窥一斑。

古今集市及各类市场为经纪人提供了生存的空间和展现才华的舞台。于是,经纪人便在这个舞台或说竞技的"战场""擂台"上尽情驰骋、演示,呈现了千百年来一幕幕正剧、丑剧和悲剧、喜剧乃至闹剧。这也是一个人生历史的大舞台,是人生的生动历程。

三、中国经纪人行业踪痕例话

20世纪90年代初,某大学学报摘要刊发了一篇题为《经纪人需要正名》①的来稿,文章谈到经纪人在当时社会环境下的生存状况:

> 经纪人是指为买卖双方撮合并从中收取佣金的人。中国古代称之为"牙人"或"牙侩"。现代中国人则称之为拍客、倒爷、窜窜、二道贩子、炒家、黄牛、穴头等。对于从事经纪业务的机构称之为"皮包公司",称其经营行为为"倒买倒卖""买空卖空""欺行霸市""投机倒把",称其所得为"灰色收入",是资产阶级的不劳而获,是从中盘剥。从这些讥讽而尖刻的称谓中,我们可以看出,经纪人的社会地位是何等低下,其生存环境又是何等的恶劣。

就此,文章提出:"如何从建立社会主义市场经济新秩序的角度,重新审视经纪人,是我们理论和实际工作者义不容辞的责任。"其理由有五:第一,经纪人是市场经济的必然产物;第二,经济人有利于商品流通,活跃市场;第三,经纪人可以使价格更加真实地反映资源的稀缺程度;第四,经纪人有利于科技成果转化为现实的生产力;第五,经纪人有利于丰富和方便城乡人民生活。其中举例说,"科技经纪人的作用不亚于一个高级科研人员""历史已经证明,无论是国外还是国内,每一场大型演出或体育比赛的顺利举行,每一部优秀作品的问世,几乎都不同程度地凝结了经纪人的智慧和汗水"。应该说,文章的立意甚切实际,甚是可取。就其

---

① 王正武:《经纪人需要正名》,《中央财政金融学院学报》1993年第7期。

所述经纪人在当时社会环境下的生存状况而言,也说明了人们对经纪人概念、性质功能认识的模糊乃至混乱,确实亟须通过辨析得以廓清,即或时至改革开放30多年后的今天,仍有深入探析其相关理论、普及其相关知识的必要。

司马迁在《史记·货殖列传》中说:"天下熙熙,皆为利来;天下攘攘,皆为利往。"总括言之,中国居间经纪人行业及其发生发展轨迹与流变,基本的规律和特点有三:

第一,同是牙商,因行有别。

常言说:"三百六十行,行行出状元。"就商业史而言,可谓"三百六十行,行行有牙商"。"牙商"并非"状元",却是几乎任何商业行当都存在的专业行当和特定的商人角色。尽管牙商在总体上是个具有独自行业特点的独立行业,具有一定的共通性,但是由于牙商分布于各个行当,在各个行当中实现自己特定的权、责、利,因而这是一个分布广泛而又各具相对独立、专业性很强的行业。行业格局是一个干疏枝繁、干与枝纵横交错的结构。牛行、马行经纪与米行、木作行、古玩行等不同行当的经纪,同样是"隔行如隔山"。行行都有居间经纪人,各行经纪人都必须具有也必须精通当行的专业知识,方能够在当行实现其角色所赋予的责、权、利。也就是说,总体上居间经纪人同为牙商一行,但因其所服务的行业对象不同而有别。

第二,行业枯荣始终与市场经济发展曲线共进退。

居间经纪人行业的发生、发展轨迹显示,商业活动秩序的需求,决定着其行业的生灭荣枯。以牛马为主要生产、交通工具乃至重要军事装备的时代,形成以驵侩为代表的居间经纪人,并以"驵侩"为行业或从业者的通用代称,即为那个时代市场经济商业活动秩序的需求使然。唐宋以来,随着社会职事分工和商品经济繁荣所致使的行业分工的逐渐专业化,居间经纪人的行业分工也相应地越发明细化,几乎各种商业行当都出现了专业的经纪人。清末民初,伴随广州、上海等地的外贸逐渐发达,捐客、买办亦空前活跃,乃至形成"官僚买办资产阶级"。

第三,在经纪人行业文化史上没有形成牙商统一的行业共同习俗。

同是牙商,因行有别,所以在传统的行业群体语言习俗和言语习惯方面,除部分通用行话用语外,居间经纪人很难形成统一的、通用的经纪人隐语行话。谙熟所经营行业的隐语行话,是其从业所必需的基础知识和工具。否则,何以置身于其中扮演角色? 究其缘故,不存在相应的功利性,无需求也就难以形成大一统的牙商共同行业习俗。

笔者曾概括中国典当业形成、发展的历史轨迹为八句话,业内流传颇广,即《中国典当史歌诀》:

  初见萌芽于两汉,肇始于南朝寺库,

  入俗于唐五代市井,立行于南北两宋,

  兴盛于明清两季,衰落于清末民初,

  复兴于当代改革,新世纪有序发展。

中间商,几乎是各种商业行当自古以来就存在的一种商业活动和商人,是一大商业行当。

纵观中国经纪人行业形成与发展的历史轨迹,令人惊奇地发现,套用一句文言老话,那就是"何其相似乃尔"。再套用《中国典当史歌诀》并联系本行业的历史实际编成《中国经纪人史歌诀》,即:

  周秦质人汉邸舍,晋侩黑白履市廛;

  隋唐牙郎本互郎,立行滥觞宋金元;

  明清两季新常态,买办兴自行十三;

  改革开放重登场,洗却铅华焕新颜。

典当和经纪何以如此相似? 或许与两者均属于市场经济活动中的服务性行业这个属性相关。在此属性前提下,两者有着比较相似的滥觞、勃兴,乃至沉浮、枯荣的轨迹,有着共同的社会经济和历史文化背景。

1. "质人""邸舍"与"黑白履"

周秦"质人"兼事经纪人职事

春秋战国时期,争雄称霸的各国几乎都将发展商业作为谋富图强的一项重要强国战略,纷纷制定商税、市税、关税体制和各种有利促进内外商贸发展与保护的政策、措施,极大地推动了当时商业经济的发展。这些不仅有力地促进了各国的经济发展,还对后世产生了积极、深远的影响。经纪人行业,是历来的商业行业之一。经纪人亦属商人。

中国的经纪人,早于周秦时代已见端倪,当时的"质人",兼具经纪人的职能。或言之,中国的经纪人执业者,可追溯至周秦时代的"质人"。《周礼·地官·质人》载:"质人,掌成市之货贿、人民、牛马、兵器、车辇、珍异。"唐代贾公彦疏云:"此质人若今市平准,故掌成平'市之货贿'已下之事……古人会聚买卖,止为平物而来,质人主为平定之。则有常估,不得妄为贵贱也。"对此,晚清经学大师孙诒让在《周礼正义》引惠士奇曰:"质人,卖使人民用长券,谓之质。王褒僮约、石崇奴券,古之质欤。质许赎,鲁人有赂臣妾于诸侯者,而通逃之臣妾,皆得归其主焉。有主来识认,验其质而归之。"究其实,"质人"之职,主要是掌管平抑物价、发放和监督管理交易契据的市肆小吏。契据是具有中证效力的凭证,卖主可凭此质券进行赎买。郭沫若主编的《中国史稿》认为:"'质人'就是管理市场的经纪人,由他制发买卖的契券。"依此说,则中国经纪人已有三千年的悠久历史了。

两汉邸舍栈兼廛

关于"商""贾"之别,《白虎通义·商贾篇》云:"商之为言商也,商其远近,度其有亡,通四方之物,故谓之商也。贾之为言固也,固其有用之物以待民来,以求其利者也。行曰商,止曰贾。"西汉京师长安城内有东、西两市,据《西京赋》的描述,皆规模宏大,货赂山积,"璝货方至,鸟集鳞萃。鬻者兼赢,求者不匮。尔乃商贾百族,裨贩夫妇,鬻良杂普,蚩眩边鄙"。《盐铁论·力耕》云:"自京师东西南北,历山川,经郡国,诸殷富大都,无非街衢五通,商贾之所奏,万物之所殖者。……宛、周、齐、鲁,商遍天下。故乃商贾之富,或累万金,追利乘羡之所致也。"

《史记·货殖列传》记载,洛阳"东贾齐、鲁,南贾梁、楚",繁华几近长安。

通常认为,"邸舍"始见于战国。其主要根据是《礼记·王制》所载"市廛而不税"。特别是郑玄的注,"廛,市物邸舍,税其舍不税其物"。以及孔颖达的疏,"廛谓公家邸舍,使商人停物于中,直税其所舍之处价,不税其所市所卖之物"。诚然,当时"廛"的核心业务是"商人停物于中",具有后世所谓"邸舍"的性质。但是,"邸舍"之谓,却不应以此而提前至周秦。

郑玄是东汉末年著名儒家学者,汉代经学的集大成者。隋唐间的孔颖达,也是一位著名的大经学家。两位关于《礼记》等经典注疏本身也是一向饱享盛誉的经典,所注所疏一向被后世奉为圭臬。

再如西汉文学家班固的《西都赋》,在盛赞长安都城之壮丽宏大、宫殿之奇伟华美之际,亦言及长安城中"街衢相经,廛里端直",或认为其"廛"亦即"邸舍",非也,古代城市居民住宅的通称,亦泛指市肆区域。此赋中"廛里",实乃民居。如《周礼·地官·载师》:"以廛里任国中之地。"孙诒让《周礼正义》注云:"通言之,廛、里皆居宅之称;析言之,则庶人、农、工、商等所居谓之廛……士大夫等所居谓之里。"南朝宋傅亮《为宋公至洛阳谒五陵表》所言:"廛里萧条,鸡犬罕音。"

汉代称商业交易居间经纪人为"驵侩"。《汉书·货殖传》:"子贷金钱千贯,节驵侩。"颜师古注:"侩者,合会二家交易者也。"《史记·货殖列传》云:"子贷金钱千贯,节驵侩。"《史记集解》释:"节,节物贵贱也。"《后汉书·逢萌传》载:"君公遭乱独不足,侩牛自隐(注:侩,谓平会两家买卖之价)。"

以"驵侩"为代表的牙商,是见诸中国历史文献较早的一个商业专门行业。汉代马市的驵侩,《史记·货殖列传》:"通邑大都,酤一岁千酿……佗果菜千钟,子贷金钱千贯,节驵会。"裴骃《史记集解》引《汉书音义》云:"会亦是侩也。"后世牲口牙行以马神为行业祖师进行供奉祭祀,当源于此。

借此,尚须对"邸舍"作进一步的辨证。周秦、汉代乃至后世,"邸舍"首先是指住宅居所,其次才是依其功用而指客栈、馆驿、货栈或府邸。古代专指货栈。《礼记·王制》"古者公田藉而不税,市廛而不税"以及郑玄、孔颖达的注疏,专指"廛谓公家邸舍,使商人停物于中,直税其所舍之处价,不税其所市所卖之物",非此,则还原为普通住宅居所、馆驿、货栈或府邸,而非客栈,更不是牙商驵侩之类经纪人用作居间交易的客栈。汉代刘向《说苑·尊贤》"史鰌去卫,灵公邸舍三月琴瑟不御"、《宋书·蔡兴宗传》"民物殷阜,王公妃主,邸舍相望"等所谓的"邸舍",即如此。因而,本文标题所谓"'质人''邸舍'与'黑白履'",只是说当时各类邸舍甚多,牙商驵侩之类经纪人用作居间交易的客栈的"邸舍"自然也多。故又可言,"两汉邸舍栈兼廛"。

实际上,13至16世纪在英国伦敦、法国巴黎、意大利佛罗伦萨等欧洲城市的贸易经营活动中的"商栈",与中国历史上的邸舍、邸店、塌房、牙行等的性质、功能十分相近。中国秦汉的邸舍、隋唐时代的邸店、宋元以来的塌房、明代的牙行、明清时期的歇家、清代广东专事对外贸易的"十三行""公行",均属于集客店、经纪人、仓储、贸易、运输、借贷等多种功能于一体的行商商务交易场所。牙商及其居间经纪活动自在其间,究其性质,无论是官办还是私营,均属行商交易活动场所,可以统谓之行商商栈。此外,商栈设施在清代又谓之"行栈",如《二十年目睹之怪现状》第五九回:"他自己说在新加坡开甚么行栈的,丈夫没了,又没有儿子。"梁启超在《论立法权·论民族竞争之大势》中说:"恰克图为西伯利亚往来孔道,俄人设行栈于各处卡伦,垄断其利。"所谓"行栈"亦即行商之商栈。其基本功能,一如《唐律疏议》卷四所言:"邸店者,居物之处为邸,沽卖之所为店。"乃至有些驿站,亦兼具行商商栈功能,或变相利用为行商商栈。商栈服务于牙商十分周到,如清代吴中孚《从商经·商贾便览》指出:"如果行李发运到买卖市场所在的码头后,经纪之家派人来挑运,也要交接明白,到达经纪牙行中,就对照当初的清单逐件清点过数,然后放进旅舍卧房之中。以上各种环节,都是为了防止有所遗失。"

"晋侩黑白履市廛。"晋朝将牙商服饰纳入了律令视野,规定了牙商统一的法定服饰样式。上承三国下启南北朝的晋朝,在其曾经实行过的严格的服饰制度中,对牙商的服饰亦有规定。宋代李昉《太平御览》卷六九七《服章部》一四及卷八二《资产部》均载,晋朝规定:"士卒、百工履色无过绿青白,婢履色无过红青,古侩卖者皆当着巾,帖额题所侩卖者及姓名,一足着黑履,一足着白履。"也就是说,当时的律令明确规定,"着巾,帖额题所侩卖者及姓名,一足着黑履,一足着白履",为当时牙商亦即经纪人法定的服饰统一样式。后世或以为此属抑商贱商之举,但对于规范牙商和市场秩序而言,自有其不容忽略的现实意义。

2.唐代"牙郎"疑"互郎"

由于唐代商贸繁荣,商人生活自然进入作家们的视野,成为人们喜闻乐见的题材。

中唐诗人元稹长达六十八句、洋洋洒洒三百余言的《估客乐》是其中颇有影响的代表性作品。

估客无住著,有利身即行。出门求火伴,入户辞父兄。
父兄相教示,求利莫求名。求名有所避,求利无不营。
火伴相勒缚,卖假莫卖诚。交关少交假,交假本生轻。
自兹相将去,誓死意不更。一解市头语,便无乡里情。
鍮石打臂钏,糯米炊项璎。归来村中卖,敲作金玉声。
村中田舍娘,贵贱不敢争。所费百钱本,已得十倍赢。
颜色转光净,饮食亦甘馨。子本频蓄息,货赂日兼并。
求珠驾沧海,采玉上荆衡。北买党项马,西擒吐蕃鹦。
炎洲布火浣,蜀地锦织成。越婢脂肉滑,奚僮眉眼明。
通算衣食费,不计远近程。经游天下遍,却到长安城。
城中东西市,闻客次第迎。迎客兼说客,多财为势倾。
客心本明黠,闻语心已惊。先问十常侍,次求百公卿。
侯家与主第,点缀无不精。归来始安坐,富与王者勍。
市卒酒肉臭,县胥家舍成。岂惟绝言语,奔走极使令。
大儿贩材木,巧识梁栋形。小儿贩盐卤,不入州县征。
一身偃市利,突若截海鲸。钩距不敢下,下则牙齿横。
生为估客乐,判尔乐一生。尔又生两子,钱刀何岁平。

李白的一首《估客行》,说的亦如此情形:"海客乘天风,将船远行役。譬如云中鸟,一去无踪迹。"如此这般繁荣的商业大潮之中,自当少不得驵侩们的踪迹身影。即如《汉书》颜师古注所言:"驵者,其首率也。"《唐律疏议》卷四:"邸店者,居物之处为邸,沽卖之所为店。"

元稹像　　　　　　　　李白像

邸店不仅经营商品的直接交易、居间交易,还兼营仓储货物、旅客食宿乃至钱庄性质的金融流通业务,因而获利丰厚,十分诱人。一时间,不只是富商大贾纷纷在京师和各大通商口岸、商业发达城市开办经营邸店,甚至许多权贵、官吏也插手经营邸店。《太平广记》卷四九五引《西京记》云:"西京……富商邹凤炽……其家巨富,邸店……通满海内。"

《旧唐书·卢杞传》记载:"市主人牙子各给印纸,人有买卖,随自署记,翌日合算之。有自贸易不用市牙子者,验其私簿。"可见牙人在唐代商业中已经很常见,并广泛参与各行各业的交易。《旧唐书·食货志》载"自今以后官用欠陌钱者,但宜令本行头及居停主人、牙人等检查送官",即其一时盛况。不过,从唐代开始,其名称已有所改变,"牙人""牙郎"开始成为一种约定俗成的叫法。如《资治通鉴·唐纪·玄宗开元廿四年》胡三省注谓:"牙郎,驵侩也,南北物价定于其口,而后相与贸易。"再如《资治通鉴考异》引《肃宗实录》所云,安禄山"为互市牙郎",均如此。

《旧唐书·食货志上》载,为严究牙商中饱私囊等违规行为,唐宪宗元和四年(809)发布关于禁欠陌钱敕令:"四年闰三月,京城时用钱每贯头除二十文、陌内欠钱及有铅锡钱等,准贞元九年三月二十六日敕:'陌内欠钱,法当禁断,虑因捉搦,或亦生奸,使人易从,切于不扰。自今已后,有因交关用欠陌钱者,宜但令本行头及居停主人牙人等检察送官。如有容隐,兼许卖物领钱人纠告,其行头、主人、牙人,重加科罪。府县所由祇承人等,并不须干扰。若非因买卖自将钱于街衢行者,一切勿问。"

《旧唐书·食货志下》:"建中四年六月,户部侍郎赵赞请置大田:'天下田计其顷亩,官收十分之一。择其上腴,树桑环之,曰公桑。自王公至于匹庶,差借其力,得谷丝以给国用。'诏从其说。赞熟计之,自以为非便,皆寝不下。复请行常平税茶之法。又以军须迫蹙,常平利不时集,乃请税屋间架、算除陌钱。间架法:凡屋两架为一间,至有贵贱,约价三等,上价间出钱二千,中价一千,下价五百。所由吏秉算执筹,入人之庐舍而计其数。衣冠士族,或贫无他财,独守故业,坐多屋出算者,动数十万。人不胜其苦。凡没一间者,仗六十,告者赏钱五十贯,取于其家。除陌法:天下公私给与贸易,率一贯旧算二十,益加算为五十。给予他物或两换者,约钱为率算之。市牙各给印纸,人有买卖,随自署记,翌日合算之。有自贸易不用市牙者,验其私簿。无私簿者,投状自集。其有隐钱百者没入,二千杖六十,告者赏十千,取其家资。法既行,而主人市牙得专其柄,率多隐盗。公家所入,曾不得半,而怨愤之声,嚣然满于天下。至兴元二年正月一日赦,悉停罢。"

宋代洪迈《夷坚乙志·布张家》:"有大客,乘马从徒,赍布五千匹入市,大驵争迎之。""大驵"后亦指买办。丘逢甲《汕头海关歌》:"其中大驵尤狡狯,播弄商权遽横恣。"

牙郎居间交易的一个主要环节,是议价,亦即"商量"。《敦煌变文集·董永变文》:"家里贫穷无钱物,所买(卖)当身殡耶娘。便有牙人来勾引,所发善愿便商量。长者还钱八十贯,董永只要百千强。"其中的"商量",便是与牙郎或通过牙郎讨价还价。

买卖婢仆要通过牙商居间交易,在唐代仍属惯例。《太平广记》卷三七一二

《精怪五·张不疑》载有南阳人张不疑在唐文宗开成四年登宏词科授秘书,游览京城时买婢遇道士的故事。《新唐书》卷一〇〇亦载有曾因连中三元而博得大名的唐代才子张又新买婢故事。故事说:

> 张又新,字孔昭,工部侍郎荐之子。元和中,及进士高第,历左右补阙。性倾邪。李逢吉用事,恶李绅,冀得其罪,求中朝凶果敢言者厚之,以危中绅。又新与拾遗李续、刘栖楚等为逢吉搏吠所憎,故有"八关十六子"之目。
>
> 敬宗立,绅贬端州司马,朝臣过宰相贺,阍者曰:"止,宰相方与补阙语,姑伺之。"及又新出,流汗揖百官曰:"端溪之事,窃不敢让。"人皆辟易畏之。寻转祠部员外郎。尝买婢迁约,为牙侩搜索陵突,御史劾举,逢吉庇之,事不穷治。及逢吉罢,领山南东道节度,表又新为行军司马。坐田伾事,贬汀州刺史。李训有宠,又新复见用,迁刑部郎中,为申州刺史。训死,复坐贬。终左司郎中。又新善文辞,再以谄附败,丧其家声云。

其中的李绅,是与元稹等交游甚密的新乐府运动主要参与者之一,以脍炙人口的《悯农》诗著称于世。"锄禾日当午,汗滴禾下土。谁知盘中餐,粒粒皆辛苦",可谓妇孺皆知,传诵千古。

唐元和二年(807),在任朗州司马的刘禹锡,写了一篇描写古城贸易市场的文章《观市》,"曲尽市肆喧嚣混杂之状"。其全文如下[①]:

> 由命士已上,不入于市,《周礼》有焉。由今观之,盖有因也。元和二年,沅南不雨,自季春至于六月,毛泽将尽。郡守有志于民,诚信而雩,遍山川、方社。又不雨,遂迁市于城门之逵。余得自丽谯而俯焉。
>
> 肇下令之日,布市籍者咸至,夹轨道而分次焉。其左右前后,班间错跱,如在阛之制。其列区榜揭价,名货参外夷之货。马牛有纬,私属有闲。在巾笥者,织文及素焉;在几阁者,彤彤及质焉;在筐筥者,白黑巨细焉。业于饔者列飨饐,陈饼饵而苾然;而业于酒者举酒旗,涤杯盂而泽然;鼓刀之人设高俎,解豕羊而赫然。华实之毛,畋鱼之生,交虿走错,水陆群状,伙名入隧而分,韫

---

① 此据瞿蜕园笺证本《刘禹锡集笺证》第535—536页文本,上海古籍出版社1989年出版,断句略有改易。

藏而待价者,负挈而求沽者,乘射其时者,奇赢以游者,坐贾颙颙,行贾遑遑,利心中惊,贪目不瞬。

于是质剂之曹,较固之伦,合彼此而腾跃之。冒良苦之巧言,敓量衡于险手,杪忽之差,鼓舌佝佟。诋欺相高,诡态横出。鼓嚣哗,垄烟埃,奋膻腥,叠巾屦,嗒而合之,异致同归。鸡鸣而争赴,日午而骈阗,万足一心,恐人我先。交易而退,阳光西徂。幅员不伙,径如初中。中无求隙地;俱为守犬乌,乌乐得腐余。

是日,倚衡而阅之,三感其盈虚之相寻也速,故著于篇云。

有学者曾就"中国古代的市场、都市、商人及原始经济思想与官商关系"问题对《观市》的内容作出解读,且节略如下①:

刘禹锡在元和二年写了一篇《观市》,起因是沅水以南久旱,唐代沅江属岳州,江水东入洞庭湖,那一年由于久旱不雨,沅水不足,故郡守迁市于"城门之逵"。逵即城门口的交通要道,刘禹锡有机会参观了这次市集的热闹场面,对市场上各类人物的面貌,描述颇为细致……

刘禹锡像

市肆上各种商品的陈列,酒店和餐饮业的兴隆,各种熟食及饼饵的陈列,买卖双方讨价还价的心理状态,各种形象纤毫毕现,从鸡鸣争赴到阳光西徂的整个过程,交易结束以后,只留下野犬在那儿享受腐余。这一类在交通要道上庙市的兴隆,说明唐代不仅京师、东都等大城市有坊市的设置,即使如沅

---

① 见朱永嘉《中国古代的市场、都市、商人及原始经济思想与官商关系》一文,http://www.360doc.com/content/14/1215/10/8553846 433031606.shtml。

江这样的小城市,也有坊市的建置,同时它又反衬了坊市对市场交易的束缚,说明市场最终会冲破坊市的约束。

"牙郎"乎?"互郎"乎?

曾有学者提出,"牙人"一词最早见于东晋佛教典籍,然无显证①。今所见各类文献,谓牙商为"牙""牙郎""牙侩",始见于唐代。日本学者小林高四郎《唐宋牙人考》一文对"牙人"称谓的来源、沿革,牙商的种类、职能,以及唐宋官府针对部分"牙人"非法经营所制定的法律法规等,进行了系统的探讨。即如其所言,"牙人"一词"实以唐代为嚆矢"。宋代曾慥《类说·刘贡父诗话·牙郎》:"今有人谓驵侩为牙郎,本谓之互郎,主互市事也。唐人书互作牙,以互似牙,因转为牙。"清人赵翼《陔馀丛考》卷三八:"牙郎:《辍耕录》云:'今人谓驵侩曰牙郎,其实乃互郎,主互市者也。'按此说本刘贡父《诗话》,驵侩为牙,世不晓所谓。道原云:'本谓之互,即互市耳。唐人书互作牙,牙、互相似,故讹也。'然《旧唐书·安禄山传》'禄山初为互市牙郎',则唐时'互'与'牙'已属两字。"

考北宋刘攽所撰《刘贡父诗话》(又名《中山诗话》),该文说:

> 韩吏部《赠玉川诗》曰:"水北山人得声名,去年去作幕下士。水南山人又继往,鞍马仆从塞闾里。少室山人索价高,两以谏官征不起。"又曰:"先生抱材须大用,宰相未许终不仕。"王向子直谓韩与处士作牙人商度物价也。古称驵侩,今谓牙,非也。刘道原云:"本称互郎,主互市。唐人书互为牙,因讹为牙。"理或信然。今言万为方,千为撒,非讹也,若隐语尔。

刘贡父《诗话》所谓"韩吏部《赠玉川诗》",即韩愈"宪宗元和六年(811)任河南(今洛阳)令时作"(原诗作者自作题注)《寄卢仝》诗。其中,刘攽就"王向子直谓韩与处士作牙人商度物价也"之"牙人"提出质疑,"古称驵侩,今谓牙,非也"。由此可知,其时已将市廛经纪人称为"牙人"。于是,引述向以考证勘误见长的刘

---

① 详见中南财经政法大学法律文化研究院编《中西法律传统》第七卷第334页黄东海《传统中国商业法制的一段秘史——制度变迁视角下的牙人牙行制度》一文的页下注[13],北京大学出版社,2009年。注云:朱雷教授曾经指出:东晋时期的佛教典籍中已经出现了"牙人"一词,张泽咸先生认为自南北朝以至隋唐史籍中很难看到作为商贸中介人的牙人的事例,对此表示怀疑。笔者同意这种怀疑,并认为在没有更为确凿的证据出现之前,我们只能暂时把牙人的出现认为唐代的事情,即使从常理猜度这个时间点可能要大大向前推进。

道原辨析云①:"本称互郎,主互市。唐人书互为牙,因讹为牙。"又另举时下习见之例作为旁证,"理或信然。今言万为方,千为撇,非讹也,若隐语尔"。基于此,《旧唐书·安禄山传》所谓"互市牙郎",以及明代陶宗仪《辍耕录·牙郎》所说"互郎,谓主互市事也",就顺理成章了。

还有观点认为,"官衙"之"衙"字亦本作"牙"。如唐代封演《封氏闻见记》卷五:

> 公牙:近代通谓府建廷为公衙,公衙即古之公朝也。字本作"牙",《诗》曰:"祈父予王之爪牙。"祈父司马掌武修,象猛兽以爪牙为卫,故军前大旗谓之"牙旗"。出师则有建牙、祃牙之事,军中听号令,必至牙旗之下,称与府朝无异。近俗尚武,是以通呼公府为"公牙",府门为"牙门"。字谬讹变,转而为"衙"也,非公府之名。或云公门外刻木为牙,立于门侧,象兽牙。军将之行置牙,竿首悬于上,其义一也。

对此,《陔馀丛考·衙门》辨析最详:

> 衙门,本牙门之讹。《周礼》谓之旌门。郑氏"司常"注所云:巡狩兵车之会,皆建太常也。其旗两边刻缯如牙状,故亦曰牙旗。后因谓营门曰牙门。《后汉书·袁绍传》:"拔其牙门。"牙门之始也。《封氏闻见记》云:军中听令,必至牙门之下,与府廷无异。近俗尚武,故称公府为公牙,府门为牙门。然则初第称之于军旅,后渐移于朝署,亦第作牙,而无所谓衙门者。衙字《春秋》有彭衙,《楚词》有飞廉之衙衙。《说文》及《集韵》皆音作语,无所谓牙音者。郑康成注《仪礼》"绥泽"云:取其香且衙湿。《群经音辨》曰:衙音迓。于是始有迓音,然犹未作平声也。及如淳注《汉书》"衙县"音衙为牙,于是始有牙之音。如淳系魏时人,则读衙为牙,当起于魏、晋,而讹牙门为衙门,亦始于是时耳。袁文谓许慎《说文》衙字无牙音,而陆德明于《左传》"彭衙"下不音某字者,盖

---

① 刘道原即刘恕,深得司马光赏识。《宋史》记载,刘恕有一次与司马光出游,于路旁遇一五代著名将领的石碑,一行人皆不知这位将领的更多信息,唯刘恕当场道出碑主生平。后经查验,果如刘恕所言,司马光不禁对这位晚辈愈感畏服,于是延请他协助编纂《资治通鉴》。此即清人全祖望在《通鉴分修诸子考》所言:"温公平日服膺道原,其通部义例,多从道原商榷。故分修虽止五代(一说是刘恕分修三国至南北朝部分),而实系全局副手。"

德明唐人,见当时已呼为牙音,而《说文》又无此音,故不敢音,以此知衙之音牙,出于唐人云云,是尚未考如淳《汉书注》也。《南史》:侯景将帅谋臣朝,必集行列门外,以次引进,谓之衙门。则六朝时又久已讹牙门为衙门。故李济翁《资暇录》谓:武职押衙,本押牙旗者。《通鉴》从其说,而以唐制正衙事,改为正牙奏事。《旧唐书》凡正衙及衙门俱作衙字,《新唐书》俱改作牙字,盖皆推本言之也。然牙、衙之相混固已久矣。(唐制:天子御宣政殿,谓之正衙;御紫宸殿,谓之内衙。宋太宗时,张洎谓朝廷或修复正衙,当下两制,预加考订。则宋时朝廷犹称衙。见《梁溪漫志》)吴斗南又谓:汉制有金吾、木吾,所以参卫于朝署之前者。吾本读作牙,后世衙门之讹,当自吾字始。此亦一说。《封氏闻见录》亦曰:困以公门外刻木为牙,立于门外,故称牙门,后牙讹为衙也。

20世纪90年代初,有研究质疑古人沿袭千年之论,该论指出[①]:

"牙"字作为"交互"义解,除了"牙郎""牙人""牙侩",还有"牙保"(义同前)、"牙商"、"牙行"(旧时为买卖双方议价说合而从中抽取佣金的商行)、"牙纪"(义同"牙行")、"牙贴"(旧时牙商或牙行的营业执照)、"牙税"、"牙钱"、"牙婆"(旧称媒婆或女性人贩子)、"牙嫂"(义同"牙婆")等词。虽然这些词俱产生于唐代及其以后,但我们仍然不能断定这些词中的"牙"字全都是唐人误书"互"而造成的形讹之字。

唐人薛用弱《集异记》卷二《宁王》中已见"牙人"之例,"牙"字若真是"互"字的唐人误书,则文献史籍中应该找到"牙人"的正体"互人"之例。然而,我们从史籍中,不仅未见"互人"之例,连《刘贡父诗话》中"本谓之互郎"的"互郎"这一用例也找不到。推而广之,"互侩""互行""互税""互贴"……也找不到一例书证,可见"牙郎"之"牙"实非"互"字之讹。

《说文解字》二下"牙"字条云:"牙,壮齿也,象上下相错之形。"(段玉裁注本)"上下相错"可引申为"交叉"义,成语犹有"犬牙相错""犬牙交错"。《说文》三上"迓"字云:"讶,相迎也。""讶"亦作"迓"字,"讶""迓"都是形声

[①] 邓季方:《"牙郎"之"牙"考辨》,《古汉语研究》1992年第3期。

字,声符"牙",在这里表声兼表义(《说文》中称之为"亦声"),释为"相迎",亦与"相错""交叉"义不悖。《礼记·王藻》"佩玉有冲牙",郑玄注:"居中央以前后触也。"孔颖达疏更明确指出:"牙居中央以为前后触也。""牙郎""牙人"正是在买卖两方间"居中央"者。

笔者认为,这个辨析言之有据,结论可自圆其说,言之有理,在无新解驳回此说的情况下,当予采信。

3. 宋代牙商

20世纪70年代末,有日本学者提出[①]:"综上所述,宋代的经纪一般是指零细的生业。后世,如清代黄六鸿《福惠全书》杂课部'牛驴杂税'条中记载的'有牙行经纪,评价发货'所示,有把牙行、捐客称为经纪的,但这种用例,在宋代还不多见。只是宋代王侄的《杂纂续》一书中有'难理会——经纪人市语',似乎在某市上曾经存在过将商人,特别是捐客称作经纪人的,但确实情况已不可考。"也就是说,宋代主要是"把靠做生意谋生称为经纪"。其实不然,甚至恰恰相反。有中国学者认为:"宋代是我国封建社会经济高度发展、活跃繁荣的时代。北宋的经济虽然是在五代十国军阀混战的废墟上建立和恢复起来的,但是,一方面,由于承继了唐朝强大的经济发展的基础,另一方面,由于进行了重大的政策调整,所以,北宋初期,各种经济运行形式很快就建立和完善起来,直接推动着经济迅速发展。宋金对峙时期,只有半壁河山的南宋,其经济又有长足的进步,明显超过了北方。两宋时期,农业发展,城市繁荣,人口增多,官私手工业、商业及缘边贸易繁盛,其景象大大超过了前代。在推动两宋经济发展繁荣的诸多因素中,以在工商贸易活动中沟通双方买卖、收取一定佣金的'牙人'群体是一支重要的力量和不可或缺的因素。"[②]

[①] [日]斯波义信:《宋代的干运与经纪》,孙耀、李凭合译,《运城师范专科学校学报》1985年第3期。译者原注:本文摘译自《宋代商业史研究》(日本风间书房,昭和五十四年),为原著的第六章第二节。原标题是《商业经营的性质——干运与经纪》,现题目是译者后加的。

[②] 龙登高:《论宋代的捐客》,《思想战线》1990年第5期。

总括而言,继隋唐之后,宋代牙商行业呈现出全面发展的态势。伴随着宋元商品经济的发达,牙商的中介服务活动范围遍布城乡市肆乃至边境的双边贸易活动之中,更广泛地涉足于人们的社会生活中。因而,牙商群体的规模迅速扩大,并呈现出各个行业有别的专业化态势。例如,米行有米牙人,雇觅人力有人牙,买卖庄宅亦有牙人等。牙商以其中介功能,成了规范、管理市场活动乃至监管税收不可或缺的中间环节和工具。即如《宋史·食货志下》所载,元丰二年(1079)"经制熙河路边防财用李宪言:蕃贾与牙侩私市,其货皆由他路避税入秦州。乃令秦熙河岷州、通远军五市易务,募牙侩引蕃货赴市易务中贾,私市者许纠告,赏倍所告之数。以田宅抵市易钱久不偿者,估实直,如卖坊场、河渡法;若未输钱者,官收其租息,在京市易务亦如之"。

宋代,各种大小生意,无不经牙人居间交易,业已成为一种商业交易习惯和市场行为的秩序规范,几乎"无市不有牙,凡市皆有牙"。如吴自牧《梦粱录·顾觅人力》所记:

> 凡顾倩人力及干当人,如解库掌事,贴窗铺席,主管酒肆食店博士、铛头、行菜、过买、外出儿、酒家人师公、大伯等人,又有府第宅舍内诸司都知,太尉直殿御药、御带,内监寺厅分,顾觅大夫、书表、司厅子、虞侯、押番、门子、直头、轿番小厮儿、厨子、火头、直香灯道人、园丁等人,更有六房院府判提点,五房院承直太尉,诸内司殿管判司幕士,六部朝奉顾倩私身轿番安童等人,或药铺要当铺郎中、前后作、药生作,下及门面铺席要当铺里主管后作,上门下番当直安童,俱各有行老引领。如有逃闪,将带东西,有元地脚保识人前去跟寻。如府宅官员、豪富人家,欲买宠妾、歌童、舞女、厨娘、针线供过、粗细婢妮,亦有官私牙嫂,及引置等人,但指挥便行踏逐下来。或官员士夫等人,欲出路、还乡、上官、赴任、游学,亦有出陆行老,顾倩脚夫脚从,承揽在途服役,无有失节。

宋代王明清的《玉熙新志》和洪迈的《夷坚志》曾记述,宋徽宗政和年间,某官员的儿媳怀孕,某官员的夫人生男孩儿,都是通过牙侩或雇、或买各自所需的奶妈。

粮米关系国计民生，米商更是需要依赖"米牙"来规范米市秩序。如《梦粱录·米铺》对此有详细记载。

即或是鱼市，同样规矩甚严。《水浒传》第三十七回《及时雨会神行太保　黑旋风展浪里白条》对此有详细交代。

当时的劳务、人口市场交易，有官、私"人牙""牙婆""牙嫂"等专门办理，已成法定市肆交易规则和习惯。

至于远道客商的大宗生意，尤其受欢迎，如《夷坚志》中记载"……有客乘马从徒，赍布五千匹入市，大驵争迎之"，正是如此情形。

尤其是房屋、土地等不动产交易，必须经牙保中介和见证。《宋刑统》卷一三明确规定："田宅交易，须凭牙保，违者准盗论。"也就是说，买卖房宅和土地，必须由押宝中介经手，否则即依惩治盗贼的相关法律处理。

容与堂刊本《水浒传》版画《黑旋风展浪里白条》

为了交易的公平公正，防止牙商之间的相互串通作弊，"牙人往来评议，毋得相见"，亦即评估议价之际，不允许相关牙商见面交流。此即《续资治通鉴长编》记载的南宋高宗绍兴十二年（1142）："乙巳，军器监主簿沈该直秘阁、知盱眙军，措置榷场之法。商人资百千以下者，十人为保，留其货之半，赴泗州榷场博易，俟得北物，复易其半以往，大商悉拘之，以待北价之来。两边商人各处一廊，以货呈主管官，牙人往来评议，毋得相见。每交易千钱，各收五厘息钱入官。其后又置场于光州枣阳、安丰军花靥镇，而金人亦于蔡、泗、唐、邓、秦、巩、洮州、凤翔府置场，凡枣阳诸场，皆以盱眙为准。"《续资治通鉴长编》卷二三二亦载，王安石变法时，曾主张

"茶笼行人状称,新法便民,牙人又诱人,经三司陈诉,尝试官司如何者,不可不斥逐"。

就《续资治通鉴》记载内容得知,与南宋并存的金国与大宋的贸易往来,亦沿袭着宋朝的牙商居间交易制度。

宋代牙商的出身构成,以平民居多,例如福建古田的村姑便是。宋代陈普《古田女》诗曰:"男不耕稼穑,女不专桑柘。内外悉如男,遇合多自嫁。云山恣歌谣,汤池任腾藉。插花作牙侩,城市称雄霸。梳头半列肆,笑语皆机诈。新奇弄浓妆,会合持物价。愚夫与庸奴,低头受凌跨。"一些德高望重、主持公道的老年人,往往在民间牙商承办交易的中介服务。在繁忙的市肆出现"老翁主贸易,俯仰众所尊"的场景,如宋释道潜《归宗道中》所咏:

朝日未出海,杖藜适松门。老树暗绝壁,萧条闻哀猿。
迤逦转谷口,悠悠见前村。农夫争道来,聒聒更笑喧。
数辰竞一墟,邸店如云屯。或携布与楮,或驱鸡与豚。
纵横箕帚材,琐细难具论。老翁主贸易,俯仰众所尊。
区区较寻尺,一一手自翻。得无筋力疲,两鬓埋霜根。
吾乡东南会,百货常源源。金镮衣短后,群奴列昆仑。
通衢旅犀象,颠倒同篱藩。鲛绡与翡翠,触目亦已繁。
少壮供所役,耆年卧高轩。翁今处穷独,未易听我言。
且当具盐米,归家饭儿孙。

牙商的平民化,乃市肆繁荣所致,甚至弄得市井闲人亦混迹其间,亦即《梦粱录·闲人》所谓"又有一等手作人,专攻刀镊,出入宅院,趋奉郎君子弟,专为干当杂事,插花挂画,说合交易,帮涉妄作,谓之'涉儿',盖取过水之意"。显然,"涉儿"并非职业经纪人。

宋代已开始收缴牙税。《建炎以来朝野杂记甲集·财赋二·经制钱》载:"三年冬,遂命东南八路提刑司,收五色经制钱赴行在……增添田宅牙税钱。"

《名公书判清明集》所辑大部分属于民事案件的判词,这些判词所依据的是当时的封建正统法律规范,如立继须听命于家长而不得立异姓子,"衣冠"后裔不得卖与被视为"非类"之人的农民,儿子不准对继母起诉,读书人娶妓女为妻乃"名教罪人",等等。当然,这也体现了市肆交易要经牙商中介这种具有法律效力的规范。如《名公书判清明集》卷九《户婚门·违法交易》所载几个涉及牙商的案例判词。判词明白易晓,且于原标题之后另加相关提示录之如下:

《母在与兄弟有分》:"危文谟为牙,实同谋助成其事"

交易田宅,自有正条。母在,则合令其母为契首;兄弟未分析,则合令兄弟同共成契;未有母在堂,兄弟五人俱存,而一人自可典田者。魏峻母李氏尚存,有兄魏岘、魏峡、弟魏峤,若欲典卖田宅,合从其母立契,兄弟五人同时着押可也。魏峻不肖饮博,要得钱物使用,遂将众分田业,就丘汝砺处典钱。豪民不仁,知有兼并,而不知有条令,公然与之交易。危文谟为牙,实同谋助成其事。有词到官,丘汝砺、危文谟不循理法,却妄称是魏峻承分物业,不知欲置其母兄于何地?又称是魏峻来丘汝砺家交易,危文谟赍契往李氏家着押,只据所供,便是李氏不曾自去交易分明。魏峻虽是未曾出官,其事自可定断,照违法交易条,钱没官,业还主,契且附案,候催追魏峻监钱足日毁抹。丘汝砺、危文谟犯在赦前,自合免罪,但危文谟妄词抵执,欺罔官司,败坏人家,不肖子弟,不容不惩,勘杖六十,仍旧召保。如魏峻监钱不足,照条监牙保人均备。张五十契内无名,并丘汝砺放。(刘后村判词)

《鼓诱寡妇盗卖夫家业》:"钱主、牙保知情与同罪"

徐二初娶阿蔡为妻("为妻",明本作"惟"),亲生一女六五娘。再娶阿冯,无子。阿冯有带来前夫陈十三之子,名陈百四。徐二宜立嗣而不立嗣者,盖阿冯母子专其家,不容立也。徐二虑之熟矣,恐身死之后,家业为异姓所攘,乃于淳祐二年手写遗嘱,将屋宇、园池(园池之"池",明本作"地")给付亲妹与女,且约将来供应阿冯及子办后事。徐二虽为家业虑,亦未尝不为阿冯虑也,其遗嘱可谓曲尽,阿冯可以生死无憾矣。夫何徐二身死未寒,里人陈元七用心不仁,欺阿冯孀处而贪谋之,坐使陈小三为牙,啜诱阿冯立契,盗卖徐二家业。在法:诸财产无承分人,愿遗嘱与内外缌麻以上亲者,听自陈,官给公凭。又法:诸寡妇无子孙,擅典卖田宅者杖一百,业还主,钱主、牙保知情与同罪。今徐二之业已遗嘱与妹百二娘及女六五娘,曾经官投印,可谓合法。而陈元七辄诱阿冯盗卖,若只以擅典卖之法定之,尚当勘罪追业,而况又系盗卖乎?陈元七、陈小三、阿冯三名,各勘杖一百,内阿冯年老免断,监钱。家业追还徐百二娘、六五娘同共管佃,别给断由,与之照应。仍仰百二娘照遗嘱供奉阿冯终身,不得背弃(不得背弃之"背",明本作"捐")。所有伪契,候府判厅给到日毁抹。(西安令翁浩堂判词)

《离婚》:"婚嫁皆违条法责付牙家别与召嫁"

谨按律曰:诸和娶人妻及嫁之者,各徒二年,即夫自嫁者亦同,仍两离之。又曰:诸妻擅去,徒二年。叶四有妻阿邵,不能供养,自写立休书、钱领及画手模,将阿邵嫁与吕元五,父子共交去官会三百贯,尚有未尽会二百贯寄留叶万六家。既已亲书交钱,又复经官陈理,若如此而可取妻,是妻可以戏卖也。吕元五贪图阿邵为妻,令裴千七夫妻与杨万乙啜诱叶四,虽已写约,尚未心服,而遽占留阿邵在家。若如此而可得妻,是妻可以力夺也。律有两离之法,正为此等。阿邵身为叶四妻,虽夫不良,且合依母,遽委身于吕元五,惟恐改嫁之不速。如此而可免罪,是妻可以擅去也。三名按法各得徒罪,且就本县各勘杖一百,照条两离之。叶四、吕元五皆不得妻,阿邵断讫,责付牙家别与召嫁。杨万乙、裴千七、叶万六不安本业,辄造事端,和离人妻,亦合徒断。杨万乙、裴千七知情押契,两人各勘杖一百。叶万六不知本谋,只是受寄官会,勘杖六十。叶千七、阿郑各系所由违法离嫁,亦合收罪,念其年老,各且免科。索到赃钱没官,裴千七案后追断。(西安令翁浩堂判词)

此外,宋代以来,又出现了名曰"塌房"的商务设施,《梦粱录·塌房》记载:

柳永《咏钱塘》词曰:"参差十万人家。"此元丰前语也。自高庙车驾由建康幸杭,驻跸几近二百余年,户口蕃息,近百万余家。杭城之外城,南西东北各数十里,人烟生聚,民物阜蕃,市井坊陌,铺席骈盛,数日经行不尽,各可比外路一州郡,足见杭城繁盛矣。且城郭内北关水门里,有水路周回数里,自梅家桥至白洋湖、方家桥直到法物库市舶前,有慈元殿及富豪内侍诸司等人家于水次起造塌房数十所,为屋数千间,专以假赁与市郭间铺席宅舍、及客旅寄藏物货,并动具等物,四面皆水,不惟可避风烛,亦可免偷盗,极为利便。盖置塌房家,月月取索假赁者管巡廊钱会,顾养人力,遇夜巡警,不致疏虞。其他州郡,如荆南、沙市、太平州、黄池皆客商所聚,虽云浩繁,亦恐无此等稳当房屋矣。

一如历代的商栈,所谓"塌房",除存储货物外,实际上还往往兼具交易场所的功能。但凡交易便要经牙商估价议价中介服务和代收官税。

有鉴于此,宋元以来强化了对牙商的制度化管理和监督。宋神宗熙宁五年(1072)颁布实施的《市易法》规定:在汴京设都市易司,边境和大城市设市易务(共21个),分别设提举官和监官、勾当公事官(吸收守法的可合作的商人担任),同时召募诸行铺户和牙人充当市易务的行人和牙人,在有关官员的约束下担当货物买卖交易事务。外来的客商如愿将货物卖给市易务,则由行人、牙人一道公平议价。市易法改革旧的市肆管理制度,正式将牙商纳入官府机构成为"官牙",提升了牙商的社会地位,一度使一向地位低下的牙商行业成为人们向往、羡慕的职业。由于这一改革的实效显著,切合市场管理和牙商行业监管的实际,即或是王安石变法后期一些制度被废止之后,原市易法中关于牙人制度的变革亦为后世继续沿用,对后世的牙商行业管理产生了重要影响。

4.元代牙商

元代,上承唐宋,牙商的同业行会掌握本行市价,仍然是行会维护行户利益的例行手段。如《通制条格》卷一八《关市·牙行》所载,皇庆元年(1312)三月,中书省御史台呈:"近年都下诸物价腾,盖因各处所设船行步头,刁蹬客旅,把柄船户,以致舟船涩滞,货物不通。"货物阻塞,则"诸物价腾"。为平抑市价,官府便通过诸行申报价格的办法进行控制,如《大元圣政国朝典章》卷二六《户部·物价》引《至元新格》所载:"诸街市货物,皆令行人每月一平其直,其比前申有甚增减者,各须称说增减缘由,自司县申府州,由本路申户部,并要体度事实,保结申报。"

牙保是宋朝律例规定的立契的中介人和保人。《五代会要·市》:"如是产业、人口、畜乘,须凭牙保,此外并不得辄置。"《墨庄漫录》卷四:"于舟尾得皂绦一条,系文字一纸,取观之,乃雇舟契也,因得其人姓名及牙保之属。"《元典章·户部五·典卖》规定:"凡有典卖田宅,依例亲邻、牙保人等立契,画字成交。"《元典章新集·刑部·杂例》规定:"局院站赤、百户头目、里正、主首、牙行人等,因而取要钱物,取讫招伏,断罪追赃。"

至迟在元代已有"私牙子"之说。如元代刘致《端正好·上高监司》套曲中唱道:"私牙子船弯外港,行过河中宵月朗。"至于"牙行"一词则最早见于元至元二十三年(1286)八月中书省的咨文中。文称:"至元二十三年六月,中书省照得:先为盖里赤扰害百姓,已行禁罢。客旅买卖,依例纳税,若更设立诸色牙行,抽分牙钱,刮削市利,侵渔不便。除大都羊牙及随路买卖人口头疋庄宅牙行依前存设,验价取要牙钱,每拾两不过贰钱,其余各色牙人,并行革去。"

《通制条格》卷十八《牙行》还辑集有针对船牙等牙商胡作非为做出相应的规定。如皇庆元年三月,中书省御史台呈:"近年都下诸物价腾,盖因各处所设船行步头刁蹬客旅,把柄船户,以致舟船涩滞,货物不通。拟合严行督责各处濒河提调官司常加禁治,于本土有抵业之人量设贰名,榜示姓名,以革滥设之弊。刑部议得:合准台拟。仍令监察御史、廉访司常切体察。都省准呈。"再如皇庆元年八月,中书省照得:"大都羊市设官恢办税课皮毛,若遇官买,亦须两平支价。其所委买羊之人,往往捐勒羊主贱买,或不即给价,营利转卖,及权豪势要之家挟势强买,又一等无赖之徒,迎接绖占,干要盖利,羊牙人等,多取牙钱,惊扰羊客,公私不便,已尝禁治。今体知得诸衙门往往乱行批写印帖,就市强行夺买羊口,无赖之徒扰害客旅。如有违犯之人,许诸人捉拏到官,严行治罪,及札付御史台体察。"……

元代的牙商广泛存在于城市乡村的土地房产买卖、仆役介绍等各类商品交易中,之所以如此,乃当时商业发展的深度和广度使然,同时也是牙商在提供商品信息、平息买卖纠纷、促进产品交易的功能使然。尤其应关注的是,元世祖忽必烈注重发展对外贸易,至元十四年(1277)先后在泉州、庆元(今宁波)、上海、澉浦(今海盐)、广州、温州、杭州设立了全国七大著名市舶司。元代从事海外贸易的牙商"舶牙人",以其职事功能有力地促进并规范着当时的对外商品贸易活动,可谓中国商业史上较早出现的买办资本的经营者。为此,官方特别制定了一些相应的律例,对外贸秩序中的牙商活动加以规范。现存中国历史上最完整的古代市舶条例,即元世祖至元三十年(1293)颁布的《至元市舶则例》(亦称《整治市舶司勾当》)。该则例共22条,其中第七条规定:"船商请给公验,依旧召保舶牙人保明,牙人招集到人伴,几名下船收买物货,往某处经纪。公验开具本船财主某人、纲首某人、直库某人、艄公某人、杂事等某人、部领等某人、人伴某人、船只力胜若干、樯高若干、船身长若干……"明确规定,船商在申请出国贸易许可证公验时,必须有保舶牙人作保。

再如《通制条格》卷十八《市舶》所载,延祐元年七月十九日准奏的法则中规定:

> 诸处舶商每遇冬汛北风发舶,从舶商经所在舶司陈告,请领总司衙门元发公验公凭,并依在先旧行关防体例填付。舶商大船请公验,柴水小船请公凭。愿往番邦,明填所往是何国土经纪,不得诡写管下洲岛别名,亦不许越过他国。至次年夏汛南风回帆,止赴元请给验凭发船舶司抽分,不许越投他处舶司。各处市舶司,如不系本司元发船只,亦不得信从风水不便,巧说事故,一面抽分。违者,伍拾柒下,解见任;因而受财者,以枉法论。如本舶司依见定例抽解讫,从舶商发卖与般贩客人,亦依旧例就于所在舶司请给公遣,从便于各处州县依例投税货卖。如不于元指所往番邦经纪,转投别国博易物货,虽称风水不便,并不凭准,船物尽行没官,舶商、船主、纲首、事头、火长各杖壹佰柒下。若有告首者,于没官物内壹半付告人充赏。

> 舶商请给公据,照旧例召保舶牙人,保明某人招集人伴几名,下舶船收买物货,往某处经纪。公验开具本船财主某人、直库某人、梢工某人、杂事等某人、部领等某人、碇手某人、做伴某人、船只力胜若干、樯高若干、船面阔若干、船身长若干。每大船壹只,止许带柴水船壹只、捌橹船壹只,余上不得将带。

所给大小船公验公凭,各仰在船随行。如有公验或无公凭,及数外多余将带,即是私贩,许诸人告捕,得实,犯人杖壹佰柒下,船物俱没官,没官物内壹半付告人充赏。所载柴水、捌橹小船,于公凭内备细开写,亦于公验内该写力胜若干、樯高若干、船面阔若干、船身长若干、召到物力户某人委保及与某人结为壹甲,互相作保。如将带金银违禁等物下海,或将奸细歹人回舶,并元委保人及同结甲人一体坐罪。公验后空纸捌张,行省用讫缝印于上。先行开写贩去货物各个名件勍重若干,仰纲首某人亲行填写。如到彼国博易物货,亦仰纲首于空纸内就于地头实时日逐批写所博到物货名件色数,点秤抽分。如曾停泊他处,将贩至物货转变渗泄作弊,及抄填不尽,或因事败露到官,即从漏舶法,杖壹佰柒下,财物没官,保内人能自告首。

元代学者赵素在《为政九要》中讲,"马牙、解库、银铺、旅店,各立行老"之"行老",亦即"行头",亦即范文澜、蔡美彪等《中国通史》第四编第一章第二节所言"商行的首领叫'行头'或'行老'",为当行行业组织之首领。凡此种种,均可略窥元代牙商和经纪之一斑。

5.明清的牙商常态

以牙商为传统商业中介,是中国传统商业制度的核心,也是颇具中国传统特色的社会经济制度。在中国商业史乃至经济发展史上,这是一个十分重要的制度。

明代牙商始称"牙行""行人",并明确律制概念。冯梦龙《警世通言》里出现"经纪"一词:"……到了第五个年头,吕玉别了王氏,又去做经纪,何期中途遇了个大本钱的布商,谈论之间,知道吕玉买卖中通透,拉他同往山西脱货,就带绒货转来发卖,于中有些用钱相谢。吕玉贪了蝇头微利,随着去了。"明代,民间还将居间介绍或作证的人称作"中人"。如《二刻拍案惊奇》卷十六:"产业交关少不得立个文书,也要用着个中人才使得。"市侩恶棍谓"驵棍"。明代谢肇淛《五杂俎·事部三》:"盖我朝内臣,目不识字者多,尽凭左右拨置一二驵棍,挟之于股掌上以鱼肉小民。"或谓"牙家",如《警世通言·计押番金鳗产祸》:"恭人若不要他时,只消退在牙家。"《士商类要》中写道:"买卖要牙,装载要埠""买货无牙,秤轻物假;卖货无牙,银伪价盲。所谓牙者,别精粗,衡重轻,革伪妄也。"《士商类要·买卖机关》中告诫商人说:"卸船不可无埠头,车马不可无脚头。船无埠头,小人乘奸为盗。车无脚头,脚子弃货中途。此皆因小而失其大也。"其中"埠头""脚头",即牙行、牙商。

明代万历年间《扬州府志·风物志·俗习》所载:"四民自士农工贾而外,惟牙侩最多,俗云经纪,皆官为给帖。凡鱼、盐、豆、谷、觅车船、雇骡马之类,非经纪关说则不得行。常值之外,另与'用钱'。扬州、瓜、仪,经纪不下万数。"除牙商制度普遍、普及外,其中还有个颇值得关注的信息,那就是当时俗谓牙商为"经纪"。就汉语语言史来讲,此当是首见以"经纪"指牙商。此前,多指财产管理、生意经营或生计。或言之,以"经纪"指牙商,始见于明代。

明代还出现了"牙僧"。《明史》卷七十四《职官志三》:"洪武元年,命在京兵马指挥使司并管市司,每三日一次校勘街市斛斗秤尺,稽考牙僧姓名,时其物价。"有人指出,此处的"牙僧"当作"牙侩",理由有二:一是古代称在买卖双方之间从中撮合交易,以获取佣金的人为牙侩,是当时常语,如作"牙僧",则义不可解。《明史》中"牙侩"一词共四处,除此处作"牙僧"外,其余三例都作"牙侩"。二是之所以产生如此之误,系因"侩"字的繁体"儈"与"僧"字形近,故失校而误[1]。这一指谬,或有其道理。但是,就一般而言,其中所谓"如作'牙僧',则义不可解",则未免失之武断。因为,明代牙商行业,确实存在有所谓的"牙僧"之说,用以称谓充当牙侩或从事牙商活动的僧人。尽管可能尚属孤证(明代其他文献是否还有同样用语尚未考知,待考),尽管托称发生于"宋绍兴年间"的故事,但白纸黑字还是明代的世情话本小说。可以据以认定,明代确有"牙僧"。其例证即为《二刻拍案惊奇》卷一六《迟取券毛烈赖原钱　失还魂牙僧索剩命》中一则僧人兼作牙侩贪图做中介遭到报应的因果故事。

---

[1] 晏勇:《〈明史〉标点本校正》,《黔西南民族师范高等专科学校学报》2002年第3期。

小说称故事发生于"宋绍兴年间",背景是"庐州合江县赵氏村有一个富民,姓毛名烈。平日贪奸不义,一味欺心,设谋诈害。凡是人家有良田美宅,百计设法,直到得上手才住。挣得泼天也似人家,心里不曾有一毫止足。看见人家略有些小衅隙,便在里头挑唆,于中取利,没便宜不做事。其时昌州有一个人,姓陈名祈,也是个狠心不守分之人,与这毛烈十分相好。你道为何?只因陈祈也有好大家事。他一母所生还有三个兄弟,年纪多幼小,只是他一个年纪长成,独掌家事。时常恐兄弟每大来,这家事须四分分开,要趁权在他手之时做个计较,打些偏手,讨些便宜。晓得毛烈是个极算计的人,早晚用得他着,故此与他往来交好。毛烈也晓得陈祈有三个幼弟,却独掌着家事,必有欺心毛病,他日可以在里看景生情,得些渔人之利。所以两下亲密,语语投机,胜似同胞一般"。于是乎,演绎出法号智高的"牙僧"见利忘义赚昧心钱而遭报应的故事。

故事假托发生于"宋绍兴年间",时间、情节,与《夷坚甲志》卷十九之《毛烈阴狱》所载相合。其中写道:"时绍兴四年四月二十日也。如是三日。烈在门内,黄衣人直入捽其胸殴之,奔进得脱,至家死。又三日,牙侩一僧死,一奴为左者亦死,最后祈亦死。少焉复苏,谓家人曰:'吾往对毛张大事,即烈也。善守我七日至十日,勿殓也。'"不过,书中写的是"牙侩一僧",而非"牙僧"。除《明史·职官志三》之外,尚未见有随便任何人均可做牙商的律例,亦无僧人充当牙侩的"牙僧"之例。即或是在明代文献中,此"牙僧"亦属于两例个案。不过,这一点倒很是符合明代律例规定的凡有交易尤其是房屋土地买卖必须由牙商"做中"才有效的规则。商业发达,市场交易活动即多,所需牙商以及牙商的佣金自然也多。明清时牙行遍布城乡大小市肆,律例规定凡是商业交易必经有牙商中介,牙行以外他人不得染指,乃至客观上形成了牙行的商业经营垄断。如嘉庆《安亭志》所载:"市中贸易,必经牙行,非是市不得鬻,人不得售。"光绪《月浦志》载:"贫民持物入市,不许私自交易,横主索值,肆意勒索,名曰佣钱。"正因如此,书中说的大胜寺俗名"高公"的这位出家人,"虽然是个僧家""就钻的去了",经常为"大户人家做中做保","经纪惯熟",成了个"没头发的牙行"。至于冯梦龙笔下这位"大胜寺高公做牙侩",是否具有按规例注册领了牙帖的正式合法牙商身份,不得而知,冯梦龙书中未作交代。但是,从书中所述"大户人家做中做保,倒多是用得他着的,分明是个没头发的牙行"这般"经纪惯熟"和认可来看,一旦出现纠纷诉讼,这"牙僧"的"做中"是有效力的。以此逻辑推测,《迟取券毛烈赖原钱　失还魂牙僧索剩命》之"牙僧",当系《毛烈阴狱》之"牙侩一僧"(一个充当或兼任牙侩的僧人)的省称。那么,所谓"牙僧",亦即"一个充当或兼任牙侩的僧人",或说是"僧人充当或兼任的牙侩"。由此可见,宋代有"牙僧"之实尚无其称,在于其事尚属稀少;至明代,出现其称,虽然仍不多见,但已见于接近口语的白话本小说,乃至见于清人历经数十年撰写的《明史》,总算是正式出现。

明清牙商活动的活跃已是市场商业的一种常态,因而明清小说有关牙商的描述比较常见。仅《金瓶梅》中,即有多处写及牙商和牙商活动。如下几例:

崇祯本《金瓶梅》第十六回《西门庆择吉佳期　应伯爵追欢喜庆》写道:

> 话休饶舌。一日西门庆会了经纪,把李瓶儿的香蜡等物,都秤了斤两,共卖了三百八十两银子。李瓶儿只留下一百八十两盘缠,其余都付与西门庆收了,凑着盖房使。教阴阳择用二月初八日兴土动工。将五百两银子委付大家人来招并主管贲四,卸砖瓦木石,管工计账。这贲四名唤贲第传,年少生得浮浪器虚,百能百巧。原是内相勤儿出身,因不守本分,被赶出来。初时跟着人做兄弟,次后投入大人家做家人,把人家奶子拐出来做了浑家,却在故衣行做经纪。琵琶箫管都会。西门庆见他这般本事,常照管他在生药铺中秤货讨人钱使。以此凡大小事情,少他不得。当日贲四来招督管各作匠人兴工。先拆毁花家那边旧房,打开墙垣,筑起地脚,盖起卷棚山子、各亭台耍子去处。非止一日,不必尽说。

崇祯本《金瓶梅》第四十七回《苗青贪财害主　西门枉法受贿》,不仅述及"就住在狮子街韩道国家隔壁"的牙商"经纪乐三家",还写"经纪乐三"协助涉嫌谋财害主的在逃嫌犯家丁苗青销赃并行贿免灾的故事:

> 次日,到衙门早发放,也不提问这件事。这苗青就托经纪乐三,连夜替他会了人,撺掇货物出去。那消三日,都发尽了,共卖了一千七百两银子。把原与王六儿的不动,又另加上五十两银子、四套上色衣服。到十九日,苗青打点

一千两银子,装在四个酒坛内,又宰一口猪。约掌灯以后,抬送到西门庆门首。手下人都是知道的,玳安、平安、书童、琴童四个家人,与了十两银子才罢。玳安在王六儿这边,梯己又要十两银子。……那苗青出门,走到乐三家收拾行李,还剩一百五十两银子。苗青拿出五十两来,并余下几匹缎子,都谢了乐三夫妇。五更替他雇长行牲口,起身往扬州去了。

"就住在狮子街韩道国家隔壁"的牙商"经纪乐三家"与其紧邻韩道国,都是牙商。而且,韩道国还是铺面在当地比较大的牙商。崇祯本《金瓶梅》第五十一回《打猫儿金莲　品玉斗叶子敬济输金》:

韩道国道:"老爹吩咐,教俺每马头上投经纪王伯儒店里下。说过世老爹曾和他父亲相交,他店内房屋宽广,下的客商多,放财物不耽心。你只往那里寻俺们就是了。"来保又说:"嫂子,我明日东京去,你没甚鞋脚东西捎进府里,与你大姐去?"

明初,鉴于无帖私牙仍然大量存在,牙商市场秩序混乱,一度意欲摒弃牙商。《明会要·食货五》记载,洪武二年(1369)"令天下府州县各镇市不许有官牙、私牙,一切客商货物投税之后,听从发卖"。然而,禁令难以通行,又拟以邸、店、牙等合一的官店来取代牙商。《明太祖实录》"洪武二十四年八月辛巳"条:"商人货物至者……驵侩之徒,从而持其价,高低悉听断于彼,商人病之。上知其然,遂令工部,……为屋数十楹,名曰塌坊,商人至者,俾悉贮货其中,既纳税,从其自相贸易,驵侩无所与。"无奈之下,为规范市场秩序,乃以律制作出新规,如《明律集解附例》卷十所载:"凡城市乡村诸色牙行及船埠头,并选有抵业人户充应。"开始规定无论官牙、私牙,开设牙行必须持有官府发给的牙帖。万历《扬州府志》载:"俗之经纪,皆官为给帖,凡鱼盐豆谷,觅车雇船骡马之类,非经纪关说则不得行。"或言之,牙商必须持有官府发给的牙帖,牙商依律从业经营。

明代出于通过官府控制市场交易中介组织来调整市场秩序的需要,在制度上直接明确了"牙行""行人"的界定。《大明律直引》《大明律释义》《大明律集解附例》《大明律附例注解》等相关文书,均对所谓"牙人""行人"的概念作出明确的解读,这就为相关律制的实施与执行扫清了理解上的障碍。《大明律集解附例》卷之十《户律·市廛》"私充牙行埠头"条款中规定:"凡城市乡村诸色牙行及船埠头,并选有抵业人户充应。官给印信文簿,附写客商船户住贯、姓名、路引、字号、物货数目,每月赴官查照。私充者,杖六十,所得牙钱入官。官牙埠头容隐者,笞五十革去。""纂注"云:"诸物行人,谓诸色货物本行之牙人也。"

有学者从制度变迁的视点研究认为①:

> 官牙制终于在明初正式成为全国通行的制度,牙人牙行体制正式被纳入官府商品经济和市场秩序的社会控制体系。官私牙行的区分,某种程度上正是呼应了牙人牙行职能公法化的这种趋势。牙人牙行被纳入官府的社会控制体系,应当开始于"官给牙帖"。有人引用《崇明县志》中"唐建中时,市牙给印纸,为牙帖之始"的说法,认为唐朝可能是最早颁发牙帖的朝代。但这种说法于史不足征,而且以一县的县志而言,这种记载本也没有多大的可信度,"官给印纸"顶多也只能是牙帖的滥觞,却不能据为制度化的起源。不过可以肯定的是,至今尚没有发现明清以前的牙帖。明嘉靖二年(1523)规定,牙商必须呈请官府发给印信文簿方可营业,这种印信文簿称为牙帖,牙帖由地方政府颁给。杨其民先生在一份明代法帖中发现的牙帖据信为目前发现的最早的牙帖,这也与《大明律》首创"私充牙行埠头"律的法律制度变革史实相一致。

文章所言"杨其民先生在一份明代法帖中发现的牙帖",为《嘉靖三十五年盐城县沙沟柴行牙帖》。该帖基本内容如下②:

> 钦差总督漕运兼巡抚凤阳等处地方……弊事,案奉大明律一款,凡城市乡村诸色牙行及船埠头,并选有抵业人户应充,官给印信簿籍,附写往来客商、船户住贯、姓名、路引、字号、货物数目,每月赴官查照,私充者杖六十,所得牙钱入官,官牙容隐者笞五十,革去。钦此。钦遵施行。今奉前因,拟合就行,为此合行帖、仰本等项,务须两平交易,不许抬高少沽,亏商损民。如违,

---

① 黄东海:《传统中国商业法制的一段秘史——制度变迁视角下的牙人牙行制度》,中南财经政法大学法律文化研究院编《中西法律传统》第7卷,北京大学出版社,2009年,第338页。
② 杨其民:《买卖中间商"牙人""牙行"的历史演变——兼释新发现的嘉靖牙帖》,《史林》1994年第4期。

查出依律。须至帖者。左帖下沙沟柴行牙人宋储收执准此。

嘉靖叁拾伍年捌月拾柒日
司吏丁嘉会

明代商业经济的繁荣,为牙商提供了更为广阔的活动舞台和丰厚的回报,甚至连一些本属房主的"居停主人",也仿照邸店乘便兼事经纪人之职牟利,如明代张萱辑录的《西园见闻录》卷一所记:"开封店内停泊,托居停主人货卖。"此间,牙商布局之广、数量之多,亦属空前。明代顾起元《客座赘语》卷一亦言,诸行百市"市魁驵侩千百嘈杂其中",所说即此般情形,甚至一个小小的乡镇的牙行,多达上千家。《醒世恒言》刊于明天启七年(1627),第十八卷《施润泽滩阙遇友》描写的就是当时苏州盛泽镇牙商林立、交易活跃的繁荣景象。

说这苏州府吴江县离城七十里,有个乡镇,地名盛泽。镇上居民稠广,土俗淳朴,俱以蚕桑为业。男女勤谨,络纬机杼之声,通宵彻夜。那市上两岸绸丝牙行,约有千百余家,远近村坊织成绸匹,俱到此上市。四方商贾来收买的,蜂攒蚁集,挨挤不开,路途无伫足之隙。乃出产锦绣之乡,积聚绫罗之地。江南养蚕所在甚多,惟此镇处最盛。有几句口号为证:东风二月暖洋洋,江南处处蚕桑忙。蚕欲温和桑欲干,明如良玉发奇光。缲成万缕千丝长,大筐小筐随络床。美人抽绎沾唾香,一经一纬机杼张。咿咿轧轧谐宫商,花开锦簇成匹量。莫忧入口无餐粮,朝来镇上添远商。且说嘉靖年间,这盛泽镇上有一人,姓施,名复,浑家喻氏,夫妻两口,别无男女。家中开张绸机,每年养几筐蚕儿,妻络夫织,甚好过活。这镇上都是温饱之家,织下绸匹,必积至十来匹,最少也有五六匹,方才上市。那大户人家积得多的便不上市,都是牙行引客商上门来买。施复是个小户儿,本钱少,织得三四匹,便去上市出脱。一日,已积了四匹,逐匹把来方方折好,将个布袱儿包裹,一径来到市中。只见人烟辏集,语话喧阗,甚是热闹。施复到个相熟行家来卖,见门首拥着许多卖绸的,屋里坐下三四个客商。主人家踞在柜身里,展看绸匹,估喝价钱。

明清经纪市场以官办为主,因而可以附以一定的政府职能,如税收、代购之类。《明史》卷五〇《职官三》记载:"明初,置兵马指挥司,设都指挥、副都指挥、知事。后改设指挥使、副指挥使,各城门设兵马。洪武元年,命在京兵马指挥司并管市司,每三日一次校勘街市斛斗、秤尺,稽考牙侩姓名,时其物价。"《明会典》卷三五记载:"又议准、取回马驹桥副使巡拦。令张家湾宣课司,公同本司官,将南方贩到酒曲,务令牙人尽数开报收税。仍将收过数目,送赴监收御史主事稽考。"清代以来,亦然。叶梦珠《阅世编》卷六《徭役》:"旧例:府佐总部,县佐协部,即专委之,令率其属以将事,官布则县发库银,买之于牙行,而委员起运。白、粮则县派役,收诸各柜而亲董其成。"

明末,在政治腐败、社会黑暗的背景下,官牙、私牙相互勾结把持行市的情况愈演愈烈。如崇祯《太仓州志》卷五《风俗》所载:"州为小民害者,旧时棍徒私立牙店,日行霸,贫民持物入市,如花布米麦之类,不许自交易,横主索值,肆意勒索,日用钱。今则离市镇几里外,另群逞要诸路,曰白赖。乡人持物,不论货卖与否,辄攫去,日至某店领价,乡民且奈何,则随往,有候至日暮半价者,有徒呼哭归者,有饥馁嗟怨被殴伤者。"

牙商自身的生存与发展,以追求佣金收益为本。商品生产的量与质和供需矛盾,直接关系佣金收益的厚薄,以及经纪行业内部的竞争。《阅世编》卷七《食货五》载:

> 棉花布,吾邑所产,已有三等,而松城之飞花、尤墩、眉织不与焉。上阔尖细者,曰标布,出于三林塘者为最精,周浦次之,邑城为下,俱走秦、晋、京边诸路,每疋约值银一钱五六分,最精不过一钱七八分至二钱而止。甲申、乙酉之际,值钱二三百文,准银不及一钱矣。顺治八年,价至每疋三钱三分。十一年十二月间,每疋价至四五钱,今大概以二钱为上下也。其较标布稍狭而长者曰中机,走湖广、江西、两广诸路,价与标布等。前朝标布盛行,富商巨贾,操重资而来市者,白银动以数万计,多或数十万两,少亦以万计,以故牙行奉布商如王侯,而争布商如对垒,牙行非藉势要之家不能立也。中机客少,资本亦微,而所出之布亦无几,至本朝而标客巨商罕至,近来多者所挟不过万金,少者或二三千金,利亦微矣。而中机之行转盛,而昔日之作标客者,今俱改为中机,故松人谓之新改布。更有最狭短者,曰小布,阔不过尺余,长不过十六尺,

单行于江西之饶州等处,每疋在前值银止六七分。至顺治九年、十年间,小布盛长,价亦几至二钱一疋。康熙元年、二年、三年,犹值银八九分至一钱也。八年己酉以后,饶商不至,此种小布遂绝。又忆前朝更有一种如标布色,稀松而软者,俗名浆纱布,络纬之法,亦与标布异,邑城人往往为之,今亦不复见矣。二十一年壬戌,中机布每疋价银三钱上下。二十三年甲子,因棉花价贱,中机布不甚行,俱改木棉标布,每疋上上者价仍纹银二钱上下,粗者一钱三、四、五分而已。

甚至一些流氓棍徒则"顶冒朋充,巧立名色,霸开总行,逼勒商人不许别投,拖欠客本"(《大清律例会通新纂》卷一四),"私立牙行名色,勒指商民"(《清圣祖实录》卷二三八);一些非法牙商与行霸相勾结欺行霸市,"私立牙行,高低物价,擅取用钱,买者卖者各有除勒,名曰内用外用。结连光棍,邀人货物,卖布者夺其布,贸花者夺其花,乡人不得自由"(康熙《嘉定县志》)。

宋元以降,尤其是明清以来,随着都市城镇工商诸行专业分工的日趋专业化,牙商也随之变得专行化。许多以"行"为名者,往往实即某一行业的专牙行,而且往往还是集该行行业协会与该行牙商行业协会为一体的双重行业组织机构。这一点,在许多行业协会性质的组织规章中,均有所体现。如清末《湖南商事习惯报告书》所辑存的湖南安化《五都夏氏宗祠牙行规条碑》规定:

> 我祖奉宪领帖,已历多年。所迩因行规未遵,执照经纪,每多冒充,店客略帮,行资买卖,得以任意。价值低昂不一,斗秤大小不齐,且日久弊生,族痞攒间侵蚀,公行以肥私囊。事熟人玩,商贾乘便渔罔,悭帮费而减定额,是以阖族会议,订立章程,交易定要落行,开行必须凭族。爰列诸石,以垂久远。
>
> ——行帖由祖垂谕历年,冬至每牌纳用钱贰千陆百文入祠。交钱悬牌,不许恃强私开。
>
> ——牙行原以均平稽察,展成定价,斗称务归画一。价值勿参二三,不许或大或小、私涨私跌。
>
> ——客商远来投行,货物资本全靠行户经理,毋得支扯客账,累客羁绊,违者除牌公处。

——经纪心同父母,客商凭行放买,莫知地方好歹。如账不楚,行户赔偿。至乡间货物,出自膏脂,须公平权量,稚鲁无欺。冰碱凭油称加一,不得另设。

——客商各有知交,投行任其自择,毋得勉强拦邀,致同行伙地混争,累客进退狼狈,违者公罚。

——该行均纳牌费,乡下混混,毋得恃强假冒,包买包卖,违者罚银十两归公。

——行用旧有成规,不可任意过取,亦不得徇情私减。

——行用不可重出,桐子装载下河者,取用在本地打油者,其油凭行过秤,桐子不得取用。

——日中为市,义取噬嗑,原欲以有易无,各得其所,乡下货物,毋得遏阻,违者公罚。

以上各行例,主客共相遵守,上不失朝廷设行政令,下以殖乡市常用货物,庶相得益彰,美利无穷矣。

其他又如安化《马辔市牙行条规》中写道:"设立牙行乃万商安憩之所,今岁皇皇宪谕,验换新帖,煞费多金,岂容奸商巧骗行用,致干公究?查市上有种逗刁之徒,每烟土客来埠,不投行户,竟至伊家,胆敢千万土药,任意过秤,随去点钱付行。忍心罔利,任意骗用,领帖开行者甘心任尔骗乎?从兹大整行规,严查密访,一经查获,照章议罚,绝不姑宽。"株洲《粮食杂货行条规》中说:"我等请凭宪帖开设牙行,既不屑鄙吝难堪,亦不能过为苛刻。"巴陵《粮食行条规》亦载:"粮食牙行,代客买卖,无论新墙以及外客商,均须买卖到行,公平落价,二比明盘,不得私在河下及米店落价,庶无欺瞒情弊,以广招徕。"长沙《灰行条规》规定:"我等石灰买卖颁请牙帖,开设灰行,纳税承差,宪章历奉,向定城厢内外,上至南关外南湖港,下至北关外毛家桥,概归行发卖。间有射利之徒,私贩悄卖,一经查获,除公同禀究外,将灰起至各宪辕听差应用,我等不得私吞于咎,以昭公允而杜弊端。"……

清雍正十一年(1733),鉴于牙行太多,影响商品流通,改行额,定牙帖。经各省确定全国牙帖总数约18万张,并规定以后只能"退帖顶补"(《清朝文献通考》卷三十一)。但未能杜绝州、县滥发,反而使有帖之家视牙帖为奇货,父子相传,或一人领帖,多人经营,称"朋比"。无帖私牙也日多。清代的牙帖管理,基本上还是沿袭明制,通常是由各州县衙门按定数发给牙帖,有定额牙税。例如道光《长清县志》卷五和乾隆《乐陵县志》卷三等地方文献所载,当时山东长清县的丰齐等十集总发"布、花行帖十张,牛、驴行帖五张",乐陵县的花园等六集,每年交"牛、驴税六十两七钱七分""牙杂银六十七两八钱七分"。

经纪市场有序,商品交易活动亦活跃有序。这种经纪秩序一直延伸并关系到最底层乡村农桑商品的生产。清浙江海宁布衣诗人应时良在《砖灶村杂咏》中写道:

乡货纷纷聚作场,供他牙侩赚钱忙。

四时尤数三春好,遍贴红笺青叶行。

清代陈璨在《西湖竹枝词》中写道:

青竹行开桑已齐,桂钩竹莒各分携。

侬家自有攀条法,不要三郎骡耳梯。

何谓"骡耳梯"呢?作者诗下自注说:"杭地多桑林,树矮于屋。枝可仰攀,间有高树,始梯取之。春时开青叶行,鬻桑叶者,有牙侩评其值。唐明皇命宫人立马上,就树取花果,名曰'骡耳梯'。"于此,围绕"骡耳梯"所展现的是乡里社会安居乐业的景象。清代李调元《五代花月》:"妃嫔游后圃,欲折桃花,小黄门取彩梯未至,后主弟从谦年尚幼,封宜春王,乘骏马至树底,折花曰:'我骡耳梯何如?'"词云:

髻鬟争逐绛云新,人面桃花一色匀。

骡耳梯从花底鞚,官衔端合署宜春。

明清的"歇家"实即"邸舍"。

明代范濂《云间据目抄》卷四:"加以皂快之拘提,歇家之酒食,吏胥之恐喝,所费多歧。"《警世通言·玉堂春落难逢夫》:"赵昂访知巷口做歇家的王婆,在沈家走动识熟,且是利口,善于做媒说合。"《初刻拍案惊奇》卷一:"众人多是做过交易的,各有熟悉经纪歇家通事人等,各自上岸,找寻发货去了。"其中"歇家",原本是提供"住宿"服务的"客店",明清时随着店主兼牙商或牙商兼店主而使之功能扩展,延伸成为商栈,因而无论叫"歇店""歇户""牙家""侩家",还是"牙歇",皆属"邸舍"之别称。

自清代始,少数牙行的职能又从介绍交易,提供仓储、食宿,发展到自营性的商贸机构,有的还代客商垫款、收账,代办运输、起卸、报关等业务,甚至发展到对农民或手工业者等产出方进行预购、贷款,等等。如此综合经营的牙行商业回报,就不仅仅是中介佣金了,还要有贷款利息、食宿仓储以及代办的服务酬劳等多重收益。即如《清稗类钞·农商类·羌海歇家》所载:"羌海沿边要邑,有行户,曰歇家。蒙、番出人,群就之卸装,盖招待蒙、番寄顿番货之所也。完纳赋税,歇家为之包办,交易货物,歇家为之介绍,渔利甚多,蒙、番安之。而寄居之汉族多与通声气,旅行出关,必令代办驼马,乃可沿途畅行,得其一纸护符,且可邀蒙、番之保护也。"

实行牙帖管理,既为规范牙商市场秩序所需,也是收缴牙税的基本方式。清代黄六鸿《福惠全书·升迁·查税契》:"其每年收税底簿及更换牙帖,俱宜查缴,不得存留。"清代史致谔《禀左宗棠书》:"上年厘税之外,尚有另办户捐、牙帖等捐。"乾隆年间,牙帖帖费最高可达三两白银。后因官商勾结渔利,弊端很多,到辛亥革命后,各省发帖办法更加混乱,帖费也提高很多,一等帖费竟高达2000银圆。"牙商"要按期缴纳"牙税",还有牙捐。

清宣统三年(1911)五月,由湖南调查局编印的《湖南商事习惯报告书》中关于开设牙行"请帖"的记述,可窥当时全国之概况:

(牙行)其性质为商号之特种。凡成市之地,视其货物之集聚,及运送之频烦,蔚然称大宗者。商人熙来攘往,或输出,或输入,许牙商设立行户,居间媒介以便之,而牙行为营业者伙矣。

牙行之种类货物,如盐、米、粮食、豆麦、土果、水果、南货、广货、红茶、黑茶(临湘为盛)、莲实(湘潭为盛)、冬笋(益阳为盛)、烟叶(郴州为盛)、洋土药、药材、五倍子(常德为盛)、石羔、明矾、冰碱、□(俗作凄,字不清)、油朱砂(洪江、常德、津市并盛)、酒、蛋、鱼、虾、蟹、猪、羊、煤、柴、炭、洋油、茶、麻、枯饼、石灰、砖瓦、木、竹、南竹、棕、漆、桐油、秀油(洪江、常德为盛)、靛(常德为盛)、箪(益阳特别)、席、扇、草帽纸、稻草纸、球纸、色纸(以上三色常德特别)、棉花(津市最盛)、麻、丝、棉纱、洋纱布、大布、绸布、夏布、梭布、洋线布、皮货(以上八色常德最盛)、瓷、铁、钢、牛皮、山货、杂货之等,色目复杂,随地为之(有同一地方而行分数种者,有同一行业而一地数家者,详见第二编)。

但属牙行,必请牙帖。湘省牙帖,自咸丰十年东征局议定截数,永不增添。光绪十年,复依部章准,凡新开集场或某处大宗货色,尚有无行可投,暨行户稀少辽远者,添补设立。三十四年间续办牙捐,仍循旧例。凡设立牙行者,准其捐添新帖,或旧帖捐换新帖。而牙行之设立日益加多,其请帖费用照章缴纳牙捐,视设立所在繁盛偏僻为标准。

近以省会长善二县城内城外,省外长沙县属之靖港,以及湘潭、益阳、武陵、衡阳、清泉各县,并澧州所属之津市,会同所属之洪江,均作为繁盛。其余各州县市镇,概作为偏僻。繁盛上则一千串,中则五百串,下则三百串;偏僻上则七百串,中则三百串,下则一百串。惟盐行帖费一千七百两,洋土药行帖二千两,不分繁盛偏僻。其捐添新帖者,按照则次十成七折上兑。其旧帖捐换新帖者,旧帖准抵四成,成数减半作抵。其应缴捐项,亦先减半呈缴,其余一半,参酌安徽办法。

自宣统元年起,改为岁捐。每岁繁盛盐行完银六十四两,偏僻盐行完银四十四两,其余各行每岁繁盛上则完银四十两,中则二十两,下则十二两;偏僻上则二十八两,中则十二两,下则四两。其降则行帖应缴岁捐总以帖本一百串,缴银四两扣算。其每年应完牙税银两,仍照旧章完纳。

各属行行帖改换岁捐以后,原牙物故,子弟接充,或他人承充,仍应随时捐换。至本商自将本帖开行,无论年限,永免加捐。若捐充、捐换各帖有姓名不符,或移埠改色,或数人朋充一帖,或一帖影射数行,盖予照例究办,并勒缴旧帖捐换新帖,不准抵成七折上兑。又捐充新帖捐换旧帖,每正款百串缴公费足铜元五串,百串以外按数递加。每帖一张,并须缴本银二钱,银以库平库色为准。此皆请帖费用之大较也。其请帖时,须由牙厘总局、布政使司及地方官厅书吏办理,案牍发给印帖,无需索辛资,多至数十百串或十数串,少亦三五串不等。又各地方官吏,向有查帖验帖之举,视牙商利益之厚薄,为供亿之重轻,名曰查帖费、验帖费。各属以常德、津市、湘潭为最,此其费用皆陋规也。

近自按照皖章,酌收岁捐以来,地方官吏无查验名目,而此项规费亦无有应之者矣。(常德一带,有种行商不必请领牙帖,只在本府请岁纳昌平税银,由政府发给执照,准其开行代客买卖,额定八十九家,不得多设,亦特别也。)

辛亥革命后,北洋政府继续征收,税额提高了很多。国民政府曾于1934年年底宣布废除,但未能实现。从1941年开始,国民政府才将牙税并于营业税征收。直到中华人民共和国成立后,经过打击行业恶霸,这种牙行、牙帖、牙税才算得到彻底废除。

为利益驱动,不本分的牙商与官员勾结渔利之事时有发生。明代范濂《云间据目抄》卷四《记赋役》载:"一复折布之例。松民善织,故布为易办。而文襄以布代银,实万世良法。况今北边,每岁赏军市虏,合用布匹,无虑数万。朝廷以帑藏赴督抚,督抚以帑藏发边官,边官以帑藏赍至松郡。而牙行辈指为奇货,置酒邀请边官,然后分领其银。贸易上海平湖希布,染各样颜色,搪塞官府。中间转折虚费,动以数千,于国计更何益也?……该用价银若干。听兵部议定匹式广狭长短,令三县令颁示小民,并随时酌处其价,务要公道,使民乐输。民有欠金花,自一钱起,至一两者,听其照式输布。或有合用三梭,及可充本郡兵饷者,亦如边布,颁式准收,则上省无益之费,下免难办之苦。前不失丈襄之遗意,后亦便有司之征求。未必非裕民足国之一助也。"

"躞步仍推巾帼雄,数钱多傍牙郎死。"(清代曹寅《题马湘兰画兰长卷》诗之二)由于牙商每每获利甚丰,因而每每起纠纷争讼。《清稗类钞·京人争牙行》:"京师有甲乙二人,以争牙行之利,讼数年不得决,最后彼此遣人相谓曰:'请置一锅于室,满贮沸油,两家及其亲族分立左右,敢以幼儿投锅者,得永占其利。'甲之幼子方五龄,即举手投入,遂得胜。于是甲得占牙行之利,而供子尸于神龛。后有举争者,辄指子腊曰:'吾家以是乃得此,果欲得者,须仿此为之。'见者莫不惨然而退。"正因此,牙商经营活动中格外注意各个环节的安全。如清代吴中孚《从商经·商贾便览》指出:"如果行李发运到买卖市场所在的码头后,经纪之家派人来挑运,也要交接明白,到达经纪牙行中,就对照当初的清单逐件清点过数,然后放进旅舍卧房之中。以上各种环节,都是为了防止有所遗失。"

6. 掮客·买办·十三行

明末清初,中国的进出口贸易与闭关锁国的海禁形成了越来越尖锐的矛盾。有学者在评议当时的形势时指出,牙行是市镇经济结构的中枢,操纵市镇经济的运作,"市中贸易,必经牙行,非是,市不得鬻,人不得售",举凡"花、布、柴、米、纱,下及粪田之属,皆有牙行,类皆领帖开张"。在这一时期(明中后期)中国与葡萄牙、西班牙、日本等国的贸易中,中国以出口生丝、丝织品、瓷器等为主,进口少量土特产,明显的出超,葡萄牙、西班牙、日本等国商人不得不以大量白银支付贸易逆差,于是欧洲和日本的白银源源不断地流入中国,成为这一时期中外贸易的显著特点[①]。

但是,清朝的海禁严重阻碍了海外市场的进一步扩大和发展。为了寻求更多的市场,一些商人不得不冲破封锁,冒死出海经商。李士桢《抚粤政略》卷六《禁奸漏税》中记载:"访有不法奸徒,曾驾大船,潜往十字门海洋,与夷人私相交易。有由虎门、东莞而偷运入省者,有由上周头、秋风口、朗头以抵新会等处,而偷运回栅下佛山者。"这种走私贸易反映出海禁与对外贸易需求的矛盾已到了十分尖锐的程度。

正因如此,从民间开始到正式的进出口贸易过程中,陆续衍生出掮客、买办,乃至集体性买办的"十三行",实现了传统牙商向现代经纪人和居间经纪机构的蜕变。

"一班掮客善钻营,拉得人家买卖成":说"掮客"

掮客,见于文人竹枝词和《二十年目睹之怪现状》《海上花列传》《官场现形记》等几部晚清小说,是晚清以来沪上对经纪人、中间商的一种称谓,通常是就具

[①] 樊树志:《晚明史:1573—1644》上册,复旦大学出版社,2015年,第120页。

体从事中介活动的人而言。《清稗类钞·上海掮客》云:"上海商业有所谓掮客者,处于供给与需用者之间,古曰牙郎,亦曰互郎,主互易市物,日本称之为仲买人者是也。不设肆,惟恃口舌腰脚,沟通于买者卖者之间,果有成议,即得酬金,俗称用钱,亦作'佣钱'。其数之多寡,各业不等,大抵以百分之二为常,俗谓之'二分用钱',有岁得数千金者,而以地皮。房产之掮客,为尤易获利也。"上海一家英文报纸曾有报道:"在上海的外国租界里有一件很引人注目的现象,那就是掮客的马车不断地在狭窄的街道上驰骋着,为数很多。由数目上来看,可证明大量的买卖是经过他们来成交的。"①其情景,即如一些海上竹枝词所描述的那样。

晚清朱文炳的《海上竹枝词》写道:

> 一班掮客善钻营,拉得人家买卖成。
> 道契方单图样备,空心饭亦尽知名。

袁翔甫的《海上竹枝词》描述的是当时沪上专事外国商品买卖的掮客:

> 东西洋货客争掮,脚底生涯走露天。
> 东手接来西手去,个中扣佣五分钱。
> 踏车飞走似乘风,各国言谈意义通。
> 消息最灵机灵捷,千金一诺即成功。

民国叶仲钧的《上海鳞爪竹枝词》写道:

> 地皮掮客米行佣,土鳖虫兮米蛀虫。
> 彼辈何来此雅号,因他侵蚀太精工。

晚清仁和(今浙江杭州)人葛元煦,号理斋,太平天国期间旅居沪上租界十余年。光绪二年(1876),葛氏写成并刊行《沪游杂记》一书。这是一部比较早而且比较系统地反映了近代上海的社会现状。本书"自序"中所言:

> 余游上海十五年矣。寓庐属在洋场,耳目所及,见闻遂伙。因思此邦自互市以来,繁华景象日盛一日,停车者踵相接,入市者目几眩,骎骎乎驾粤东、汉口诸名镇而上之。来游之人,中朝则十有八省,外洋则二十有四国。各怀

---

① 《北华捷报》1872年1月14日。

入国问俗、入境问禁之心,而言语或有不通,嗜好或有各异,往往闷损,以目迷足裹为憾。旅居无事,爱仿《都门纪略》辑成一书,不惮烦琐,详细备陈。俾四方文人学士、远商巨贾身历是邦,手一编而翻阅之。欲有所之者庶不至迷于所往;即偶然莫辨者,亦不必询之途人,似亦方便之一端。若谓可作游沪者之指南针也,则吾岂敢!

该书有几处当时沪上"捐客"的记载,如:"捐客虚立字号,遇华洋贸易,捐货与客看定议价。可以主客两不照面。须加意提防,往往有货式与原样不符,或银货两不清交,因致涉讼者甚多。""为谁辛苦为谁忙,得失无关有别肠。北货捐来南货去,两头利市总包荒。"

清葛元煦《沪游杂记》书影

《沪游杂记·捐客》(地皮捐客之钻营) 　　《沪游杂记·捐客》(茶坊酒肆年终做押款)

甚至还述及"带当":"借债添衣饰钿环,痴心岂愿去时还。风尘倘遇垂青客,

带当

借债添衣饰细环，痴心岂愿去时迁。
风尘偶遇垂青客，偿此区区亦等闲。

香添更换欲衣罗

《沪游杂记·带当》（罗衣欲换更添香）

偿此区区亦等闲。"

再如，吴趼人著的晚清四大谴责小说之一《二十年目睹之怪现状》，在描述晚清世俗人情之际，亦言及当时的"掮客"现象。如该书第八十五回《恋花丛公子扶丧 定药方医生论病》写道：

说话间，有人来访金子安，问那一单白铜到底要不要。子安回说价钱不对，前路肯让点价，再作商量。那人道："比市面价钱已经低一两多了。"子安道："我也明知道。不过我们买来又不是自己用，依然是要卖出去的，是个生意经，自然想多赚几文。"那人又谈了几句闲话，自去了。我问："是甚么白铜？有多少货？"子安道："大约有五六百担。我已经打听过，苏州、上海两处的脚炉作、烟筒店，尽有销路，所以和继翁商量，打算买下来。"我道："是哪里来的货，可以比市面上少了一两多一担？"子安道："听说是云南藩台的少爷，从云南带来的。"我道："方才来的是谁？"子安道："是个掮客（经手买卖者之称，沪语也）。"我道："用不着他，我明天当面去定了来。"

其中自注所言"经手买卖者之称，沪语也"，可证。《官场现形记》第九回《观察公讨银翻脸 布政使署缺伤心》"上海的这些露天掮客真正不少"，所谓的"露天掮客"是指没有固定店铺流动行商的掮客。在以官牙为主体的经纪市场中，掮客多属个体的私牙性质。其间不免常常出现牙、掮利益冲突。如《申报》光绪五年二月二十一日报道的武汉衡州帮"煤业齐行"事件：

鄂省武汉一带，无论店铺居家，饮灶均以煤屑为主，或成团，或作饼，常日夜不息。查其来路，由湖南衡州客办来。然行家以及掮客往往取巧，使买主卖主不相觌面。其中昂价扣余，索规肥己，不一而足。故前因衡帮煤客议齐行规，暂停销售；须投明该帮会首与铺户较定斛子，价仍照市，不能参差，斛照衡斛,以八斗为一石。行家执概平量,不准私自增减,官牙行以及捎客照例取用。凡有煤船抵埠,由该帮会馆挨次轮售,不准持强挽越云云。以故,各煤铺业在沈家庙设席、会议,拟将演戏,明立章程也。

显然,类此牙、捎冲突,实乃利益之争。此例显示了行业组织在维护行业利益与市场秩序中发挥了主要作用。

"深目长鼻椎髻来,百物罗罗凭市侩":说"买办"

如果说唐代"互市牙郎"、元代"舶牙人"等皆属当时对外贸易牙商的话,那么也可视为近代"买办"之滥觞。只不过,其具体属性因时代而异。

近代的买办是西方国家在华进行经贸活动的代理商和居间经纪人,买办商人以及买办资本,是中国自给自足型自然经济与世界资本主义经济的往来过程中,从封闭走向开放的产物,是中国半殖民地半封建化过程中中国资产阶级的先导。

清代定海知县李征熊有《海外吟·海舶行》吟道:

山如砺,河如带,我朝车书大无外。
东渐西被朔南暨,四海茫茫与天际。
番国波臣群稽颡,职方年年图王会。
翁洲东南第一关,汪洋波涛通万派。
清晨放去流求船,飞烟一道金崎界。
更历闽广达安南,扬帆西上路迢递。
马塍暹罗噶喇吧,弥漫天风惊砰湃。
柔佛吕宋唔吥吗,纷纷岛屿列海裔。
深目长鼻椎髻来,百物罗罗凭市侩。
扶桑之东虞渊西,竞向中华献珍怪。
氍毹毾,毈羽毛,多罗斗缕布火毳。
白檀青木阿萨那,鸟卵象牙间玳瑁。
鹦鹉如雪或如丹,孔雀似锦鸟倒挂。
玻璃瓶盛红毛酒,色艳琥珀酐大贝。

> 峨舸遥出水晶宫,千尺帆樯来月窟。
>
> 区宇隘前朝,幅帻越往代。
>
> 纵横谁知几千程,秦皇汉武徒夸大。
>
> 间立海岸望晴空,闽商欣欣输关税。

其中"深目长鼻椎髻"者,显指荷兰、日本、泰国、菲律宾等海外来华贸易的外商,所谓"市侩"则是外贸活动中的居间经纪人——买办。

有研究指出:"鸦片战争以后,出现了深刻影响我国这一时期经济发展的特殊经纪人——买办。买办的出现,形成了对外贸易的垄断势力,这种势力随着外国资本主义侵略势力的强大而强大,他们在各大通商口岸垄断了商品交易的中介活动。买办是我国近代史上的特殊阶层,也是经纪人发展史上的特殊阶层。"[1]

关于上海洋行的"买办",《清稗类钞·上海洋行之买办》有记述:

> 上海租界洋行所延华人总理其事者曰买办,于商法实无确当之意义。盖吾国海通以后,租界之一种特别职业也,英文译音为糠摆渡(一作刚白度)。咸、同间,名人笔记不知译音之本难索解,乃就"糠摆渡"三字以国文为之解释。谓买办介于华洋人之间以成交易,犹藉糠片为摆渡之用,既以居间业许之,而又含有轻诮之词。此实从前仇视外人因并鄙夷代外人介绍商业之华人之常态,作为未开化论可也。惟"买办"二字究作何解,历史上因何有此制度,则尝闻之老于沪事者矣。
>
> 西人之来我国,首至之地为广州,彼时外人仅得居于船,不准逗遛陆地(间有登陆居住者,则以澳门为安插地,明时即然),而贸易往来,全凭十三洋行为之绍介。遇洋船来,十三行必遣一人上船视货议价,乃偕委员开舱起货。及货售罄,洋人购办土货回国,亦为之居间购入。而此一人者,当时即名之为买办,意谓代外人买办物件者。盖此系我国商号雇用,以与外人交易,与上海之所谓买办完全受外人之雇用者,性质尚异也。惟买办之名,则沿袭由此矣。洎上海开埠,外人麇集,彼时中西隔绝,风气锢蔽,洋商感于种种之不便,动受

---

[1] 李德中主编:《新编经纪人概论》,西南财经大学出版社,2013年,第4页。

人欺。时则有宁波人穆炳元者(穆系英人,陷定海时被俘。及英舰来上海,则穆已谙悉英语,受外人指挥矣),颇得外人之信用,无论何人,接有大宗交易,必央穆为之居间。而穆又别收学徒,授以英语,教以与外人贸易之手续。及外人商业日繁,穆不能兼顾,乃使其学徒出任介绍,此为上海洋商雇用买办之始。然一宗交易既毕事,则雇用关系亦遂解除,犹延请律师办案者然。最后,外人之来沪者日多,所设行号与华人之交往亦日繁。行号所用之通事西崽人等,对外购买零物及起居饮食必需之品类,支付款项及种种往来,颇嫌烦琐。于是新开行号,每当延订买办时,并以行内琐务委任之,而买办与行号,乃遂有垫款及代管行事之职务矣。

买办主要以外贸和受雇于外商为本业,其间传统官私牙商与之并存。买办阶层的出现,促进了突破闭关锁国的对外开放和近代化进程。如有的研究所分析的那样,"买办的发展,刺激了我国对外贸易的发展,加速了我国商品经济发展的进程。以广州口岸为例,自1792年至1837年的46年间,进出口贸易总额翻了五倍,这些都是通过买办从中经纪得以实现的。买办在经纪活动中,收益也非常可观,史料记载,1885年至1894年的近10年间,买办商人仅抽取经纪费用一项,约白银一亿两。由此可见,当时的经纪活动非常活跃,经纪业已经发展到一定规模"[①]。

"洋船争出是官商,十字门开向二洋":说"十三行"

18世纪末19世纪初欧洲所谓的"行(音 háng)纪人",是指经营行纪业务的当事人,从事物品的卖出和买入等行为,并收取报酬。所谓行纪商,是一种以行纪行为为营业的独立的商人,行纪商属于一种独立的商人。行纪商的业务包括以自己的名义为他人,即委托人买卖不动产或证券,并据此收取佣金。可以说,"十三行"的性质与之略有相近。尤其是"十三行"中中国方面的家族式产业的巨商,与欧洲那些以家族为主体的"行纪"更为相似,都是家族式的集体掮客、买办,家族式的经纪商。

[①] 李德中主编:《新编经纪人概论》,西南财经大学出版社,2013年,第5页。

明靖靖、万历年间形成的广东三十六行行商,由明官府选推有抵业的商人,发给印信文簿,充当外商与国内批发商的中介,成为官牙,从中收取"牙钱"即佣金。这三十六行牙商的形成,实乃后来清代广东"十三行"的先声。清初开放海禁,设置四海关对外通商,广州随后成立了"洋货行"和"金丝行",分别负责对外与对内贸易。前者形成了所谓的"十三行"。清代广州的"十三行"又叫"洋行""外洋行""洋货十三行"或"洋货行",是清廷指定的专营对外贸易的垄断机构,因所在大街内设有十三座夷馆得名。根据乾隆二十二年(1757)清廷的规定,广州成为全国唯一海上对外进出口贸易口岸,即所谓"一口通商"。随着"十三行"进出口贸易额的逐年增长,广州成为清代进出口贸易的中心。

明末清初,"岭南三大家"之一的屈大均在《翁山诗外·广州竹枝词》中写道:

洋船争出是官商,十字门开向二洋。

五丝八丝广缎好,银钱堆满十三行。

所描述的正是当时进出口贸易的繁荣景象。实际上,"十三行"是兼具商务和外交性质的半官方组织,其属性是官方指定的进出口贸易的牙商机构——官牙。

清代前期,广州行商在对外贸易活动中,依靠政府给予的特权,垄断了广州整个对外贸易,形成了一个"公行"贸易制度。公行确立于康熙四十二年(1703),最初由官方指定一人为外贸经手人。该人纳银4万两入官,即可包揽对外贸易大权。后来,各行商从自身利益出发,共同联合组织起来,成立一个行会团体,即所谓的"公行"。史料记载,1720年11月26日,公行众商啜血盟誓,并订下行规十三条:

第一条:华夷商民,同属食毛践土,应一体仰戴皇仁,拆图报称。

第二条:为使公私利益界划清楚起见,爰立行规,共相遵守。

第三条:华夷商民一视同仁,倘夷商得买贱卖贵,则行商必致亏折,且恐发生鱼目混珠之弊,故各行商与夷商相聚一堂,共同议价货价,其有单独行为者应受处罚。

第四条:他处或他省商人来省与夷商交易时,本行应与之协订货价,俾得卖价公道,有自行订货价或暗中购入货物者罚。

第五条:货价即经协议议妥帖之后,货物应力求道地,有以劣货欺瞒夷商者,应受处罚。

第六条:为防止私贩起见,凡落货夷船时均须填册,有故意规避或手续不清者应受惩罚。

第七条:手工业品如扇、漆器、刺绣、国画之类,得由普通商家任意经营贩卖之。

第八条:瓷器有待特别鉴定者(指古瓷),任何人不得自行贩卖,但卖者无论赢亏,均须以卖价百分之三十纳交本行。

第九条:绿茶净量应从实呈报,违者处罚。

第十条:自夷船卸货及缔订装货合同时,均须先期交款,以后须将余款交清,违者处罚。

第十一条:夷船欲专择某商交易时,该商得承受此船货物之一半,但其他一半须归本行同仁摊分之,有独揽全船货物者处罚。

第十二条:行商中对于公行负责最重及担任经费最大者,许其在外洋贸易占一全股,次者占半股,其余则占一股之四分之一。

第十三条:头等行,即占一全股者,凡五;二等者五;三等者六;新入公行者,应纳银一千两作为公共开支经费,并列入三等行内。

公行兼具商业职能与外交政治职能于一身,是中外商人以及清廷与外商联系的中介。作为"海上丝绸之路"发展的巅峰,在公行基础上形成了"十三行"。"十三行",是鸦片战争前广州港口官府特许经营对外贸易牙商商行的总称,是清廷指定的对外贸易垄断性的牙商机构。所谓"十三行"之"十三"并非定数,时或有所增减,通常是指最兴盛时的十三家。这十三家牙商商行是:

1.伍秉鉴的怡和行,商名浩官;

2.卢继光的广利行,商名茂官;

3.潘绍光的同孚行,商名正官;

4.谢有仁的东兴行,商名鳌官;

5.梁承禧的天宝行,商名经官;

6.严启昌的兴泰行,商名孙青;

7.潘文涛的中和行,商名明官;

8.马佐良的顺泰行,商名秀官;

9.潘文海的仁和行,商名海官;

10.吴天垣的同顺行,商名爽官;

11.易元昌的学泰行,商名昆官;

12.罗福泰的东昌行,商名林官;

13.容有光的安昌行,商名达官。

广州"十三行"在对外贸易中,因受官方指定特许垄断经营获利甚丰,因此而成就了一批中国进出口贸易牙商行业的世界级的富商。其中尤以"潘、卢、伍、叶"四大家族最为著名。如《清稗类钞·南海伍氏以商致富》所记:

> 粤东富人,有南海伍氏。先是,嘉庆时,广州十三行有开怡和号之伍某,本闽人而居粤。故事,西人至广州通商者,必由十三行交易,额定饷银,皆由十三行承认,十三行有中落者,由他数家分认其饷。时诸行多衰落,伍独巍然存。有伍敦元者,为其疏族,自闽来,伍之家长谓之曰:"汝来殊不幸,不能有以润汝,姑居此可也。"

> 无何,制军阮文达公以欠饷故,召伍入见,惮不敢入。敦元自请代往,乃入见。阮诘欠饷故,敦元曰:"非敢欠饷也,实以商业方疲,而上督饷益急,则力益不支,是官商两困之道也。"阮曰:"既如是,免汝家数年饷,好自为之。"敦元归,以报。时伍商既屡困,有厌倦意,乃悉收故业,而独以商号畀敦元。敦元既得之以营业,业大进,不十余年,可千万,遂大富。

> 敦元殁,传业于子紫垣名崇耀者,富益盛。适旗昌洋行之西人乏货,即以巨万畀之,得利数倍。西人将计所盈以与之,伍既巨富,不欲多得,乃曰:"姑留汝所。"西人乃为置上海地及檀香山铁路,而岁计其入以相畀。紫垣死,以其子子笙像寄西人,曰:"是乃吾子,以后金皆寄彼。"子笙死,又以子垣孙像寄西人,而属其寄金焉。垣孙益奢侈无节。然西人既未寄交铁路股票,又未以号数相告。已而旗昌倒闭,时某方为招商局总办,私以崔某属存局之银存旗

昌,旗昌既闭,某欲以被倒之款划归局,而某观察不可。时局屋初租之于旗昌,乃揩不付租,旗昌西人曰:"局屋实伍氏产,久存案于英领事署,安得不付租?"乃使律师率数人往对其屋。某观察乃令招商局南栈马头夫役数百人踰垣人,启门而谓西人曰:"吾非不付租也,请以金存江海关道,讼毕乃付。"时英人已调兵船入黄浦江,兵已登舰板,而夫役在局前者数百人甚噪。西人之有识者,惧果启衅,乃急止兵勿登岸。其后垣孙至香港,或嗾使延律师与西人讼,乃得反其产,旋仍以其地售与招商局及他人。迨垣孙死,西人金又不至,伍遂式微矣。

《华尔街日报》统计,20世纪全世界50位富豪中有6位中国富豪,唯一一位商人富豪,即广州"十三行"首富伍秉鉴①。自称"老广州"的美国人亨特在其1882年出版的一部书中说,"十三行"首富伍秉鉴有"稻田、房产、店铺、钱庄,以及在美国、英国船上的货物等各种各样的投资",1834年的资产即多达"共约值2600万元(银圆)"②,后来被认为是19世纪中期地球上最富裕的人。据说,当时"美国商人以中国丝茶出售于波士顿及菲列得尔菲亚城者,挂浩官之名,即得高价。浩官之名在美洲脍炙人口者凡半世纪。美国人最早下水之第一艘商船,亦名'浩官',且以其模型远寄广州给浩官(伍秉鉴的官名)作礼物"③。"十三行"另一位领袖人物潘仕成,家资多达2000万元(银圆),是"十三行"中仅次于伍氏的一大富豪。《法兰西公报》1860年4月11日登载的一封寄自广州的信说,"十三行"行商潘仕成的"一处房产比一个国王的领地还大","他拥有的财产超过1亿元法郎。他有五十个妻子和八十名童仆,还不算三十名花匠和杂役等。他在中国北方还拥有另一处更好的房产"。潘氏的"花园和房子可以容纳下整整一个军的人","妇女们居住的房屋前有一个戏台,可容上百个演员演出。戏台的位置安排得使人们在屋里就能毫无困难地看到表演",足见其令外商惊讶的富有与奢华程度④。

---

① 《羊城晚报》1999年2月1日报道。
② [美]亨特:《广州"蕃鬼"录》,广东人民出版社,2009年,第56页。
③ 格林比:《清代广东十三行行商伍浩官轶事》,《亚细亚杂志》1925年10月号。
④ [美]亨特:《旧中国杂记》,广东人民出版社,1992年,第89~90页。

广州"十三行",不但是指中国商人的对外贸易行馆,而且还相应地有外商于此开设的行馆与之交错存在,总括谓之"十三行",其所在街道亦俗谓之"十三行街"。且看当年曾供职于"十三行"街上美商旗昌洋行亨特记述:"外国侨民在广州所占据的地方离珠江边约300英尺,离澳门80英里,离伶仃60英里,离虎门炮台40英里,离黄埔碇泊所10英里。这片地方东西宽约1000英尺,各国商馆就建在上面。每个前来贸易的国家,最初各以一所大房子作为居停贸易之所,由此形成商馆。每座商馆的正面是一样的,全部朝南。……从西边起,第一家为丹麦馆;与之相连的是一列中国人的店铺,临着靖远街,隔街东面为西班牙馆,再东为法国馆,紧挨着法国馆的为行商章官的行号;再东为同文街,再东为美国馆,再东为宝顺馆,紧挨着的为帝国馆,再东为瑞典馆、旧英国馆和炒炒馆。再东为一条狭窄的小巷,称为猪巷,可谓名副其实。新英国馆的高墙临着巷边,再东为荷兰馆,相邻为小溪馆。后者因一条沿着城墙流入江中的小溪而得名。此溪原为广州城西边的沟渠。以上一共有13座商馆。在这些商馆的背后,是一条长而狭窄的重要街道,从东到西,名叫'十三行街'。"如果说清廷授权专营的"十三行"在为本国进出口贸易服务过程中同时也在服务于外商,属于具有官方色彩的"集体双重买办",那么对于受雇于外商行馆的牙商雇员而言,则属于不具官方色彩的、单向对雇主的个人职事性质买办。就此意义而言,"十三行"以及同时或后续开埠的厦门、福州、宁波、上海等一些通商口岸,可谓培育、孳生现代买办资产阶级的园圃。

作为"海上丝绸之路"发展巅峰的"十三行",是国家被动地顺应国内国外经济社会发展大势实行开放国禁的成功举措,其政治、经济乃至文化的意义十分深远。实践证明,中国传统的牙商冲破畛域,走出国界、走向世界,推动中国经济融入国际大市场,是中国文化融入并影响世界文化至为重要的途径。实践证明,当今世界文明所要求的大张旗鼓的、大规模的全面对外开放,则是自觉的强国之举,是让中国文化进一步融入并影响世界文化的必然要求,是历史发展的大势所趋,是现代文明进程之必然。在此过程中,中国的传统牙商行业必然脱胎换骨以顺应时代要求。其间,或可形成新时代的新买办资产阶级,我们当拭目以待。

7.清末民初经纪行为的民事习惯法

据知,清末京城的牙帖发放和牙税征收,由顺天府粮厅主管,城外及郊区乡镇的牙税,由大兴、宛平两县主管。有关律例规定,货物的交易必须经过经纪人的操作,否则无法成交。经纪人利用这一权利,除收取由卖方支付经手货物市价总交易额2%的固定佣金外,再加上留宿店内客商另付的房钱、货物搬运费用,为客商预付货款或代购代销需要垫款所收取的利息等项附加收入,获利较高。开牙行必须从官府领取营业执照,并且按地区以及办理的货物而有一定的行数。牙行的行数是固定的,所以除某些牙行暂时空缺以外,不准新设牙行。各牙行获准在某地区内办理一定的货物,如果跨地区、跨范围经营货物的,将受到严厉的处罚。按户部规定,牙税的年税率分上、中、下三等,上等征银2两,中等征银1.5两,下等征银1两。但实际情况却是大幅度抬高年征收额,每年上等户征银约1000两,中等户征银约500两,下等户征银约200两。另外,每年还要交纳大约占牙帖税1/10的营业税。如此高额的税负,据粗略估计,当时排在前六位的烟行、酒行、茶行、布行、钱行、当行的年收入,约合年交纳课银的100倍,其赢利之高可见一斑。正因如此,牙商才成为人们趋之若鹜的热门行业[①]。

中国地域辽阔,社会结构纵横交错,十分复杂。而且,由于地域文化的个性十分突出,加之向有各自为政的割据传统,因此贯彻中央政府的政令一向费力费时,尤其是一些交通闭塞的地区,难免形成"山高皇帝远"之势。在政令不很畅行的地方,只能依靠民间习惯法来维护社会、经济秩序。周秦时代所形成的"采风"制度,即缘于此。颐安主人在《沪江商业市景词》中写道:"各行贸易待评量,借作茶楼聚会场。每至午申人毕聚,成盘出货约期忙。"这首竹枝词所描述的正是市井生活中经纪活动的常态情景。李光庭在《乡言解颐·市集》中所言的"集市"(市集)上"合两家之买卖,如今之度市,即乡人之所谓经纪也",亦说明乡间集市居间经纪交

[①] 《老北京的牙行和牙税》,《财会信报》2007年8月27日。

易的常态化。

经由牙商居间经纪进行商品交易业已成为一种约定俗成的经营方式和传统习惯,各地在不同时期形成一些为本地共同认可的规矩——不成文法以及民间习惯法。可以说,正是这些经纪行为的民事习惯法,以其约定俗成的本色和力量建构并维护着众多地区的市场秩序。

1914年由良友社出版发行的《新商法商人通例公司条例释义》中阐释"代理商":"代理商,日本谓之代理店或代办店。我中国现虽无此名目,然通常经手、批发、采办及代定货物之各店铺,实皆属于此种。凡商人之营业,其资以补助者共两种机关:一为隶属的机关,即总经理人及一切商店伙友皆是。一为独立的机关,即各业经纪、掮客、行栈及代办店皆是。惟经纪、掮客、行栈等,于买卖货主关系稍泛,而代办店则与本商关系较密,然又非商家之出庄水客及洋行之买办可比,其性质当大略说明之。"[1]

《中国民事习惯大全》第一编第四类《关于居间之习惯》[2]中,辑录了乡间多种类型的居间经纪活动所恪守的规矩。其中有关经纪本身的规矩,如福建浦城县的"居间"规矩为:

> 浦俗买卖产业,有居间人,谓之"言议"与"中见"。契约成立后,由买主给予酬金(俗称"花红")。如该买卖之标的物品有重卖及虚伪情事,居间人应负责任。

> 借贷亦有居间人,谓之"见借"。大率借主应虑贷主不相征信,要求居间人以为成契约之媒介。居间人并不受酬金,惟以后当事人,对于该契约有真伪,或借主拒绝支付时,居间人为之证明,但不负保证之责。

按照一些地方民间的规矩,经纪人不仅是说合交易者,而且还兼具中证人的职责。例如福建浦城、顺昌县的"居间"规矩为:

> 顺邑金钱贷借之事,多由债务人书就票据,或抵押执照交由债权人查询明确,然后成交谓之收订。其一切手续,均由经纪人(即保证人)居间办理。

---

[1] 张家镇等编:《中国商事习惯与立法理由书》,中国政法大学出版社,2003年,第74页。
[2] 施沛生编:《中国民事习惯大全》,上海书店2002年影印。

届期,债权人可向经纪人求偿,债务人亦可径向经纪人清债。且债权如有让与他人,债务人亦不得容喙。但未届偿还期时,不问债权人为谁,均不得预请给付。亦有由他人出而承认债务者,但须得经纪人之同意。因经纪人负完全保证之责故也。

值得注意的是,这个文本中的"经纪人"一词,当是历代汉语文献中见诸文字较早的一个牙商称谓。清代叶梦珠《阅世编》载,晚明上海棉布盛行,"富商巨贾操重资而来市者,白银动以数万两,多或数十万两,少亦以万计,以故牙行奉布商如王侯,而争布商如对垒"。何故?追求佣金之利益驱动使然。至于各地"居间"活动收取佣金的规矩,则因地而异,因标的物而异,所辑多种,如:

钱债中资①[福建晋江县习惯]

晋江债务者,向债权者借款,多有仲人说合。及履行清楚时,无论款额多少。其头月利子,多归仲人收入,名为"头月利"。

中人费[湖南长沙县习惯]

查长沙买卖不动产中人费,每百元三元,由买主负担。典当中人费,每百元四元,双方各负其半。若典当契内并无取赎期限,惟从出典之日起。三年内取赎者,则出典人须完全赔偿中费酒水。三年后所赎者,则否。

谢中钱之种类一[湖北兴山、王峰、郧县、汉阳、竹溪、麻城六县习惯]

兴山、五峰县、郧县,关于佃种默默地,及买卖猪、羊、牛、马或谷米,并其他一切物品,虽有请凭中人之事实,然中人并无得受报酬之权利。维买卖田地屋宇之中人,乃有谢中钱之习惯。

五峰县,按卖价每钱一串以五十文或三十文为谢中钱。兴山县之谢中钱,依卖价五分计算,作为"买三卖二"分担。郧县乡间,亦依卖价五分计算,

---

① "中资"以及后面的"中人钱""中人费""仲钱",均指居间佣金、居间报酬。

作为中三笔(即书契人)二分派。其城内及附郭村壤,则无此习。汉阳,则买卖猪、羊、牛、马或杀米有其谷米及其他一切物品,均设有专行。其行用,即为居间人权利之一种。均系依其物之价格,酌量取货。

关于佃种田地之谢中钱,亦依其佃租之多寡为准。至买卖不动产之谢中钱,则系以五分计算;亦作为"买三卖二"分担,与兴山习惯相同。

竹溪县佃种地、田地及买卖猪、羊并其他一切物品,均无谢中钱之习惯。惟卖卖牛、马及谷米有行,牛、马每价一串,由买卖屋两造。各缴行用钱三十文,米则由卖生每斗出行用钱三文。至不动产买卖,每价钱百串,以百分之三为谢中钱。百分之二为书契钱,俗呼"中三笔二",亦与郧县乡相同。

麻城县,不论何种动物植物,动产不动产之买卖契约或佃约,均有谢中钱之习俗,但无一定标准;均系依其物之价额,酌量计算。

官中非官中之别[直隶保定所属各县习惯]

调查各县诉讼,当事人所呈之文契,殊不一致。有仅载明中人者,有载明官中人者,亦有于契内正行载明凭中人说合字样,契后不载明中人某某,致使中人不能画押者。

牙纪之收费[直隶清苑县习惯]

牙纪为买卖地亩之居间人,其责任专行收取杂用费。所谓"杂用费者",买主三分,卖主二分。要皆为各县习惯之所不能无。

庄头之报酬[直隶保定所属各县习惯]

庄头受土地所有权者之委任,经理旗产,得有报酬。约分两种,一为于旗产项下另外给予地亩,一为交给旗产若干。每年年终纳租若干。其租项额余之数,概为庄头之权利,故有此两种报酬。

卖主与买主分担中资[安徽天长县习惯]

天长买卖田产,买主卖主均出中资。按百分之五,买三卖二,以原中陪中之分别,为得受多寡之标准。与本会第一期报告芜湖县及第三期报告广德、舒城等县,中资负担及分配之习惯,各有异同。

置产时酬劳金[安徽五河县习惯]

五河不动产之买卖,先有中人一二人或三四人说合。成契后,由买主按照价额,另出一成,与说合之中人摊分,名曰酬劳金。至临时于契内列名之中人,只由买主请吃喜酒,不摊分中资。又,有卖主急于变产,托人觅卖,成契后除买主应给中资外,卖主亦应酬谢,但其数目多寡并无一定。

中三代二[陕西南郑县习惯]

民间置买田宅,议定价值时,须按价值多寡,提出百分之五。以三分酬谢中人,以二分给予代书卖契人。若契由卖主自书,则此二分即归卖主。

中人费用[江西赣县习惯]

不动产买卖之中人费用,由买卖当事人分别担负。如价洋一百元,中人费五元,则买者担负五分之三,卖者担负五分之二。

报酬费[福建顺昌县习惯]

顺邑居间人,习惯上以介绍人视之,并不负何等责任。其报酬费,每百元五元左右。

礼银及抽仲[福建顺昌县习惯]

顺邑买卖房屋山田,凭仲人居间议价,代笔人依议写契,在见人(多属买主亲族)看明画押。其报酬费,值百抽五,归买主负担,谓之"中书见礼银"。

至牛、羊、猪等之买卖,则凭牙仲居间说合。其酬费小者,每头半角,或一角,大者二三角不等。惟牛则按分量之轻重计算,每斤约抽铜圆(当十)一枚。统称曰抽仲。

甚至连如何支付居间说媒的佣金,亦立有十分细致的规矩:

媒人报酬之有无及各类二
〔湖北通山、竹山、潜江、榖城、京山、巴东、广济七县习惯〕

媒人说婚,如系童婚者,不过谢以礼物,或请以酒席,无谢钱者。惟续弦娶妾,往往有谢钱之事。至竹山县寡妇再醮,有谢媒钱。榖城、京山、巴东、广济四县,只有谢媒礼。

民间为保证生存和生活秩序,事事都习惯于中证人为之作证作保。例如,按照浙江平湖县的习惯,甚至"抵押幼女限期回赎"也有专门的规矩:"平湖贫苦乡民,每将幼女抵押与人为婢女,订立契约写有回赎年限。年龄大抵十岁,价额三四十元不等。姿首稍好者,倍之。受抵押者,非经中人及荐头人介绍(中人偶尔为之,荐头人以荐人为常业者),契约即难成立。其中人、荐头人负有完全责任,如遇来历不明或被拐卖逃受抵者,不负其责。又,被抵之幼女,主婚权仍属其父母。"其中"以荐人为常业"的"荐头人",显然是所谓"人牙子"性质的经纪人。

如果说,在明末清初西学东渐中,传教士作为主要媒介扮演了十分重要的角色,那么清末民初以来的西学东渐,海外商人、投资者、冒险家们的作用则属重要的媒介。其间,西方经济法、商贸法规在互贸往来中对中国相应方面的改革产生了非常重要的影响,对近代化起到了积极的促进作用。诸如对公司法等法规性制度的制定,从思想到形式无不带有这种痕迹,甚至在调查概述以往的传统商事习惯时,亦会显示出这种影响的痕迹。例如清宣统三年(1911)五月由湖南调查局编印的《湖南商事习惯报告书》,即如此。其撰写体例及用语,已可显现。该书总分六卷三编,第一编为《通例》(含商号、度量衡、货币和会馆四章),第二编为《分业》(含钱业、牙行、船业、堆栈和小卖商业五章),第三编为《附录商业条规》。报告书不但章节之结构,还有一些用语,诸如注册、广告、符号决议、时期、度量衡、资本及利息等,均受到西方商业文化的影响。所附录的通过调查分行业按地区辑集的当时湖南全省各类商业条规文本,十分详赡,对于今日通过湖南探析全国状况而言,提供了极其珍稀的文献,其中亦散见许多有关牙商的记载。如光绪三十三年(1907)《茶叶条规》之"雇经纪"。宣统元年(1909)省城《瓷业条规》之"我等瓷业,向有牙帖可差,兹又奉牙厘局示,加捐并派缴常年税捐,以办地方要政,谨遵照矣。惟我等于光绪十九年重请长善宪示禁,凡装运镇磁土碗来省,必须投行入店发售"。光绪丁未年(1907)株洲《粮食杂货行条规》之"我等请凭宪帖,开设牙行,既不屑鄙吝难堪,亦不能过为苛刻"。再如巴陵《粮食行条规》之"议粮食牙行代客买卖,无论新墙还是外商客,均须买卖到行,公平落价,二比明盘"……仔细爬梳,可圈可点者多矣。尤其应关注的是,第二编《分业》之第二章"牙行",总分六节,乃关于"牙行"综合状况的概述,当是迄今所知最为详赡者。第一节"牙行之类别",第二节"牙行之限制"(含牙帖和规费两款),第三节"牙行之业务"(含议价、交割和担保三款),第四节"牙行之权利"(含货物和用钱两款),第五节"度量衡之使用",第六节"经纪"(含经纪之资格、责任和利益三款)。凡此,可谓全国之缩影,从中不难透视当时全国牙行之概貌。

8. 当代经纪人

1949年,中华人民共和国成立,实行的是社会主义公有制的计划经济制度。企业按照国家指令性计划进行生产,国家对产品统购包销,几乎不存在市场化的商品经济运作。因而,无论是传统意义上的牙商,还是近代新兴的市场经纪人,都完全失去了活动的舞台,没有了赖以生存的功利性需求。何况,新政权是在推翻帝国主义、封建主义、官僚资本主义"三座大山"的前提下成立的,买办资产阶级自在消灭之列。于是,自新中国宣告成立始,官、私经纪人以及相应的交易所等中介机构均不复存在。1950年11月14日中央人民政府颁发的《关于取缔商业投机活动的几项指示》中,将"买空卖空""投机倒把企图暴利者"等明确视为"扰乱市场的投机"行为;甚至在《国务院关于防止滥宰耕牛和保护发展耕牛的指示》(1955

年12月30日)中特别强调,"国家委托供销合作社在耕牛集散地点,建立耕畜交易服务所,加强市场管理。除食品公司收购站直接收购的以外,所有公私牲畜买卖,必须一律进所交易。供销合作社对牲畜牙纪应当加以组织和改造,取缔他们投机操纵、拨弄价格的行为,使他们在严格的市场管理下,继续经营贩运和调剂耕畜的正当业务"。

在对非社会主义经济成分进行社会主义改造过程中,"经纪活动被认为是资本主义固有的经济现象,经纪业和经纪人被误解为资本主义的产物,招致社会主义改造"。"社会主义改造完成后……在意识形态上,已经将经纪人划入资本主义的范畴成为限制和打击的对象。"①从此,中国开始进入一个没有经纪人和经纪行业的计划经济时代。

20世纪70年代末80年代初,随着改革开放的深入,广东沿海地区陆续涌现了居间经纪活动和尚无正式名目的经纪人。但是,国务院在1981年先后颁发的《加强市场管理,打击投机倒把活动和走私活动的通知》《批转关于工业品生产资料市场管理规定的通知》中,仍将所谓"黑市经纪"视为非法经营、投机倒把,加以打击。1985年,国务院甚至还将"经纪人牵线挂钩从中渔利"视为投机倒把列入打击对象之中,仍然写进了《关于坚决制止就地转手倒卖活动的通知》。凡此说明,此间的经纪人及其活动远未受到法律的保护,仍然处于被限制、打击的尴尬处境。

20世纪80年代末90年代初,广东、上海等地开始陆续进行扶持经纪人的试点,开始试点成立证券交易所、期货交易所,甚或经纪人事务所、经纪公司。"据不完全统计,1992年、1993年两年间,共出版各类经纪人书籍达70多种,大大超过我国新中国成立以来出版此类图书的总和。在管理实践上,1992年,珠海工商行政管理部门颁布了我国建国以来第一个地区性的《经纪人管理办法》,使经纪人管理向规范管理的方向迈出了重要的一步。"②1995年10月26日,国家工商行政管理局第36号令颁布了第一个全国性的《经纪人管理办法》,从而使中国经纪人行业在间断40多年之后重返商品经济舞台,并受到法律法规的规范与保护。《经纪人

---

① 李德中主编:《新编经纪人概论》,西南财经大学出版社,2013年,第6页。
② 李德中主编:《新编经纪人概论》,西南财经大学出版社,2013年,第7页。

管理办法》规定:"本办法所称经纪人,是指依照本办法的规定,在经济活动中,以收取佣金为目的,为促成他人交易从事居间、行纪或者代理等经纪业务的公民、法人和其他经济组织";"经纪人的合法权益受国家法律保护,任何单位和个人不得侵犯。"至此,中国当代市场经纪人开始摘掉了所谓"黑市经纪"并被视为非法经营、投机倒把加以打击对象的黑帽子,可以堂堂正正地依法开展经营活动了。彻底摒弃意识形态上对市场经纪人的误读与偏见,无疑是在改革开放推动下的一大社会进步。

时隔10年之后,国家工商行政管理总局2004年第14号令公布并实施了重新修订的《经纪人管理办法》。重新修订的《经纪人管理办法》规定:"本办法所称经纪人,是指在经济活动中,以收取佣金为目的,为促成他人交易而从事居间、行纪或者代理等经纪业务的自然人、法人和其他经济组织。"其中,以"自然人"取代了原条中的"公民"。一般说,公民属于政治学或公法上的概念,具有某一特定国家国籍的自然人叫作公民。或言之,所有的公民都是自然人,但并不是所有的自然人都是某一特定国家的公民。自然人代表着人格,是在自然状态下而作为民事主体存在的人,代表其有权参与民事活动,享有权利并承担义务。一词之差,体现了相关法律法规以及社会法制建设的严谨与日趋成熟。这也说明,历经半个世纪的沉浮,中国的市场经纪人行业在追逐社会文明进程中开启了一个崭新的时代。

由于社会经济迅速发展的需要,市场经纪人的法律地位和经营活动获得了法律的保护与规范,一时间各种类型的经纪人从业者和机构如雨后春笋般涌现。举凡证券市场、期货市场、现货市场、保险业市场、科技市场、技术市场、人才市场、劳务市场、文化艺术市场、体育市场、信息市场、房地产市场、旅游业市场、生产资料市场,乃至具体商品的专门市场,纷纷涌现并十分活跃。以文化艺术市场的演出行业为例,中国演出行业协会2015年发布的《2014年中国演出市场年度报告》(市场主体结构分析)的统计显示:2014年全国演出经纪机构总数为4578家,其中国有演出经纪机构591家,民间演出机构3987家,持有演出经纪人资格证的从业人员26938人。2014年全国演出经纪机构总收入为123.64亿元,比2013年增长8.94%。其中版权及自营收入为64.83亿元、中介收入为53.49亿元、政府补贴2.67

亿元、衍生品收入为 2.65 亿元。中介类演出收入中,企业包场及赞助收入为 15.67 亿元。可以说,改革开放缔造了中国市场经纪人的春天,为这个古老的行业注入了勃勃生机。

中国古代尤其是近现代社会经济发展的历史轨迹显示,经纪业的荣枯浮沉可谓商品经济市场的晴雨表。经纪业的呆滞与活跃,直接关系到商品市场的凋敝与繁荣,关联着社会经济的发展与滞后。经纪市场的活跃,必然带来商品市场的繁荣。这一点,已为古今中外经济发展所反复印证,还将继续为未来进一步印证。中国经纪人行业的沉浮与流变轨迹所提供的理据及其所印证的,也是这样的道理。

四、历代著名牙商故实考略

如果说周秦时期的"质人"兼具居间经纪人性质的话,则可谓其是中国经纪人行业的发端。中国真正意义上的经纪人,当以春秋时期居间贩马的驵侩为始祖。"驵"者,居间说合也。"侩",古亦作"会",居间议价也。

魏晋时期,"驵侩"已开始不断扩展,从最初的马或牛经纪逐渐扩展到市肆多种商品交易活动,于是出现了"市侩"之谓。《三国志·魏志·裴潜传》有"长安市侩有刘仲始者"之说。从"驵侩"到"市侩"这一职事称谓用语的微妙变化,是经纪人行业伴随市场经济发展而发展变化的产物。

那么,中国经纪人既然发端自周秦时期的"质人",又何以不径以"市侩"名之呢?说来与"马"直接相关。

考古成果显示,在中国马的驯化与饲养,可追溯至4000多年前。许慎《说文解字》部首的"马"部,已经辑有与之相关的字词115个,重文8个,新附字5个,构成以汉字"马"为关键词链条的中国"马文化史"。

传统中国社会是在以农耕经济为主体兼有游牧经济的基础上形成的,驯化了的马的功能得到了全面的开发利用:作为农业生产工具,拉犁播种;作为交通工具,载人拉车运物;战争中,又成了重要军事装备,关乎胜负成败,马到成功、兵强马壮、单枪匹马、人仰马翻、兵荒马乱、马革裹尸、千军万马、秣马厉兵、汗马功劳等成语,都印证了马之于战争的重要。一言以蔽之,"马政"关乎国计民生。战国初期,时人向魏国国君武侯进谏时亦用相马之术引发武侯的喜悦。《庄子·杂篇·

徐无鬼》记有一例：

> 徐无鬼因女商见魏武侯，武侯劳之曰："先生病矣，苦于山林之劳，故乃肯见于寡人。"徐无鬼曰："我则劳于君，君有何劳于我？君将盈耆欲，长好恶，则性命之情病矣；君将黜耆欲，牵好恶，则耳目病矣。我将劳君，君有何劳于我？"武侯超然不对。少焉，徐无鬼曰："尝语君吾相狗也：下之质，执饱而止，是狸德也；中之质，若视日；上之质，若亡其一。吾相狗又不若吾相马也。吾相马：直者中绳，曲者中钩，方者中矩，圆者中规。是国马也，而未若天下马也。天下马有成材，若卹若失，若丧其一。若是者，超轶绝尘，不知其所。"武侯大悦而笑。徐无鬼出，女商曰："先生独何以说吾君乎？吾所以说吾君者，横说之则以《诗》《书》《礼》《乐》，从说则以《金板》《六韬》，奉事而大有功者不可为数，而吾君未尝启齿。今先生何以说吾君？使吾君说若此乎？"徐无鬼曰："吾直告之吾相狗马耳。"女商曰："若是乎？"曰："子不闻夫越之流人乎？去国数日，见其所知而喜；去国旬月，见所尝见于国中者喜；及期年也，见似人者而喜矣。不亦去人滋久，思人滋深乎？夫逃虚空者，藜藋柱乎鼪鼬之径，良位其空，闻人足音跫然而喜矣，又况乎昆弟亲戚之謦欬其侧者乎！久矣夫，莫以真人之言謦欬吾君之侧乎！"

显然，徐无鬼是以相马术作饵而"言他"。

文天祥《正气歌》："在齐太史简，在晋董狐笔。"于此，就历史文献所见，选辑10位因不同际遇直接有缘于"驵侩"的人物故实略作简要评述，探析中国牙商历史的另一侧面。

1. 从"伯乐相马"说起

养马、驯马、用马、选马、买马、卖马等，无不关涉相马，于是便产生形形色色的专兼职相马人，于是便产生了一代又一代的相马名师和驵侩。马匹之于社会生活如此重要，马匹的交易亦必然非常关键，于是，驵侩在众牙商中凸现出来，成为牙商、市侩最初的代名词。于是，驵侩成为中国历史上最初也是最有影响的经纪人，被奉为行业祖师。正因如此,在中国历史上很早就涌现出一批著名的相马人和驵侩,如《吕氏春秋》所云,"古之善相马者",有寒风、麻朝、子女厉、卫忌、许鄙、投伐褐、管青、陈悲、秦牙、赞君,"凡此十人者,皆天下之良工也"。

相传有一位因为秦穆公相马而著称于世的人,姓孙名阳,史书称"伯乐"。后世遂以"伯乐"作为善于发现、识别、培养或无私推荐使用人才的代名词。唐代陆德明《经典释文》:"伯乐,姓孙名阳,善驭马。"因而,古人往往直言孙阳相马。如平曾《縶白马诗上薛仆射》诗云:"自知毛骨还应异,更请孙阳仔细看。"孙阳作为著名相马大师的形象几乎成了类似"伯乐相马"一样的典故,往往入诗。曹唐《病马五首呈郑校书章三吴十五先辈》诗云:"阶前莫怪垂双泪,不遇孙阳不敢嘶。"李群玉《投从叔》诗云:"孙阳如不顾,骐骥向谁嘶。"又《辱绵州于中丞书信》诗云:"一缄垂露到云林,中有孙阳念骥心。"殷尧藩《暮春述怀》诗云:"此时若遇孙阳顾,肯服盐车不受鞭。"

孙阳何以谓之"伯乐"?通常认为,乃因星宿得名。对此,古人早有论述,只是被今人往往忽略。《庄子·马蹄》:"及至伯乐。"陆德明《经典释文》引战国时期魏国天文学家石申(一名石申夫)所著《石氏星经》:"伯乐,天星名,主典天马。孙阳善驭,故以为名。"《晋书·天文志上》:"传舍南河中五星曰造父,御官也。一曰司马,或曰伯乐。"《毛传》谓:"既伯既祷,马祭也。伯,祭马祖也。将用马力,必先祭其先。"《尔雅注疏》卷六《释天第八》汇辑了关于马祖天驷星之说,亦可见之一斑:"伯,马祖也。重物慎微,将用马力,必先为之祷其祖。祷,祷获也。"郭璞注云:"伯,祭马祖也。将用马力,必先祭其先。"伯是祭马祖,为马而祭,故马祖谓之伯。伯,长也。《周礼》郑玄注云:"马祖,天驷房也。"彼注云:"龙为天马,故房四星谓之天驷。"马,国之大用,王者重之,故《夏官·校人》曰"春祭马祖""夏祭先牧""秋祭马社""冬祭马步"。注云:"马祖,天驷。""先牧,始养马者。""马社,始乘马者。""马步,神为灾害马者。"四时各有所祭,马祖祭之在春,其常也,而将用马力,则又用彼礼以祷之。

此外,《楚辞·东方朔〈七谏·怨世〉》:"骥踌躇于弊輂兮,遇孙阳而得代。"王逸注:"孙阳,伯乐姓名也。"晋代葛洪《抱朴子·审举》:"虽有孙阳之手,而无骐骥之足,则不得致千里矣。"金代元好问《虞坂行》:"孙阳骐骥不竝世,百万亿中时有一。"

那么,是先有伯乐还是先有马祖天驷星呢?只有古人发现天驷星在先,才有将相马大师孙阳比附为马祖天驷星的可能。

古人经常以"伯乐相马"典故入诗,更多的还是讲伯乐相马,如张九龄《南还以诗代书赠京师》云:"上惭伯乐顾,中负叔牙知。"李咸用《投知》云:"嘶风重诉牵盐耻,伯乐何妨转眼看。"李群玉《骊马》云:"伯乐傥一见,应惊耳长垂。"杜甫《天育骠骑歌》云:"如今岂无騕褭与骅骝,时无王良伯乐死即休。"汪遵《吴坂》云:"不缘伯乐称奇骨,几与驽骀价一齐。"陈去《赋得骐骥长鸣》云:"向非逢伯乐,谁足见其长。"韩琮《咏马》云:"曾经伯乐识长鸣,不似龙行不敢行。"

山东菏泽成武县城西北有伯乐集村,相传为伯乐故里。伯乐集村南有伯乐冢,北宋地理学家乐史所撰《太平寰宇记》"济阴县"条所记:"伯乐冢,秦人善相马者,葬于此。"宋代文学家强至七言绝句《过伯乐庙》云:

　　庙下孤坟偿是非,坏檐仄柱若凭依。

　　门前过马空骧首,那得当年一顾归。

历代以"伯乐相马"典故为题材的书画艺术品不绝于世。如宋代郑思肖绘有著名的《伯乐相马图》,题画诗云:

　　冀地群中不可留,如龙走地绝无俦。

　　何劳伯乐一相顾,抹过西风数百州。

其他,如"扬州八怪"之一黄慎画的《伯乐相马图轴》等。在福州市博物馆馆藏文物精品中,有一幅徐悲鸿题赠好友陈子奋的《伯乐相马图》。

清代黄慎《伯乐相马图轴》(局部)

何为"相马人"？相马有术者也。何人相马有术？就生计职事而言，显然是养马人、马医和贩马的经纪人驵侩。

史籍记载，伯乐以及经他推荐的九方皋，都是秦穆公时名噪一时的"相马人"。当时，至少有十位以上的著名相马人，那么伯乐何以脱颖而出呢？《吕氏春秋·恃君览·观表》云：

> 古之善相马者，寒风相口齿，麻朝相颊，子女厉相目，卫忌相髭，许鄙相尻，投伐褐相胸胁，管青相唇吻，陈悲相股脚，秦牙相前，赞君相后。凡此十人者，皆天下之良工也。

伯乐如何鉴马、识马？《庄子》外篇卷四《马蹄》云："马，蹄可以践霜雪，毛可以御风寒，吃草饮水，翘足而陆，此马之真性也。虽有义台路寝，无所用之。及至伯乐，曰：'我善治马。'"又《列子集释》卷八《说符篇·九方皋相马》记载：

> 秦穆公谓伯乐曰："子之年长矣，子姓有可使求马者乎？"伯乐对曰："良马可形容筋骨相也。天下之马者，若灭若没，若亡若失，若此者绝尘弭辙，臣之子皆下才也，可告以良马，不可告以天下之马也。臣有所与共担纆薪菜者，有九方皋，此其于马非臣之下也。请见之。"
>
> 穆公见之，使行求马，三月而反报曰："已得之矣，在沙丘。"穆公曰："何马也？"对曰："牝而黄。"使人往取之，牡而骊。
>
> 穆公不说，召伯乐而谓之曰："败矣，子所使求马者！色物牝牡尚弗能知，又何马之能知也？"伯乐喟然太息曰："一至于此乎！是乃其所以千万臣而无数者也。若皋之所观，天机也，得其精而忘其粗，在其内而忘其外；见其所见，不见其所不见，视其所视，而遗其所不视。若皋之相者，乃有贵乎马者也。"
>
> 马至，果天下之马也。

由此可知，伯乐之所以是伯乐，不仅仅长于相马，还擅长识才荐才。九方皋，一名"九方湮"，原本无名的山野鄙人，春秋时的相马家，由于伯乐的荐举而博得大名，名垂青史。

"伯乐"以相马青史留名，汉代韩婴《韩诗外传》卷七载："使骥不得伯乐，安得千里之足？"唐贞元十一年至十六年（795—800）年间，韩愈初登仕途，曾三次上书宰相请求擢用,结果"足三及门,而阍人辞焉","志不得通",等待40余日方见眉目,一时间郁郁不得志。于是,写了一篇《马说》。

  世有伯乐,然后有千里马。千里马常有,而伯乐不常有。故虽有名马,祇辱于奴隶人之手,骈死于槽枥之间,不以千里称也。

  马之千里者,一食或尽粟一石。食马者不知其能千里而食也。是马也,虽有千里之能,食不饱,力不足,才美不外见,且欲与常马等不可得,安求其能千里也?

  策之不以其道,食之不能尽其材,鸣之而不能通其意,执策而临之,曰:"天下无马!"呜呼! 其真无马邪? 其真不知马也!

历来以怀才不遇寓之为未遇伯乐,乃借韩愈之说感叹"世有伯乐,然后有千里马。千里马常有,而伯乐不常有"。《韩诗外传》卷八:"昔者,田子方出,见老马于道,喟然有志焉。以问于御者曰:'此何马也?'曰:'做公家畜也。罢而不能用,故出放也。'田子方曰:'少尽其力而老弃其身,仁者不为也。束帛而赎之。穷士闻之,知所归心矣。'"曹植《求自试表》:"臣闻骐骥长鸣,伯乐昭其能。"清代纳兰性德《长安行赠叶訒庵庶子》云:"世无伯乐谁相识,骅骝日暮空长嘶。"

伯乐相马名噪一时,市上贩马自以其言为是,一言既出乃如九鼎,言之轻重是非,则关乎生意是否成交、价位几何,堪谓超级驵侩。《战国策·燕二·苏代为燕说齐》载:

  苏代为燕说齐,未见齐王,先说淳于髡曰:"人有卖骏马者,比三旦立于市,人莫之知。往见伯乐曰:'臣有骏马,欲卖之,比三旦立于市,人莫与言,愿子还而视之,去而顾之,臣请献一朝之贾。'伯乐乃还而视之,去而顾之,一旦而马价十倍。今臣欲以骏马见于王,莫为臣先后者,足下有意为臣伯乐乎? 臣请献白璧一双,黄金万镒,以为马食。"淳于髡曰:"谨闻命矣。"入言之王而见之,齐王大说苏子。

如此而言,伯乐与九方皋,是相马师、驵侩,还是兼而有之? 实有疑惑,然乏实证可考,不得而知,权存疑罢了。

《帝鉴图说·振贷贫民》　　　　　　《帝鉴图说·却千里马》

明朝中后期政治家、万历年间的内阁首辅张居正,曾为当时年仅十岁即已登基的小皇帝明神宗(万历皇帝)朱翊钧撰写了一部教科书——《帝鉴图说》。张居正颇推崇"以德治天下"的汉文帝刘恒,书中讲了数则汉文帝为帝之道的德政故实。其中,有一则出自《汉书·贾捐之传》:"汉史记:文帝时,有献千里马者。帝曰:'鸾旗在前,属车在后;吉行五十里,师行三十里。朕乘千里马,独先安之?'下诏不受。"在当年,世人对千里马求之若渴、千金难求,但是,当有人试图以之讨好贿赂汉文帝时,他却不为所动,并断然拒绝,足见其德。

"世有伯乐,然后有千里马。千里马常有,而伯乐不常有",成了后世常常借以抱怨怀才不遇之语。

元人袁桷《清容居士集·示从子瑛》有诗云:"隔竹引龟心有想,按图索骥术难灵。"句中的"按图索骥"亦属源自伯乐相马典故的一个著名成语。究其出处,有二:一是东汉班固《汉书·梅福传》:"今不循伯者之道,乃欲以三代选举之法取当时之士,犹察伯乐之图,求骐骥于市,而不可得,亦已明矣。"至明代,则在语句上更加凝练而为今人广泛接受,约定俗成而定格。如赵汸《葬书问对》中语,"每见一班按图索骥者,多失于骊黄牝牡";杨慎《艺林伐山》中语,"此所谓'按图索骥'也"。后来,至清人洪棣园笔下的《后南柯·访旧》将之与"刻舟求剑"排比并列寓指刻板行事,"南之裸将,刻舟求剑,按图索骥,是求材必视乎门荫,用人必限以资格,千古铨政之坏,人才不兴,大都由此"。

伯乐相马名声大震,乃至良马宝骥以遇伯乐为幸,以伯乐为知己。如《战国策·楚策四·骥遇伯乐》所述:

> 夫骥之齿至矣,服盐车而上太行。蹄申膝折,尾湛胕溃,漉汁洒地,白汗交流。中阪迁延,负辕不能上。伯乐遭之,下车攀而哭之,解纻衣以幂之。骥于是俯而喷,仰而鸣,声达于天,若出金石之声者,何也?彼见伯乐之知己也。

甚至年龄衰老之际的"诗仙"仍渴盼获得"伯乐"的知遇之恩。李白的杂言诗《天马歌》,是诗人于乾元二年(759)流放夜郎中途遇赦时所写,虽已落魄顾影自怜,仍以"天马"自诩,渴望伯乐出现为之创造人生新机遇。诗云:

> 天马来出月支窟,背为虎文龙翼骨。
> 嘶青云,振绿发,兰筋权奇走灭没。
> 腾昆仑,历西极,四足无一蹶。
> 鸡鸣刷燕晡秣越,神行电迈蹑慌惚。
> 天马呼,飞龙趋,目明长庚臆双凫。
> 尾如流星首渴乌,口喷红光汗沟朱。
> 曾陪时龙蹑天衢,羁金络月照皇都。
> 逸气棱棱凌九区,白璧如山谁敢沽。
> 回头笑紫燕,但觉尔辈愚。
> 天马奔,恋君轩,駷跃惊矫浮云翻。
> 万里足踯躅,遥瞻阊阖门。
> 不逢寒风子,谁采逸景孙。
> 白云在青天,丘陵远崔嵬。
> 盐车上峻坂,倒行逆施畏日晚。

>伯乐翦拂中道遗,少尽其力老弃之。
>
>愿逢田子方,恻然为我悲。
>
>虽有玉山禾,不能疗苦饥。
>
>严霜五月凋桂枝,伏枥衔冤摧两眉。
>
>请君赎献穆天子,犹堪弄影舞瑶池。

其情可感,其意亦佳,然非适宜之天时、地利、人和,伯乐亦无可奈何。

2.一代大驵段干木

成语"干木富义"比喻贤人良士,语出《三国志·魏书·卫臻传》:"魏明帝诏曰:'昔干木偃息,义压强秦。'"至唐李瀚《蒙求》凝练定格为"干木富义,于陵辞聘"。事迹主要源自《淮南子·修务训》:"段干木辞禄而处家,魏文侯过其闾而轼之。其仆曰:'君何为轼?'文侯曰:'段干木在,是以轼。'其仆曰:'段干木布衣之士,君轼其闾,不已甚乎?'文侯曰:'段干木不趋势利,怀君子之道,隐处穷巷,声施千里,寡人敢勿轼乎?段干木光于德,寡人光于势;段干木富于义,寡人富于财。势不若德尊,财不若义高。干木虽已易寡人不为,吾日悠悠惭于影,子何以轻之哉?'"

西晋左思五言律诗《咏史·吾希段干木》歌颂段干木为国立功不求爵禄的高尚情操。诗云:

>吾希段干木,偃息藩魏君。
>
>吾慕鲁仲连,谈笑却秦军。
>
>当世贵不羁,遭难能解纷。
>
>功成耻受赏,高节卓不群。
>
>临组不肯绁,对珪宁肯分?
>
>连玺耀前庭,比之犹浮云。

清代黄立世亦有《汾州有怀段干木》诗:

>魏国有高士,高卧遏秦师。

文侯走相见，逾垣惟恐迟。

清节不可屈，浮云不可移。

一见大难事，乃欲奔走之。

朝上山之颠，暮临水之湄。

罗者尚薮泽，冥冥鸿已飞。

段干木"厌世乱而甘恬退"，终身不仕，晚年隐于市井穷巷而非与世隔绝，在山林过着恬淡安逸的读书讲学生活，研读传授儒家《诗》《书》《礼》《乐》之学，被誉为"圣人之徒"。

关于段干木，史籍多有零散记载。如：

"段干木，晋国之大驵也，学于子夏。……魏文侯见段干木，立倦而不敢息。及见翟璜，踞于堂而与之言。翟璜不说。文侯曰：'段干木，官之则不肯，禄之则不受。今女欲官则相位，欲禄则上卿，既受吾实，又责吾礼，无乃难乎？'"（《吕氏春秋·尊师》）

"文侯受子夏经艺，客段干木，过其闾，未尝不轼也。秦尝欲伐魏，或曰：'魏君贤人是礼，国人称仁，上下和合，未可图也。'文侯由此得誉于诸侯。"（司马迁《史记·魏世家》）

"木，晋人也，守道不仕。魏文侯欲见，造其门，干木逾墙避之。文侯以客礼待之，出过其间而轼。其仆曰：'君何轼？'曰：'段干木贤者也，不趣势利，怀君子之道，隐处穷巷，声驰千里，吾安得勿轼！干木先乎德，寡人先乎势；干木富乎义，寡人富乎财。势不若德贵，财不若义高。'又请为相，不肯。后卑己固请见，与语，文侯立倦不敢息。"（《三家注》[1]引皇甫谧[2]的《高士传》）

也就是说，段干木年轻时曾一度以驵侩为生计，是商人出身，而且非常成功，

---

[1] 即《史记》的《三家注》，系南朝宋裴骃《史记集解》、唐司马贞《史记索隐》、唐张守节《史记正义》的合称。原各单行。《四库提要》认为散列正文下并合为一编，始于北宋。

[2] 皇甫谧，幼名静，字士安，自号玄晏先生，生于215年，卒于282年。系东汉名将皇甫嵩曾孙，魏晋著名学者、医学家、史学家。一生以著述为业。晋武帝时，曾累征不就，自表借书，武帝赐书一车。除著有《历代帝王世纪》《高士传》《逸士传》《列女传》《元晏先生集》等书外，所著《针灸甲乙经》是中国第一部针灸学的专著。后来患风痹疾，仍手不释卷，同时研究针灸，被誉为"针灸鼻祖"。

成为一代"大驵",堪谓中国经纪人行业的祖师。当其经商有成有了一定经济基础之后,便求学于子夏,成为孔子的再传弟子,并与田子方、李克、翟璜、吴起等一起成为魏国著名的才士。又因其潜学守道,不事诸侯,受到魏文侯敬重。据传,晋文侯慕其名,急欲请其出山辅国,段干木却不为心动。因而,每过段干木家门,定站立伏于车前横木,以示尊敬。此即《吕氏春秋·期贤》篇所载:"魏文侯过段干木之闾而轼之。其仆曰:'君胡为轼?'曰:'此非段干木之闾欤?段干木盖贤者也,吾安敢不轼?'……其仆曰:'然则君何不相之?'于是君请相之,段干木不肯受。则君乃致禄百万,而时往馆之。"于是,"国人皆喜,相与诵之曰:'吾君好正,段干木之敬;吾君好忠,段干木之隆。'"在《新序·杂事篇》和《诗纪前集》中,也都记有此事。

据载,段干木曾经以马市驵侩为生计,亦即牙商出身。如果说段干木曾经以马市驵侩为生计,至少,周秦时期的经纪人还没有降至市侩者流的低贱档次,社会地位也没那么卑微。

段干木(约前475—前396),复姓段干,名木,春秋末魏国安邑(今运城市安邑镇)人。当时,其数名好友先后为将,唯段干木清高隐居。从史籍记载可知,他是一位孔门再传弟子,是真正的"儒商"。至于其如何从事牙商行当并成为"大驵",史籍失载,不得而知,唯存"干木富义"事迹而已。

3. "侩牛自隐":避世墙东王君公

> 江上霜风透弊袍,区区无奈簿书劳。
> 衰迟始忆壮游乐,仕宦更知归卧高。
> 人怪羊裘忘富贵,我从牛侩得贤豪。
> 俗间问讯真成懒,有手惟堪把蟹螯。

此诗系南宋诗人陆游的七律《寓叹二首》之一。诗中"人怪羊裘忘富贵,我从牛侩得贤豪",前句中的"羊裘",显然是引用汉武帝时严子陵"隐身不见……披羊裘钓泽中"①的典故;后一句所咏之"牛侩""贤豪",则并非一般意义上所言贩牛的牙侩,而是引用东汉王君公隐居墙东以侩牛为生计的典故。

《后汉书·逸民传》载:"初,萌与同郡徐房、平原李子云、王君公相友善,并晓阴阳,怀德秽行。房与子云养徒各千人,君公遭乱独不去,侩牛自隐。时人谓之论曰:'避世墙东王君公。'"唐代李贤注引嵇康《高士传》曰:"君公明易,为郎。数言事不用,乃自污与官婢通,免归。诈狂侩牛,口无二价也。"《太平御览》卷八二八引晋代司马彪《续汉书》亦载:"平原王君公以明道,深晓阴阳,怀德灭行,和光同尘,不为皎皎之操。王莽世,退身侩牛自给,有似蜀之严君平。"于是,后世因以侩墙东、侩牛、墙东客、学刽牛、牛侩、避世墙东、避世贤、隐墙东等作为同源典故写入诗文之中。再如北周庾信《和乐仪同苦热》诗云:"寂寥人事屏,还得隐墙东。"唐代白居易《欲与元八卜邻先有是赠》诗云:"平生心迹最相亲,欲隐墙东不为身。"宋代陆游《秋稼渐登识喜》云:"老翁自笑无它事,欲隐墙东学侩牛。"明代盛敏耕《得胜令·题陈荩卿卜筑莫愁湖》套曲:"生事依牛侩,论交托狗屠。"清代阎尔梅《汧置草堂读史诗》:"更考逸民删作伴,不须牛侩辱墙东。"方文《吴岱观招予移居武林赋此》:"况容隣女分华烛,避世墙东愿不违。"毛奇龄《平太翁初度》:"著书何必向函关,避世墙东也驻颜。"……

4.雍伯种玉得妻拜大夫

常言说:"种瓜得瓜,种豆得豆。"那么,凡种什么都会得什么吗?任何事物都可能通过种植获得吗?显然不是。孰知中国历史上还真有"种玉得玉"的典故,此即《蒙求》所言"雍伯种玉"②。唐代卢纶《送王尊师》"种玉非求捻,烧金不为贫",李商隐《喜雪》"有田皆种玉,无树不开花",韦渠牟《杂歌谣辞》"几处留丹灶,何时

---

① 《后汉书·逸民传》载:"严光,字子陵,一名遵,会稽余姚人也。少有高名,与光武同游学。及光武即位,乃变名姓,隐身不见。帝思其贤,乃令以物色访之。后齐国上言,有一男子,披羊裘钓泽中。帝疑其光,乃备安车玄𫄸,遣使聘之,三反而后至……除为谏议大夫。不屈,乃耕于富春山,后人名其钓处为严陵濑焉。"

② 〔唐〕李瀚撰、〔宋〕徐子光注《蒙求集注》:"雍伯种玉,黄寻飞钱。"

种玉田",刘庭琦《奉和圣制瑞雪篇》"何处田中非种玉,谁家院里不生梅"……皆取此典故。更有以此比喻种葡萄者,如刘禹锡《葡萄歌》:"自言我晋人,种此如种玉。"

这个充满美好愿望的典故,相传出自东晋人干宝所撰《搜神记》卷十一:

> 杨公伯雍,洛阳县人也。本以侩卖为业。性笃孝。父母亡,葬无终山,遂家焉。山高八十里,上无水,公汲水,作义浆于坂头,行者皆饮之。三年,有一人就饮,以一斗石子与之,使至高平好地有石处种之,云:"玉当生其中。"杨公未娶,又语云:"汝后当得好归。"语毕不见。乃种其石。数岁,时时往视,见玉子生石上,人莫知也。有徐氏者,右北平著姓,女甚有行,时人求,多不许。公乃试求徐氏。徐氏笑以为狂,因戏云:"得白璧一双来,当听为婚。"公至所种玉田中,得白璧五双,以聘。徐氏大惊,遂以女妻公。天子闻而异之,拜为大夫。乃于种玉处,四角作大石柱,各一丈,中央一顷地,名曰"玉田"。

"杨公伯雍",在历代有关文献中叫法不一,诸如阳伯雍、阳雍伯、杨雍伯、杨翁伯、阳翁伯、羊公等。如《太平御览》卷八二八《资产部》八《驵侩》:"《搜神记》曰:'羊公,字雍伯,洛阳人,本以侩卖为业。性笃孝,父母终,葬无终山,遂家焉。'"《御定渊鉴类函》卷三五七《产业部》三载:"《后汉书》曰:'羊公字雍伯,性孝,本以侩卖为业。'"又《续道藏》引《搜神记》曰:"义浆羊公雍伯,雒阳人。汉朝宰相。"若用两句话概括,则可谓"笃孝雍伯本牙侩,种玉得妻拜大夫"。

5.亡命马侩吴子颜,差强人意汉将军

"独抱遗经唐处士,差强人意汉将军",语出宋代吕本中《童蒙训》卷上:

> 荥阳公年二十一,时正献公使入太学,在胡先生席下,与伊川先生邻斋。伊川长荥阳公才数岁,公察其议论,大异,首以师礼事之。其后杨应之国宝、邢和叔恕、左司公待制皆师尊之,自后学者遂众,实自荥阳公发之也。……
>
> 荥阳公尝说:"杨十七学士应之乐善少比,闻一善言,必书而记之。"荥阳公尝书于壁云:"惟天子为能备物,惟圣人为能备德。"应之遽取笔录记之。

杨应之劲挺不屈,自为布衣,以至官于朝,未尝有求于人,亦未尝假人以言色也。笃信好学,至死不变。荥阳公尝赠之以诗云:"独抱遗经唐处士,差强人意汉将军。"应之,元祐间用范丞相尧夫荐馆职,不就试,除太学博士。出为成都转运判官,有属官与之辩论,应之嘉其直,即荐之朝。

其中所说"差强人意汉将军"之"亡命马侩吴子颜"者,即东汉开国名将、军事家吴汉。《后汉书·吴汉传》记载其事迹:"吴汉,字子颜,南阳宛人也。家贫,给事县为亭长。王莽末,以宾客犯法,乃亡命至渔阳。资用乏,以贩马自业,往来燕、蓟间,所至皆交结豪杰。更始立,使使者韩鸿徇河北。或谓鸿曰:'吴子颜,奇士也,可与计事。'鸿召见汉,甚悦之,遂承制拜为安乐令。"就是说,吴汉家境贫困,曾被县里任命为职位十分低微的亭长。王莽末年,因为门下宾客犯法而脱离户籍逃亡到渔阳(今北京市密云区西南)时,钱财费用等都用光了,于是便往来于燕地和蓟城之间以贩马为生计。为了谋生,其所到之处都交结当地豪杰。更始帝刘玄即位之后,派遣使者韩鸿巡视河北地界时曾听人说"吴子颜是位奇异之人,可与之商议大事",便召见了吴汉,见面后感到非常满意,就向朝廷推荐任命吴汉出任安乐县县令。新朝王莽末年,天下大乱,刘秀在家乡乘势起兵,并于公元25年与更始政权公开决裂,于河北鄗南千秋亭登基称帝,史称"东汉"。随即,吴汉投至刘秀麾下效力。自此,时来运转,大展才能,屡建功勋,最终成了东汉的开国元勋之一。

其间,刘秀平定河北之后,经吴汉与诸将一同劝进登基。刘秀即位后,拟依据谶语任命孙咸为大司马,遭致群臣反对。于是让群臣推举,结果众人推举吴汉和景丹。刘秀也认为吴汉有"诛苗幽州、谢尚书"的功劳,即封其为大司马统率全军,随即又封之为舞阳侯。吴汉性格好强,每次出征,刘秀都不免有点担心。"诸将见战陈不利,或多惶惧,失其常度。汉意气自若,方整厉器械,激扬士吏。帝时遣人观大司马何为,还言方修战攻之具,乃叹曰:'吴公差强人意,隐若一敌国矣。'"(《后汉书·吴汉传》)于此,"差强人意"成了一个后人常用的成语,意思是还能振奋人们的意志或还好、尚可人意。如《周书·李远传》:"若以奇兵出其不意,事或可济……太祖喜曰:'李万岁所言,差强人意。'"

在中国历史上,吴汉是个备受赞誉的人物。例如,《后汉书·吴汉传》论曰:

—— 104 ——

"吴汉自建武世,常居上公之位,终始倚爱之亲,谅由质简而强力也。子曰'刚毅木讷近仁',斯岂汉之方乎？昔陈平智有余以见疑,周勃资朴忠而见信。夫仁义不足以相怀,则智者以有余为疑,而朴者以不足取信矣。"又赞曰:"吴公鸷强,实为龙骧。电埽群孽,风行巴、梁。"

永平三年(60),汉明帝命人绘二十八功臣像,挂于南宫云台,即所谓"云台二十八将",吴汉名列其中第二位。居"云台二十八将"第一位的邓禹称赞吴汉:"吴汉与邓弘俱客,苏弘称道之。禹数与语,其人勇鸷有智谋,诸将鲜及。"(《东观汉记》卷十)诸葛亮说:"治世以大德,不以小惠,故匡衡、吴汉不愿为赦。"(《资治通鉴》卷七十五)唐代虞世南说:"汉祖之臣,三杰是也;光武之佐,二十八将是也。岂得以邓禹、吴汉匹于张良、韩信者乎？"(《唐文拾遗》卷一三)唐代张说说:"光乘积学而善谋,求之古人,吴起、韩信敌也;师倩沈勇而能断,求之古人,彭越、吴汉类也;思齐忠壮而异材,求之古人,张飞、许褚等也。"(《全唐文》卷二二三)唐代张仲宣对策中论说:"汉有二十八将者,上应二十八宿也,或以文雅光国,邓禹有决胜之奇;或以武能威人,吴汉有绥边之略。功论树下,冯异之绩弥彰;冰结河中,王霸之诚尤著。"(《全唐文》卷四〇七)

建武二十年(44),吴汉病危,汉光武帝刘秀亲往探望,问及后事,吴汉道:"臣愚昧无知,只愿陛下慎重不要轻易赦免罪犯而已。"吴汉过世,赐谥号忠侯,并效法大将军霍光丧礼规格,发北军五校、兵车、甲士为之送葬①。如此这般名列"云台二十八将"名垂青史的开国功勋,遥忆当初因门客犯法而"亡命至渔阳。资用乏,以贩马自业"之马侩吴汉相去几何！

6.有德市侩刘仲始

中国牙商史上,唯一纯以布衣牙商身份于史籍有传者,是三国时魏人刘仲始,而且他还是一位有德的牙商。可以说,是一位名垂青史的著名牙商,获得史家赞

---

① 《后汉书·吴汉传》:二十年,汉病笃。车驾亲临,问所欲言。对曰:"臣愚无所知识,唯愿陛下慎无赦而已。"及薨,有诏悼愍,赐谥曰忠侯。发北军五校、轻车、介士送葬,如大将军霍光故事。

誉的有德的牙商。"布衣""有德",这两点十分难得。

然而,十分可惜,有关此人的事迹,史籍记载甚少。

南朝宋刘义庆的《世说新语·识鉴第七》、宋代李昉的《太平御览》卷八三一《资产部》,均辑有"长安市侩有刘仲始者"故实,而且所据亦取自《三国志·魏书·裴潜传》。《魏略》是魏郎中鱼豢私撰的史书,书中时或夹杂着作者的评语,名曰"鱼豢曰"。《三国志》多处注引《魏略》,关于刘仲始故实,亦然。《魏略列传》中,以徐福、严干、李义、张既、游楚、梁习、赵俨、裴潜、韩宣、黄朗十人共卷,刘仲始故实,附见于《裴潜列传》之中。

《魏略》载:

> 鱼豢曰:世称君子之德其犹龙乎?盖以其善变也。昔长安市侩有刘仲始者,一为市吏所辱,乃感激,蹋其尺折之,遂行学问,经门行修,流名海内。后以有道征,不肯就,众人归其高。余以为前世偶有此耳,而今徐、严复参之,若皆非似龙之志也,其何能至于此哉?李推至道、张工度主、韩见识异、黄能拔萃,各著根于石上,而垂阴乎千里,亦未为易也。游翁慷慨,展布腹心,全躯保郡,见延帝王,又放陆生,优游宴戏,亦一实也。梁、赵及裴,虽张、杨不足,至于检己,老而益明,亦难能也。

由此可知,"长安市侩有刘仲始者",是一位有德的布衣牙商。

7. 乱世枭雄王君廓

"长安道,隋唐宫殿生秋草。若使皆知嗣业难,争得行人望中老。"(宋代文同《长安道》)隋唐时期是中国历史上一个大一统的鼎盛时期,然而,后人同样看到:"阿谁曾自前古,看到隋唐世。几时明洁,几时昏暗,毕竟少晴多雨。"(宋代方岳《哨遍》)不过,隋唐两朝更迭之际,亦是令后世慨叹千年、枭雄四起的风云乱世。一部《隋唐演义》堪为写照。

"乾坤得见中兴主,日月重开再造图。枭雄不数云台士,杨石齐名天下无。"(明代李梦阳《石将军战场歌》)出身"驵侩"的奇人王君廓,便属于隋唐乱世"云台士"者流。"驵侩""无行""善盗"等几个关键词,可谓隋唐乱世枭雄王君廓的生动写照。《新唐书·王君廓传》载:"王君廓,并州石艾人。少孤贫,为驵侩,无行,善盗。"此乃三个关键词之由来。其如何为"驵侩"?史无详细记载,不得而知,唯因此知其出身而已。如何"无行"?《新唐书·王君廓传》没有隐晦,记载得十分清楚而且生动有趣,说他"无行,善盗。尝负竹笱如鱼具,内置逆刺,见鬻缯者,以笱囊其头,不可脱,乃夺缯去,而主不辨也,乡里患之"。大意是说,早年的王君廓为人品行不佳,惯于盗窃。曾有一次背负形似渔具的竹篓,内置倒戕刺,将一个路遇的卖丝绸小贩,用篓子扣住脑袋,令其无法摆脱,随即乘机夺走人家的丝绸,弄得失主不知遭谁抢劫。因此德行与劣行,成为乡里一大祸害。

至于这位"无行""善盗"的"驵侩"如何华丽转身成了隋唐之际的一代乱世枭雄?史书记述颇为翔实。

《新唐书·王君廓传》载:

大业末,欲聚兵为盗,请与叔俱,不从,乃诬邻人通叔母者,与叔共杀之,遂皆亡命。众稍集,掠夏、长平。河东丞丁荣拒之,且遣使慰召。君廓见使,谬为欲归首者。荣轻之,因陈兵登山,君廓悉伏甲山谷中。荣军还,掩击,破之。

又与贼韦宝、邓豹等掠虞乡,宋老生与战,君廓不利,保方山,老生列营迫之。君郭粮尽,诈请降,与老生隔涧语,祈请哀到。老生为感动,稍缓之,君廓一昔遁去。

高祖兵起,召之,不从。归李密,密不甚礼,乃归国。授上柱国、假河内太守、常山郡公,迁辽州刺史,徙封上谷,从战东都有功,为右武卫将军。诏劳之曰:"尔以十三人破贼万,自古以少制众,无有也!"赐杂彩百段。别下轩辕、罗川二县,破世充将魏隐,击粮道缑氏,沈米艘三十柁。

进爵彭国公,镇幽州。击突厥,俘斩二千,获马五千匹。入朝,帝赐所乘马,令自廷中乘以出,谓侍臣曰:"昔蔺相如叱秦王,目眦皆烈。君廓往击建德,李绩遇之,至发愤大呼,鼻耳皆流血,其勇何特古人哉!朕当不以例赏。"乃赐锦袍金带,还幽州。

会大都督庐江王瑗反,欲夺君廓兵以委王诜。君廓本给瑗使乱为己功,乃从数骑候诜,留骑于外,曰:"闻呼声则入。"乃独款诜,诈曰:"有急变,当白!"诜方沐,握发出,即斩之,因执瑗。以功授幽州都督,瑗家口悉赐之,进左光禄大夫,赐帛千段。

居职不守法度,长史李玄道数以法绳督,猜惑不自安。会被召,至渭南,杀驿史,亡奔突厥,野人斩之。太宗顾前功,为收葬,待其家如初。御史大夫温彦博奏:"君廓叛臣,不宜食封邑,有司失所宜言。"乃贬为庶人。

王君廓(?—627),并州石艾(今山西平定)人,有勇有谋,但为人狡黠多变,唐开国功臣之一。王君廓早年曾聚众为盗,投靠瓦岗军后又率众归唐,跟随秦王李世民平定王世充、刘黑闼,诛杀庐江王李瑗,以平叛英雄自居。先后封上柱国,历任左领军、大将军,兼幽州都督,迁左光禄大夫,进爵彭国公。入朝后,因骄纵越法而心中不安,杀死渭南驿吏,叛逃突厥途中不意为乡野乱民所杀。唐贞观十七年二月,唐太宗李世民为怀念当初一同打天下的众位功臣,命阎立本在凌烟阁内描绘了二十四位功臣图像,作为彰显和纪念。王君廓虽然一度贵为开国功臣之一,在唐太宗心中的地位甚为显赫,但由于其最终蜕为叛臣,自然不能入阁。

8."互市牙郎"安禄山与史思明

历史上,晋有大驵名士段干木,至唐则有牙郎出身的逆臣安禄山和叛将史思明。一贤一贰,同为经纪人出身,作为却大相径庭。安禄山和史思明共同制造了中国历史上著名的"安史之乱"。

关于安禄山和史思明两人的生平事迹,《旧唐书》卷二〇〇记载甚详,毋庸赘言,不妨移录如下:

安禄山,营州柳城杂种胡人也。本无姓氏,名轧荦山。母阿

《帝鉴图说·宠幸番将》中的安禄山

史德氏,亦突厥巫师,以卜为业。突厥呼斗战为轧荦山,遂以名之。少孤,随母在突厥中,将军安波至兄延偃妻其母。开元初,与将军安道买男俱逃出突厥中。道买次男贞节为岚州别驾,收获之。年十余岁,以与其兄及延偃相携而出,感愧之,约与思顺等并为兄弟,冒姓为安。及长,解六蕃语,为互市牙郎。

二十年,张守珪为幽州节度,禄山盗羊事觉,守珪剥坐,欲棒杀之,大呼曰:"大夫不欲灭两蕃耶?何为打杀禄山!"守珪见其肥白,壮其言而释之。令与乡人史思明同捉生,行必克获,拔为偏将。常嫌其肥,以守珪威风素高,畏惧不敢饱食。以骁勇闻,遂养为子。

············

史思明,本名窣干,营州宁夷州突厥杂种胡人也。姿瘦,少须发,鸢肩伛背,廒目侧鼻。性急躁。与安禄山同乡里,先禄山一日生,思明除日生,禄山岁日生。及长,相善,俱以骁勇闻。初事特进乌知义,每令骑觇贼,必生擒以归。又解六蕃语,与禄山同为互市郎。张守珪为幽州节度,奏为折冲。天宝初,频立战功,至将军,知平卢军事。尝入奏,玄宗赐坐,与语,甚奇之。问其年,曰"四十矣",玄宗抚其背曰:"卿贵在后,勉之。"迁大将军、北平太守。十一载,禄山奏授平卢节度都知兵马使。

《新唐书》卷二二五上《逆臣·安禄山传》所记有不少是取材于华阴县尉姚妆能纂别史杂记《安禄山事迹》,比《旧唐书》稍显丰满一些,但大致相同,个别处小有差异,如"互市牙郎"《新唐书》作"互市郎"。其中,需要注意的是,两人同乡、同年(仅差一日),同解六蕃语,同是曾经的牙商,同以骁勇著称,又同朝为官,而且相互友善要好,难怪能共同谋反制造出"安史之乱"。

简言之,一对出身牙郎的乡党兄弟,转身变作逆臣叛将,演绎了一出惊天动地的谋反故事。

9."盐场纲司牙侩"张士诚

在中国历史上,有个"盐场纲司牙侩"灭元朝的著名故实。元末有位著名学士叶子奇,在其所著《草木子》卷三上《克谨篇》中,记述有"盐场纲司牙侩"揭竿而起进而加速元朝灭亡的"张九四事件"。其《高邮盗张九四叛》文载:

至正壬辰年,朝廷命脱脱丞相征之。中散其兵,兵遂溃,张乃陷平江路。先是,中原上马贼剽掠淮汴间,朝齐暮赵,朝廷不能制。张为盐场纲司牙侩,以公盐挟带私盐,并缘为奸利。然资性轻财好施,甚得其下之心。当时盐丁苦于官役,遂推其为主作乱。朝廷命脱脱讨之。王师号百万,声势甚盛,众谓其平在暑刻。及抵其城下,毛葫芦军已有登其城者矣。疾其功者曰:不得总兵官命令,如何辄自先登。召其还。及再攻之,不下。未几下诏贬脱脱,师遂溃叛。乙未,张泛海以数千人陷平江路,海运遂绝。后朝廷力不能制,以诏招之。累官至司徒,自号成王,据有平江嘉兴杭州绍兴五路之地。

《明史》所记:"张士诚,小字九四,泰州白驹场亭人。有弟三人,并以操舟运盐为业,缘私作奸利。颇轻财好施,得群辈心。常鬻盐诸富家,富家多陵侮之,或负其直不酬,而弓手丘义尤窘辱士诚甚。士诚忿,即帅诸弟及壮士李伯升等十八人杀义,并灭诸富家,纵火焚其居。入旁郡场,招少年起兵。盐丁方苦重役,遂共推为主,陷泰州。高邮守李齐谕降之,复叛,杀行省参政赵琏,并陷兴化,结砦德胜湖,有众万余。元以万户告身招之,不受。给杀李齐,袭据高邮,自称诚王,僭号大周,建元天佑。是岁至正十三年也。"又明《太祖实录·张士诚本传》载:"士诚,小字九四,泰之白驹场亭民,以操舟运盐为业。少有膂力,无赖,贩盐诸富家,富家多凌侮之,或弗酬其直。弓手丘义者,屡窘辱之,士诚不胜愤。癸巳正月,遂与其弟士义、士德、士信结壮士李伯升等十八人,杀丘义并所仇富家,焚其庐舍,延烧民居甚众。自度不可已,乃入旁近场,招集少年谋起兵。行至丁溪,大姓刘子仁集众拒之,士义中矢死,士诚益愤怒,欲灭子仁,子仁众溃入内海。士诚遂乘胜攻泰州,有众万余,克兴化,结寨于得胜湖。四月,元以万户告身招之,士诚不受命。五月,攻

破高邮,入据之。"实际上,谓"九四"为其"小字",不确,实乃其名。据俞樾《春在堂随笔》卷五所考:

> 徐诚庵见德清《蔡氏家谱》有前辈书小字一行云:元制庶人无职者不许取名,止以行第及父母年齿合计为名。此于《元史》无征。然证以明高皇所称其兄之名,正是如此,其为元时令甲无疑矣。见在绍兴乡间颇有以数目字为名者,如夫年二十四,妇年二十二,合为四十六,生子即名四六。夫年二十三,妇年二十二,合为四十五,生子或为五九,五九四十五也。以上并徐君说。余考明勋臣开平王常遇春曾祖四三、祖重五、父六六。东瓯王汤和曾祖五一、祖六一、父七一,亦以数目字为名。

也就是说,按元制,无职庶民不得取名,只许以排行及父母年龄合计为名。因而,一介平民张士诚名曰"张九四"正合规制。不过,正是由于这个身为"盐场纲司牙侩"张士诚的揭竿而起,加速了元朝的灭亡。元代陶宗仪《南村辍耕录》所记:"至正十一年,天下兵起。……泰州人王克柔者,家富好施,多接游侠,将为不轨。高邮知府李齐收捕于狱。李华甫与面张四素感克柔恩,谋聚众劫狱。齐以克柔解发扬州,后招安华甫为泰州判,四为千夫长。十三年,士诚又与华甫同谋起事。未几,士诚党与十有八人共杀华甫,遂并其众,……陷通泰、高邮,自称诚王,改元天佑。"苏州是张士诚称吴王的首府,北寺塔至今仍保存有《张士诚记功碑》。碑亭内墙的木板说明书写道:"《张士诚记功碑》原称《隆午造像石刻》,是极为罕见的元代记事石雕作品。高3.06米,宽1.46米。内容是张士诚设宴款待元使伯颜的礼仪场面。张士诚(1321—1367),江苏泰州白驹场(今属江苏大丰县)人,元末义军首领。元至正十三年(1353)率盐丁起义,反对元朝统治。至正十六年,义军攻占平江(今苏州)后,追求安乐享受,逐渐变反元为降元。至正二十七年,明初的军队——朱元璋的大军攻破平江城,张士诚被擒,后自缢身死。据记载,《张士诚记功碑》为元末江南富豪沈万三为歌颂张士诚政绩而置。该碑采用高浮雕手法,琢工精细,风格与山东东汉武梁祠画像石接近,浑朴、雄健,故亭悬'武梁遗轨'之匾额。"由此可见一斑。

身为"盐场纲司牙侩"的张士诚之所以能够揭竿而起成为元朝掘墓人,首先在于其经济地位和社会地位低下。这种地位,已非宋代牙商一时成为炙手可热的热门行业时代。元代,他这个"盐场纲司牙侩",亦不过一介草民而已。田腾蛟《元代野史》第十四回《万俟蛎弃家走寿春》故事中所述,颇可参考。

> 一日有磨镜奴一、卖菜佣一、操舟牙侩一、牛医叟并剃发师五人,聚而闲谈,拍手而笑。万俟蛎适出遇之,喝左右拿下。五人方欲惊走,已被锁住,带至堂前,面面相觑。万俟蛎问各习何业,何故聚此摴蒲?磨镜者曰:"磨镜而兼补锅,偶然聚谈,并未摴蒲。"万俟蛎怒曰:"闻所谈者明系摴蒲,何言尚未?"命且监下。问卖菜者,并习烧饼师,谓其不去烧饼,不合坐而谈笑,命且监下。问操舟者系渔户,谓其不往捕鱼,不合坐而谈笑,命且监下。惟牛医翁甚黠,不待问及,先大哭曰:"小人家无斗筲,所业最窘,乃牛医耳。"

也就是说,"盐场纲司牙侩"虽说时或"以公盐挟带私盐""并缘为奸利",但与当时操磨镜奴、卖菜佣、操舟牙侩、牛医叟和剃发师五种职事生计者低下的经济地位和社会地位并无二致。"王侯将相宁有种乎"于是成了张士诚揭竿而起的潜在要素。

10.唐甄:失败的牙商

并非牙商出身但曾做过"牙人"的明末清初启蒙思想家唐甄(1630—1704),初名大陶,字铸万,号圃亭。四川达州(今达州通川区蒲家镇)人。唐甄出身于官僚地主家庭,其十一世祖唐瑜,知识渊博,智慧超群,曾辅佐明成祖朱棣,提倡"以人为本"治国理念,推行"强国富民",为"永乐盛世"、国家强盛作出了重要贡献。

唐甄于清顺治十四年(1675)中举,曾任山西长子县知县10个月,因受逃犯牵连而遭革职。重归布衣之后,曾以经商谋生,但屡屡赔本失败,乃流寓江南,在吴江潜心著述,依靠讲学卖文维持生计。其间,虽家徒四壁,食不果腹,身无完衣,甚至连父、母、兄死亦不能葬,却仍笔耕不辍,艰难度日而乐在其中。唐甄著述多种,流传下来的主要著作为《潜书》,并以此书声名卓著,与遂宁吕潜、新都费密合称"清初蜀中三杰"。梁启超高度评价唐甄,认为其为人"品格高峻、心胸广阔",为学"从阳明入手,亦带点佛学味,确然有他的自得""不为蹈空骛高之谈"。侯外庐主编的《中国思想通史》第五卷专门论述唐甄思想,把唐甄当作早期的启蒙思想家之一,认为唐甄身上体现了"独抒己见,无所蹈袭"的"颇合于17世纪中国启蒙时代的精神",而且他"已经蕴育出近代的民主思想"。

查阅唐甄《潜书》,有两篇言及牙商乃至自家从事牙商的经历。

其一《潜书·食难》(片段):

有言经可贾者,于是贱鬻其田,得六十余金,使衷及原贩于震泽,卖于吴市,有少利焉。已而经之得失不常,乃迁于城东,虚其堂,已居于内不出,使衷(甄之子)、原(甄之仆)为牙,主经客,有少利焉。

客有诮之者曰:先生昔尝举于闱中之场,宦于丹朱之封,亦不贱矣。秉心不贰,为行无遗,独违乎末俗所尚,可谓高矣;学《诗》《书》,明《春秋》,而身合乎古人之义,人皆称为君子,可谓贤矣。今春秋高矣,乃自污于贾市,窃为先生不取也。唐子曰:天下岂有无故而可以死者哉!伯夷叔齐饿死于首阳之下,所以成义也。非其义也,生为重矣。今欲假布粟于亲戚而不可得,假束藁于邻里而不可得,或得担粟于朋友而不可为常。一旦无米无藁不能出户,岂有欹门而救之者!吾虽不贵、不高、不贤,亦父母之身也,其不可以饿死也明矣。今者贾客满堂,酒脯在厨,日得微利以活家人,妻奴相保,居于市廛,日食不匮,此救死之术也。子不我贺,而乃以诮我乎?客曰:天下惟匹夫匹妇,无能无所与之人,乃有死亡之患。其有薄伎者,虽困穷无伤也。以先生之文学,达于政体,为奏为檄为谕,足以开人心而显令誉,上之可为幕府之宾,下之亦不失为司郡之馆客,亦足以给家食。奈何而自卑若此?唐子曰:子虽明于计而不明于时。上古无养贤之名,中古乃有养老之礼。养老所以教孝也,非为饮食之也。盖其时上富下足,贤者皆已在位,无待于养,此盛世之风也。降及下古,争用甲兵,不尚礼义,士乃贫而无节,于是富贵大臣收而置之门下,肉食者几千人,而皆得以赡其室家。又若关市疆场诸小吏,人皆可为之。降及末世,又有辟召署职之门,士之贫者犹有所藉焉。斯二者,降志屈身,士道亦既丧矣。然而士之无田,不至于饥饿困踣者,犹赖有此就食之所也。其在于今,斗食小官皆出于朝廷选授,虽有贤能不得为也。昔之辟召,犹盛事也。公卿贱士,士无及门者,不敢望其犬马之食,即求其鹅鹜之食而不可得也。昔之致客,犹盛事也。若其所好,则有之矣:善贾之徒、善优之徒、善使命之徒、善关通之徒。此诸徒者,多因之以得富贵矣。此其伎,士能之乎?即能之,其可为乎?子若有可得之途,吾不及缨冠而从之矣。客曰:吾尝闻先生与人言学,内制心,外制行,先明义利之辨。此吾所心服者。民之为道,士为贵,农次之,惟贾为下。贾为下者,为其为利也。是故君子不言货币,不问赢绌。一涉于此,谓之贾风,必深耻之。夫贾为下,牙为尤下,先生为之,无乃近于利乎?愿先生舍此而更图为生之计。唐子曰:吕尚卖饭于孟津,唐甄为牙于吴市,其义一也。

其二《潜书·恒悦》(片段):

吾既渐有得矣,亦必有所试矣。昔者吾行于燕市,见有鬻皮榼者,漆绘精良,可受斗酒,系以革条,挈之甚轻,可携以远游。买之以归,注酒一夜,则韧窳而酒溢于外。他日更市良者,乃适于用。未试之皮榼,不知其良不良;未试之心,焉知其恒不恒。吾自从悦入,未敢自信悦之恒然,盖试之于可忧之地而后知其能恒也。

昔者尽鬻其田,使原贾经,少有利焉。原不肖,尽亡其资。又便为牙,以主经客,客窃客金以为质,以责原负。失金者移其妻子子弟数人寝食于堂,日夜号哭而欲自经,窃金者与其属数十人,舍仆而问主,榜于衢巷,告我盗金,遂速于讼。当是之时,孤而无助,家人离心,虽非死亡之祸,实无异于秦楚之兵交攻我也。当是时,有以偿之则已,器物鬻尽无以偿之,于是客无至者,产失而行废,食尽而祸起,无以弭祸,遑恤其后,岂与颜渊之瓢饮、曾子之踵决等乎哉!士之困穷,未有至此其极者也。妻曰:过五日无食矣。即处困穷,又遭多难,多难即解,饥寒渐至。朋友不可告,亲戚不可告,何以为生乎?子近日之学专主于悦,吾恐悦无解于忧,而忧且以伤子之悦也。唐子曰:无食岂能不忧,多难岂能不忧,忧之自忧,有忧之所不及者。譬诸客之噪焉,噪于外者不溷吾堂,噪于堂者不溷吾室。心如室,非噪之所及也。又譬诸堂前之井焉,炎暑如焚,无所逃避,寒泉在下,澄然不知。心如井,非暑之所及也。内外不相及,我之所忧,亦何伤于我之所悦哉!

从《潜书》上述两篇关于唐甄曾让儿子、仆人做牙商的经历可知,其父子、主仆均不擅经商。"一涉于此,谓之贾风,必深耻之。夫贾为下,牙为尤下",之所以如此这般,实出于生计所迫、无可奈何。对于屡屡失败,自道所谓"吕尚卖饭于孟津,唐甄为牙于吴市,其义一也",是义理,亦属自嘲。

综上所记中国历史上 10 位与"驵侩"职业有关的人物,可分为三种类型。一类是以驵侩为生计职业并因此而闻名于世的,如名垂青史的"相马"名家伯乐、九方皋,三国时长安布衣市侩刘仲始;二类是曾经出身于驵侩职业,但因其他事迹而闻名于世的,如出身于"晋国之大驵"的著名政治家段干木,"种玉得妻拜大夫"的牙侩杨雍伯,"驵侩、无行、善盗"的乱世枭雄王君廓,曾经同为"互市牙郎"的安禄山与史思明,元朝的掘墓人"盐场纲司牙侩"张士诚;三类是由于变故或人生际遇失意后以驵侩职业为生计闻名于世的,如避世墙东"侩牛自隐"的王君公,差强人意亡命马侩的汉将军吴子颜,卓有建树的启蒙思想家唐甄。诸人何以如此? 首先在于驵侩是一种可以赖以谋生的社会职业;其次各自的人生际遇使然;再次是以自己的勤勉执着获得世人的首肯而名垂青史,或是在把握各自的人生际遇中获得某种令世人瞩目的事迹而闻名于世,各有其故,各有千秋。因而,历代驵侩不乏高人奇士。

五、中国古代书画市场的经纪人

书画市场是一个经营雅玩雅品、关乎雅士雅好的"雅市"。无论书侩、书驵、裱褙匠,皆属于从事书画市场居间交易的经纪人,故可谓之"雅侩"。

1. "雅市""雅侩"唐代初现端倪

眼下书画艺术界、影视界、演艺界时兴的经纪人代理的商业运作方式,似乎是一种外来的现代商业模式。不过,也有人注意到,"专业的书画中间人出现,随着书画市场的发展和繁荣,在宋元出现了书画买卖的中间人——'书侩'。所谓书侩就是经手买卖书画和书籍的中间人,书侩有很好的鉴别能力,操纵书画市场行价,他们活跃于书画市场上,联系买主、卖主,协调书画价格,从而收取一部分佣金。书侩是商品交换的产物,出现在书画买卖中,表明宋元书画作品的制作生产已经接近商品生产的原始状态,标志着宋元书画市场运作开始走向规范化"①。其实不然,远在一千多年前的唐代,书画古玩市场即已初现端倪。

在人类社会生活史上,几乎所有的文化现象都与物质生产、经营、消费相关,很难找出哪种文化现象是超脱于物质生活之外的"非物质化"的、孤立的、单纯的文化现象或文化活动。书画古玩亦不例外。书画古玩的本身,存在着大量的附着

---

① 郑会艳:《浅析唐宋以来书画市场的发展演变》,《学理论》2012 年第 2 期。

于经济或本身就兼具经济性质的事象。古往今来,作为阳春白雪"雅玩"的书画,早已进入市场流通,作为一种商品存在。杜甫《夔州歌十绝句》之八咏道:"忆昔咸阳都市合,山水之图张卖时。巫峡曾经宝屏见,楚宫犹对碧峰疑。"仇兆鳌注:"张卖,张图以卖于市也。"其之所以成为商品进入市场流通,在于市场消费的需求。诸如宫廷官府收购,各层次社会群体的鉴赏收藏,日常生活装饰的审美时尚要求,作为礼品馈赠与交换乃至进贡行贿,甚至出口海外贸易的需要,促生了唐代书画市场的形成与繁荣。从唐代张彦远《历代名画记》卷二《论鉴识收藏购求阅玩》,亦可略窥大概情景。

夫识书人多识画,自古蓄聚宝玩之家,固亦多矣(已具第一卷中)。则有收藏而未能鉴识,鉴识而不善阅玩者,阅玩而不能装褫、装褫而殊亡铨次者,此皆好事者之病也。贞观、开元之代,自古盛时,天子神圣而多才,士人精博而好艺,购求至宝,归之如云,故内府图书谓之大备。(国初左仆射萧瑀及许善心、杨素、褚安福家并进图画,兼隋代所有,乃成林薮。贞观六年虞世南、褚遂良等奉敕简阅。开元十年十二月太子中允张悱充知按访书画使。天宝中,徐浩充采访图画使。前后不可具载名氏也)或有进献以获官爵,或有搜访以获锡赉。(开元中有商胡穆聿,别识图书,遂直集贤,告许按求。至德中,白身受金吾长史,改名许。时有潘淑善,以献书画拜官。辽东人王昌,括州叶丰,长安人田颖,洛阳人杜福、刘翌,河内人齐光,皆别识贩卖。此辈虽怜业好事,而迹类藩身。又有侍御史集贤直学士史维则充使,博访图书,悬以爵赏,所获不少。建中四年,徐浩侍郎自云昏耄,奏男璹、前试国子司业兼太原县令窦蒙、蒙弟检校户部员外郎汴宋节度参谋臮,并皆别识,敕并用之。贞元初有卖书画人孙方顒,与余家买得真迹不少。今有男盈,在长安。顷年又有赵晏,皆为别识也)又有从来蓄聚之家,自号图书之府。(开元中邠王府司马窦瓒,颍川人也。右补阙席冀,安定人。监察御史潘履慎,荥阳人也。全部郎中蔡希寂,济阳人也。给事中窦绍、歙州婺源县令滕升,吴郡人也。陆曜,东郡人。福先寺僧胐、同官尉高至,渤海人也。国子主簿晁温,太原人也。零县尉崔曼倩、永王府长史陈闳,颍川人也。监察御史薛邕,太原人。郭晖,并是别识收藏之人。近则张郎中从中、侍郎惟素,从申子也。萧桂州佑、李方古、归侍郎邓道士、卢元卿、韩侍郎愈、裴侍郎璘、段相邹平公、中书令晋公裴度、李太尉德裕)蓄聚既多,必有佳者。妍蚩浑杂,亦在铨量。是故非其人,虽近代亦朽蠹;得其地,则远古亦完全。其有晋宋名迹,焕然如新,已历数百年,纸素彩色未甚败。何故开元、天宝间踪或已耗散?良由宝之不得其地也。夫金出于山,珠产于泉,取之不已,为天下用。图画岁月既久,耗散将尽,名人艺士不复更生,可不惜哉?夫人不善宝玩者,动见劳辱、卷舒失所者,操揉便损、不解装褫者,随手弃损,遂使真迹渐少,不亦痛哉?非好事者不可妄传书画,近火烛不可观书画,向风日、正餐饮、唾涕不洗手并不可观书画。昔桓玄爱重图书,每示宾客。客有非好事者,正餐寒具(按寒具即今之环饼,以酥油煮之,遂污物也),以手捉书画,大点污。玄惋惜移时。自后每出法书,辄令洗手。人家要置一平安床褥,拂拭舒展观之。大卷轴宜造一架,观则悬之。凡书画,时时舒展,即免蠹湿。余自弱年,鸠集遗失,鉴玩装理,昼夜精勤,每获一卷、遇一幅,必孜孜葺缀,竟日宝玩。可致者必货弊衣、减粝食,妻子僮仆切切嗤笑,或曰:"终日为无益之事,竟何补哉?"既而叹曰:"若复不为无益之事,则安能悦有涯之生?"是以爱好愈笃,近于成癖。每清晨间景,竹囟松轩,以千乘为轻,以一瓢为倦。身外之累,且无长物;唯书与画,犹未忘情。既颓然以忘言,又怡然以观阅。常恨不得窃观御府之名迹,以资书画之广博。又好事家难以假借,况少真本。书则不得笔法,不能结字,已坠家声,为终身之痛。画又迹不逮意,但以自娱,与夫熬熬汲汲名利交战于胸中,不亦犹贤乎?昔陶隐居,启梁武帝曰:"愚固博涉,患未能精。苦恨无书,愿作主书令史;晚爱楷隶,又羡典掌之人。人生数纪之内,识解不能周流天壤,区区惟恣五欲,实可愧耻。每以得作才鬼,犹胜顽仙。此陶隐居之志也。"由是书画皆为精妙。况余凡鄙于二道,能无癖好哉?(今彦远又别撰集《法书要录》等,共为二十卷。好事者得余二耆,则书画之事毕矣)

从张彦远《历代名画记》卷二之《论名价品第》之书画品级的划分与市场价值的分别,则可明显感受到当时书画市场的繁荣与成熟。

或曰:"昔张怀瓘作《书估》,论其等级甚详,君曷不铨定自古名画,为画估焉?"张子曰:"书画道殊,不可浑诘。书即约字以言价,画则无涯以定名。况汉魏三国名踪已绝于代,今人贵耳贱目罕能详鉴。若传授不昧,其物犹存,则为有国有家之重宝。晋之顾、宋之陆、梁之张,首尾完全,为希代之珍,皆不可论价。如其偶获方寸,便可械持。比之书价,则顾陆可用钟张,僧繇可同逸少。书则逡巡可成,画非岁月可就。所以书多于画,自古而然。今分为三古以定贵贱:以汉魏三国为上古,则赵岐、刘褒、蔡邕、张衡(已上四人后汉),曹髦、杨修、桓范、徐邈(已上四人魏),曹不兴(吴),诸葛亮(蜀)之流是也。以晋宋为中古,则明帝、荀勖、卫协、王廙、顾恺之、谢稚、嵇康、戴逵(已上八人晋),陆探微、顾宝光、袁倩、顾景秀(已上四人宋)之流是也。以齐、梁、北齐、后魏、陈、后周为下古,则姚昙度、谢赫、刘瑱、毛惠远(已上四人齐),元帝、袁昂、张僧繇、江僧宝(已上四人梁),杨子华、田僧亮、刘杀鬼、曹仲达(已上四人北齐),蒋少游、杨乞德(已上二人后魏),顾野王(陈),冯提伽(后周)之流是也。隋及国初为近代之价,则董伯仁、展子虔、孙尚子、郑法士、杨契丹、东善见(已上六人隋),张孝思、范长寿、尉迟乙僧、王知慎、阎立本、阎立德(已上六人唐)之流是也。上古质略,徒有其名。画之踪迹,不可具见。中古妍质相参,世之所重,如顾、陆之迹,人间切要。下古评量科简,稍易辩解,迹涉今时之人所悦。其间中古可齐上古,顾、陆是也;下古可齐中古,僧繇、子华是也;近代之价可齐下古,董、展、杨、郑是也;国朝画可齐中古,则尉迟乙僧、吴道玄、阎立本是也。若铨量次第,有数百等,今且举俗之所知而言。凡人民藏蓄,必当有顾、陆、张、吴著名卷轴,方可言有图画。若言有书籍,岂可无九经、三史?顾、陆、张、吴为正经,杨、郑、董、展为三史,其诸杂集为百家(吴虽近,可为正经)。必也手揣卷轴,口定贵贱,不惜泉代,要藏箧笥。则董伯仁、展子虔、郑法士、杨子华、孙尚子、阎立本、吴道玄屏风一片,直金二万,次者售一万五千(自隋以前,多画屏风。未知有画樟,故以屏风为准也)。其杨契丹、田僧亮、郑法轮、乙僧、阎立德一扇直金一万。且举俗间谙悉者,推此而言,可见流品。夫中品艺人有合作之时,可齐上品艺人;上品艺人当未遇之日,偶落中品。唯下品虽有合作,不得厕于上品。在通博之人,临时鉴其妍丑,只如张颠以善草得名,楷隶未必为人所宝,余曾见小楷,乐毅、虞、褚之流。韦鸥以画马得名,人物未必为人所贵,余见画人物,顾、陆可畴。夫大画与细画用笔有殊,臻其妙者,乃有数体。只如王右军书,乃自有数体。及诸行草,各有临时构思浅深耳。画之臻妙,亦犹于书。此须广见博论,不可匆匆一概而取。昔裴孝源都不知画,妄定品第,大不足观。但好之,则贵于金玉;不好,则贱于瓦砾。要之在人,岂可言价?

透过《论名价品第》中所记述"凡人民藏蓄,必当有顾、陆、张、吴著名卷轴,方可言有图画。若言有书籍,岂可无九经、三史?顾、陆、张、吴为正经,杨、郑、董、展为三史,其诸杂集为百家。必也手揣卷轴,口定贵贱,不惜泉代,要藏箧笥。则董伯仁、展子虔、郑法士、杨子华、孙尚子、阎立本、吴道玄屏风一片,直金二万,次者售一万五千。其杨契丹、田僧亮、郑法轮、乙僧、阎立德一扇直金一万。且举俗间谙悉者,推此而言,可见流品",似可令人想象得到买卖双方品鉴、估值的现场交易情景。至于"手揣卷轴,口定贵贱,不惜泉代"过程中,是否有书侩为之中介,未见言及。但当时书画市场确有当行专业牙侩存在并活跃其间。

2."书侩"与"书狙"

唐代李绰在《尚书故实》中记载了当时京师著名书侩孙盈的事迹:"京师书侩孙盈者,名甚著。盈父曰仲容,亦鉴书画,精于品目。豪家所宝,多经其手,真伪无逃焉。王公《借船帖》是孙盈所蓄,人以厚价求之不果。卢公其时急切减而赈之,曰:'钱满百千方得。'卢公,韩太冲外孙也。故书画之尤者,多阅而识焉。"唐代张怀瓘《书断列传·潞州卢》详细记述了此事:

东都顷年创造防秋馆,穿掘多蔡邕,鸿都学所书石经。后洛中人家往往有之,王羲之《借船帖》书之尤工者也。故山北卢匡宝惜有年,卢公致书借之不得。云:"只可就看,未尝借人也。"卢除潞州,旌节在途,才数程,忽有人将书帖就卢求售,阅之乃《借船帖》也,惊异问之。云:"卢家郎君要钱遣买耳。"

卢叹异移时，不问其价还之，后不知落于何人。京师书侩孙盈者，名甚著。盈父曰仲容，亦鉴书画，精于品目，豪家所宝，多经其手，真伪无所逃焉。公《借船帖》是孙盈所蓄，人以厚价求之，不果。卢公时其急切减而赈之，日久满百千，方得。卢公，韩太冲外孙也，故书画之尤者，多阅而识焉。

《太平广记》卷二百九《书四》之《潞州卢》卷四的记载出于此，与此相同。

再从前述张彦远在《历代名画记·论鉴识收藏购求阅玩》随文注"贞元初，有卖书画人孙方颙，与余家买得真迹不少。今有男盈，在长安。顷年又有赵晏，皆为别识也"所透示的信息可以得知，"京师书侩"孙盈及其父亲孙仲容（孙方颙），是当时京师颇为著名而又十分活跃的书侩。

至宋代，仍可见有类似记载。如宋代著名的书画鉴赏家和画史评论家郭若虚在其所著《图画见闻志》卷六《张氏图画》中写道："张侍郎典成都时，尚存孟氏有国日屏庋图障，皆黄筌辈画。一日，清河患其暗旧损破，悉令换易，遂命画工别为新制，以其换下屏面。迨公帑所有旧图，呼牙侩高评其直以自售，一日之内，获黄筌等图十余面。后贰卿谢世，颇有奉葬者。其子师锡，善画好奇，以其所存宝藏之。师锡死，复有葬者。师锡子景伯，亦工画，有高鉴，尚存余蓄，以自宝玩。景伯死，悉以葬焉。"其中"呼牙侩"，显然就是"书侩"了。

以精于金石书画鉴赏著名于世的北宋藏书家、书画鉴定家董逌，在其所著《广川书跋》卷六中谈道："智永书梁所揭集千字至八百本，江淮诸寺各留其一。至唐而见于时者虽众，然真伪并出，藏书者已病其难得也。"然后质疑道："此岂可求于书侩画贩而论真伪耶？"在明人张丑所撰的《清河书画舫》中，亦辑录了董逌《广川书跋》所载此事。凡此可知，至宋代书侩行当仍然存在并比较活跃。

少有才名，名满吴会，曾与陆弼、魏学礼等应诏修国史的明朝后期文学家、书法家王穉登，在撰著《吴社编》《吴郡丹青志》等乡土志的同时，曾为本乡另一位精于鉴赏的书侩乡贤黄櫰写过一篇《黄翁传》，一篇存世不多的完整的书侩传。据介绍，面对书画市场的真赝错杂，黄櫰能够"为人辨析剖证，指说好恶，出入古图经，而益以赏识，多所博通"，因而"诸凡以古钟鼎、金石、图书售者，多就黄翁鉴，而黄翁之门日如市"。除收录于王氏自家文集外，《黄翁传》还被选辑收入明人贺复徵

《文章辨体汇选》以及刘士鳞《明文霱》等书中,并得以流传。这样,就为后世保留了一份珍贵的、正面记述明代书侩文献和人物的文本。借此,且据《明文霱》卷十二《黄翁传》移录其传如下:

  黄翁名樏,吴郡金昌人。吴号繁雄,而金昌为尤。凡其国土所产与他邦之产,若鱼盐贝锦、竹箭橘柚、筐服纖缟之属,明珠翠毛、金锡流黄之货,山委于市,金昌富人皆得擅之,以其入为美;宫室华馆雕榭,多储古钟鼎、金石、图书以自娱。彬彬文彩,风流甲于天下。其季子子言:"公之礼乐,与土人又多灵智,能以其意为赝物,炫鬻射利,售者往往受其欺。黄翁能为人辨析剖证,指说好恶,出入古图经,而益以赏识,多所博通。"于是,诸凡以古钟鼎、金石、图书售者,多就黄翁鉴,而黄翁之门日如市也。

  黄翁言:"孝皇帝时,吴中古器物、图籍、号甲品者,视今时不能一二。又多好古君子,然不过奉清眼之赏,修粉饰之事。以故,虽有名物,莫得厚直。今读邸中书,见朝廷迁官晋阶,其在齐、鲁、燕、赵者,远不可数。若吾乡某人为御史,则日以某器进;某人为监司,则日以某图入。由是,夏王之鼎、石鼓秦经、图史丹青、玉简金匮之书,梦然入市,而其价视昔不啻十倍。呜呼!是古钟鼎、金石、图书为金钱货赂尔矣!"

  余谓:"三代古人之制,其齿革木箭之质,多憔悴糜烂,不可存于世;其可存于世不憔悴糜烂者,莫古钟鼎、金石、图书若。如黄翁言,钟鼎、金石、图书而徒以博美官、猎要津,是鹤为媒而香为饵也。鹤之贵,香之重,其宝于世以高洁清远;舍是为媒饵于人间,鹤与香奚宝耶?"黄翁谓余言良是。并入传。

明代嘉靖年间著名学者、书法家和鉴藏家丰坊(1494—1569),字存礼,号人翁、南禺、南禺外史,博学工文,尤精书法,乃闻名遐迩的"万卷楼"主人。在今存上海图书馆藏《丰南禺书画目》卷中,记录有其多次委托另一位著名藏书楼"天一阁"主人范大澈代购古籍、书画和碑帖,所开列的目录达八百件之多。作为年长的同道同好,丰坊曾多次向范大澈推荐包括黄樏在内的可联系书侩,提供相关信息。如"苏州黄樏,字茂甫,号西池,住福济观西首,门前药铺,习贩古董。沈植,字子行,住盘门内开元寺前,有书铺在府前。又有褚二住阊门,张天爵住羊肉巷,皆熟于此。《雪溪堂》十卷,金人王庭筠摹刻,石在庆寿寺,今寺虽废,常有折本可于城隍庙及夹道访之,其卖古书人亦多识此者",云云。

凡此可见,宋代的书画古玩市场,存在诸如黄檗、沈植(沈复魁)、张天爵等著名书侩为代表的、非常活跃的书画经纪人群体,而且大都十分专业,以其精湛的职业技能和诚信为人做事,在当时的书画艺术界和士人层面赢得了很好的信誉。

被后世誉为"中国书画史上的史记"的米芾所著《书史》云:

管军苗履长子,忘其名。癸未岁,都下法云寺解后去,长安一大姓村居家,其石匣中所藏玉轴晋魏古帖数十轴,目尝见之,余每入梦想。想洛阳有书画友,每约不借出,各各相过赏阅。是宋子房言,其人屡与王诜寻购得书。余尝目为太尉书驵。

姑苏衣冠万家,每岁荒及迫节,往往使老妇驵携书画出售。余昔居苏,书画遂加多。

驸马都尉王诜命某"管军苗履长子"寻购法书,米芾笑其为"太尉书驵",亦即专门从事书画寻购和居间交易业务的牙侩。就迄今所见史籍文献可以初步推断,"书驵"之说滥觞于米芾《书史》。至于"老妇驵",显为从事书画经纪的牙婆,是"女书驵"。

清末的冯登府《渡江后寓海岳庵》诗,亦曾咏及作为书画经纪人的"妇驵"。诗云:

湿云寒走江天黑,篷底雨粗眠缩瑟。
南宫诗梦久馍俐,一幅如逢图泼墨。
米家当日亦寄居,千秋桥侧诛茅初。
翛闲堂邻甘露寺,傅荝应署颠人书。
轩窗致爽面龙湾,竟将海岳挽砚山。
蟾蜍玉泪念故主,诵诗图笔心犹悭。
千金卖古烦妇驵,片石笏拜逢仙鬟。
寅哥坐列商宝绩,巾箱五岳留人间。
我来借得书画舫,红桥九十恣来往。

> 茶槛酒幔任相羊,麝煤鼠尾寄孤赏。
> 狂吟恍接七百年,六代青山喜无恙。
> 当时快意崇宁年,书博士衔臣亲填。
> 牟驼冈石付劫火,宣和图画归云烟。
> 惟有斯庵倚江水,零落秋风飞燕子。
> 天寒仿佛精灵归,白鹤一声横江起。

显然,诗中所咏及的是位"女书骃"。

多种文献显示,宋代书侩持续活跃。世居太原、出身于北宋初期豪门望族的著名书画鉴赏家和画史评论家郭若虚,在其所著《图画见闻志》卷六《张氏图画》中写道:"张侍郎典成都时,尚存孟氏有国日屏底图障,皆黄筌辈画。一日,清河患其暗旧损破,悉令换易,遂命画工别为新制,以其换下屏面。迨公帑所有旧图,呼牙侩高评其直以自售,一日之内,获黄筌等图十余面。"文中言及的"牙侩"虽然未确言是专事书画经纪的"书侩",但本笔交易标的物无疑是书画。而且,宋代的"牙侩"兼事书画经纪业务已经是很普遍的现象。再如南宋法书鉴藏家岳珂,曾在《宝真斋法书赞》中两次言及"书骃"。一是南宋庆元六年(1200),尚未及弱冠的岳珂曾于苏州"书骃仲宜家"购得黄庭坚的《一笑帖》;二是南宋嘉定三年(1210)正月初五,再自临安某"书骃高仲处"购得杨凝式《烟柳诗帖》。

3. 市肆小贩充"雅侩"

书画居间交易还进入了市肆"常卖"亦即小贩的层面,是为"常卖骃"。

所谓"常卖",是宋代市井串街叫卖日常杂物的小贩。如宋代赵彦卫《云麓漫钞》卷七:"朱勔之父朱冲者,吴中常卖人。方言以微细物,博易于乡市自唱,曰常卖。"又如《醒世恒言·闹樊楼多情周胜仙》:"原来开封府有一个常卖董贵,当日绾着一个篮儿,出城门外去。"

米芾《画史》写道:

> 有吴中一士大夫好画,而装背以旧古为辨,仍必以名画记差古人名。尝

得一《七元》,题云梁元帝画也。又得一伏羲画卦像,题云史皇画也。问所自,答云:得于其孙。了不知轩辕孙,史皇孙也。若是史皇孙,必于庆园得之。其他画称是。尝见余家顾恺之《维摩》,更不论笔法,便云:"若如此近世画,甚易得。"顾侍御史曰:"明日教胡常卖寻两本。"后数日,果有两凡俗本,即题曰"顾恺之维摩""陆探微维摩"。题顾恺之者,无文殊,只一身,是曾见瓦棺象者也。其一有文殊睡狮子,故曰陆探微,曾见甘露陆探微有张目狮子故也。此收,章得象、杜荀鹤之流。其兄有鉴别,曰:"舍弟极损,终与一日烧了,会其先化,不然,梁元帝又梦秦始皇也。"士流当以此为戒。其物不必多,以百轴之费置一轴好画,不为费;以五环价置一百轴缪画,何用?黄卷五经,赤轴三史,犹有俟于抄录,若如此佛画,止可渡江投水府也。

宋人周密《志雅堂杂钞》亦有"鼎,元张称孙家物,杭之常卖驵沈大整者和庵得之,以为奇货"的记述。"胡常卖""常卖驵"者,均属于当时兼事书画居间交易经纪的市井小贩。这类"常卖驵",如米芾《画史》,一如江湖游医,游踪无定,难免为利益所趋而贩假。加之这个群体本身就缺乏从事书画经纪所必要的知识,买家贩假亦然。莫说是故意贩假,往往是买到假货也得当真货出手以求自保。即如清初刘廷玑《在园杂志》所谓"看字画,经纪不如士夫",更何况市井小贩?

再如米芾《画史》所载:

范大珪,字君锡,富郑公婿。同行相国寺,以七百金常卖处买得雪图,破碎,甚古,如世所谓王维者。刘伯玉相值,笑问:"买何物?"因众中展示。伯玉曰:"此谁笔?"余曰:"王维。"伯玉曰:"然。适行一遭,不见,岂有所归乎?"余假范人持之良久,并范不见,翌日去取,云已送西京背。同行梅子平大怒曰:"吾证也,可理于官。岂有此理!"余笑曰:"吾故人也。"因以赠之。今二十年矣,范卒已十年,不知所在。

其中的"常卖处",或以为是指出售书画古玩的店铺,不确。此处非指坐商,应解读为"常卖"或"常卖驵",亦即从"常卖"或"常卖驵"手中购得的假书画。又如,明人李日华《紫桃轩又缀》卷二"常卖徐老处"之说,亦然。至于张丑著《清河书画舫》中的"偶从金昌常卖铺中获小袖卷"之"常卖铺",则确属出售书画古玩的店铺。

范大澈也是一位酷爱书画的著名藏书家。在其收藏生涯中,杭州著名书驵沈复魁曾给予很大的帮助。范大澈在所著《碑帖纪证》中写道:"武陵书驵沈复魁,其背曲而孤贫,忠于谋事而不重利,杭人呼曰'沈驼',丰坊及许茗山辈俱雅重之。大澈甚惜相见之晚也。"像范大澈这样人品、专业皆佳的书侩,绝非"常卖驵"们所能比拟的。

4.亦匠亦侩的"裱褙匠"

所谓"裱褙",又谓"装裱",即书画装潢,是装饰书画、碑帖等的一门特殊技艺。即清代顾张思《土风录·裱褙》所言"装潢曰裱褙"。《唐六典》记述崇文馆有装潢匠五人,秘书省有装潢匠十人,皆"裱褙匠"也。北宋王钦臣《王氏谈录》云:"'公好永禅书,手自襋褙',即装潢也。今曰'裱褙'。陶九成言:'裱褙十三科。'眉公曰:'装潢之佳自范晔始。'"米芾《画史》"有吴中一士大夫好画,而装背以旧古为辨"之"装背",亦即裱褙。清代方以智《通雅器用》:"秘阁初为太宗藏书之府,并以黄绫装潢,谓之太清本。潢,犹池也,外加缘则内为池,装成卷册,谓之'装潢',即'表背'也。"元代陶宗仪《辍耕录》卷二七:"裱背亦有十三科。一织造绫锦绢帛,一染练上件,一抄造纸札,一染制上件颜色,一糊料麦面,一糊药矾蜡,一界尺裁版杆帖,一轴头,一糊刷,一铰链,一绦,一经带,一裁刀。数内阙其一,则不能成全画矣。"《装潢志》云,书画"不遇良工,宁存故物",足见裱褙技艺精否之于书画收藏与修复的重要性。明代阮大铖《燕子笺·误画》:"门挂招牌利市,家传裱背生涯。"宋人萧立之《赠裱褙匠》诗云:

牙签玉轴新未触,何如颓檐灯火读。

李成骤雨郭熙山,何如一藤烟火间。

书画移人亦尤物,宝绘堂中长公说。

子持此艺将归时,霜刀正足供刈葵。

争名场中困机械,学古悠悠晚知悔。

残编料理数能来,了我明窗读书债。

连市井小贩都能够充当书画的"常卖驵",作为身怀书画装裱技艺的"裱褙匠"充当书画市场的书侩更具优越条件。事实上,裱褙匠很早就进入书侩的角色,兼事书画交易的居间经纪人。对此,有文章专就"作为书法牙人的裱褙匠"问题做过详细的论述①:

裱褙匠由于职业原因,经常近距离接触古今法书名画,时间一久,鉴赏能力自然也远高于他人。正如吴其贞所言:"盖善裱者,由其能知纸纨丹墨新旧,而物之真赝已过半矣。"

由于职业特点,裱褙匠经常经手一些书法作品,还能看到一些秘不示人的皇皇巨迹,所以他们知道货源——哪家收藏有哪些书法名迹。他们与书法收藏家关系密切,知道更多的市场信息——哪家有哪些藏品需要出售;哪家偏爱哪位书画家的作品并可能有购买需求。加之见多识广,使他们具有比常人更高的鉴赏能力。可以说,裱褙匠一手联络着买家,一手联系着卖家,他们是最为合适的书法牙人。

裱褙匠充当书法牙人的例子在明清文献中屡见不鲜。李日华在《味水轩日记》中记下了一位新安籍的书画牙人胡雅竹,他还有一个身份就是裱褙匠。

....

清初著名的裱褙匠王际之、张黄美也兼做书画牙人。王际之"善裱褙,为京师名手,又能鉴辨书画真伪",他不仅"能知纸纨丹墨新旧",还"究心书画,能知各人笔性。各代风气,参合推察,百不差一"。他眼力过人,果敢买下了"人皆为弃物"的陆机《平复帖》,后来他将此帖"售于冯涿州,得值三百缗"。

....

裱褙匠兼做书法牙人在骨董行是一个常见的现象,除王际之和张黄美之外,吴其贞还记下来詹淡如、王子慎、岳子宜、陈裱褙以及顾子东、顾千一父子,这些人都是兼营书画的裱褙匠。

---

① 叶康宁:《明清书法市场中的牙人》,《书法》2013 年第 1 期。

裱褙匠虽然是一个介于雅俗之间而又偏雅的特殊行业,明清以来,却也流传许多切近世俗的逸闻故事。这些逸闻故事,大都与其兼事书侩角色有关,由此而发生或衍生演绎的。

先说著名裱褙匠汤臣逸闻事迹。

明代沈德符《万历野获编》卷二《伪画致祸》云:

> 严分宜(嵩)势炽时,以诸珍宝盈溢,遂及书画骨董雅事。时鄢懋卿以总醾使江淮,胡宗宪、赵文华以督兵使吴越,各承奉意旨,搜取古玩,不遗余力。时传闻有《清明上河图》手卷,宋张择端画,在故相王文恪(鏊)胄子家,其家巨万,难以阿堵动,乃托苏人汤臣者往图之。汤以善装潢知名,客严门下,亦与娄江王思质(忬)中丞往还,乃说王购之。王时镇蓟门,即命汤善价求市,既不得,遂嘱苏人黄彪摹真本应命,黄亦画家高手也。

> 严氏既得此卷,珍为异宝,用以为诸画压卷,置酒会诸贵人赏玩之。有妒王中丞者知其事,直发为赝本,严世蕃大惭怒,顿恨中丞,谓有意绐之,祸本自此成。或云即汤姓怨弇州(王世贞)伯仲自露始末,不知然否?

王思质(忬),字民应,号思质,江苏太仓人,王世贞之父。嘉靖二十年进士。历官右佥都御史、右副都御史、兵部右侍郎、蓟辽总督等,因与严嵩积怨下狱,斩于西市。隆庆元年,经世贞、世懋兄弟伏阙为父论冤,始得昭雪。其长子王世贞,有两首题为《汤生装潢为国朝第一手,博雅多识尤妙赏鉴家,其别余也,出古纸索赠言,拈二绝句应之》的诗,即专为一代著名裱褙匠汤臣所作。诗云:

> 钟王顾陆几千年,赖汝风神次第传。
> 落魄此生看莫笑,一身还是米家船。

> 金题玉躞映华堂,第一名书好手装。
> 却怜灵芸针线绝,为他人作嫁衣裳。

诗题所说的"汤生",即前述"裱褙"汤臣。仅从诗题所谓"国朝第一手""博雅多识尤妙赏鉴家"的用语,即足见这位"汤裱背"之艺冠群雄。徐学谟《世庙识余录》也记载:"世蕃门客吴人汤裱褙者,以能鉴古,颇用事。世蕃受赂遗既多,遂旁索古书画。凡献古书画者,必先贿汤裱褙辨以为真迹,始收之。"至于两位临别之际汤氏向其"出古纸索赠言",则可见二位之间的友谊。有人分析,传奇剧《一捧雪》中的丑角汤裱褙的原型,即出自沈德符《万历野获编》的《伪画致祸》。此外,"这个故事还见于《世庙识余录》《詹东图玄览编》《味水轩日记》《书画跋》《客座赘语》《识小录》《明史纪事本末》《湛园集》《骨董祸》《在园杂志》《销夏闲记摘钞》《古夫于亭杂录》《浪迹续谈》《冷庐杂识》《烟屿楼笔记》等书,情节大同小异。在这个故事中,汤裱褙的角色值得注意。他有多重身份,除书画装潢人之外,他还是辨别真赝的赏鉴家,是书画交易的居间人"①。正因如此,使之扩展了单一的装裱业务,将书画鉴定与交易的中介事务囊括进来,分量并不亚于原本的装裱主业。

周嘉胄《装潢志》说:"王弇州公世具法眼,家多珍秘,深究装潢。延强氏为座上宾,赠贻甚厚。一时好事靡然向风,知装潢之道足重矣。汤氏、强氏,其门如市。强氏踪迹半在弇州园。时有汪景淳于白门得王右军真迹,厚遗仪币,往聘汤氏。景淳张筵下拜授装。功约五旬,景淳时不去左右,供事甚谨,酬赆甚腆。又李周生得《惠山招隐图》,为倪迂杰出之笔。延庄希叔重装,先具十缗为聘,新设床帐,百凡丰给,以上宾待之。凡此甚多,聊举一二奉好事者,知宝书画,其重装潢如此。"所以,也就有了明代传奇剧阮大铖《燕子笺》第八出《误画》中裱褙匠缪酒鬼那段得意忘形的唱词:

门挂招牌利市,家传裱褙生涯。非我浪把口儿夸,倒是文房风雅。任你钟王真迹,饶他欧褚名家,和那荆关劈斧与披麻,不够我浆儿一刷。自家乃裱褙缪继伶的便是。因我平常喜用几杯儿,人人都叫我缪酒鬼。且喜手段高强,生意利市。只是礼部衙门是我当官,时常要费答应。日前礼部郦老爷衙里,发出吴道子水墨观音一幅。又有一位什么霍相公,亲送来春容一幅,手工倒是加倍,嘱咐我与他用心装裱。

如此这般,再另加兼事书侩业务,自是为裱褙匠们拓展了牟取利益的空间和机会。于是乎,裱褙匠们大多兼事书侩业务。如明代画家兼收藏家李日华《味水

---

① 叶康宁:《从〈一捧雪〉中的汤裱褙看明代书画装潢人》,《东方收藏》2010 年第 10 期。

轩日记》所记"装潢人汤二引一客持物至寓。有郭忠恕《寒林楼阁图》一卷,袁清容跋仇英《明皇训子图》一卷,唐伯虎《挂丛仕女》,高房山《春山晓雾》,碧玉冠导一,古印章铜玉各一"之"装潢人汤二",也是居间人。明藏书家都穆《寓意编》所记"裱褙孙生家有人寄卖三官像三幅,每下轴有大方印曰'姑苏曹迪'。孙尝求鉴于石田翁,翁曰此李嵩笔,曹氏盖收藏者。又元初人临阎立本水月观音像一轴,上有冯海粟诗跋,与三官像皆索价太高,经年不售"之"裱褙孙生"等,皆如此。

5.《一捧雪》与《乔断鬼》及裱褙匠市语

单凭技艺谋生乃本分生计,怕只怕利欲熏心、见利忘义、胡作非为。由于无良裱褙匠见财起意,于是乎,演绎出《一捧雪》《乔断鬼》等裱褙匠市井传奇。

传奇剧《一捧雪》中恩将仇报的丑角裱褙匠缪酒鬼,以技艺得宠于大奸臣严世蕃,而后以告密坑害有恩于己的主人。更多的兼事书侩的裱褙匠,恶行则在于或贪污客户藏品,或造假作伪,或吞没客户书画。明崇祯年间山东盐运使制官汪珂玉,曾撰《珊瑚网》,记述并评论其与父亲汪爱荆收藏书画的得失记。书中记有一桩被书侩从中侵占利益的事情。珂玉之父汪爱荆通过书侩居间购藏《元明公翰墨卷》时,"前有米襄阳《山水》横幅,高君明水见之,即嘱戴老以靖窑墫盏十二求益,附二佳篦作装潢资。愚父子受盏却其篦,其篦竟居间者所没"。

明代朱有燉的传奇杂剧《乔断鬼》,是罕见的一部以裱褙匠为主要人物的传奇剧。明杂剧《乔断鬼》,全名《掷搜判官乔断鬼》。现存有明宣德年间周藩原刊本和《奢摩他室曲丛》本两种。剧情大概为,书生徐行热爱古董,无良裱画匠将其所爱古董侵夺,徐行因而愤恨而死。死后其鬼魂向阴司的曹判官申冤,于是裱画匠被堕入地狱。剧本前有小引,剧情系当时时事新闻改编。剧前小引不仅述其来龙去脉,尚杂有颇多评论。

  尝论鬼神报应之理,或有而或无;其伸也则无,其屈也则有。故虽圣贤,或可测,或不可测。可测者,理之常也;不可测者,情之变也。若今之伴读徐行,其平日谆谆然一儒者,可谓达理之士矣。而所失者小,所弃者大。鬼神报应,如影如响,不爽毫末。所谓情之变者,虽圣贤安可测耶?

徐行有古画,赍付匠者,为其装潢成轴,经一载而匠者弗还。徐行求之数而不得,深自懊怒,致疾而终。临终,嘱其子安曰:"我生为儒者,因一画,岂可与贱役经官府耶?待终之时,汝付纸一幅,笔一枝,置我怀袖,我必至冥府告之。"不数日,匠者亦无疾而死。人皆以为,徐行果告于冥府矣,匠者果因此画而受报矣。

予闻之而叹曰:"此政所谓情之变者也!"以理之常而论之,阎罗老子岂为盗其数幅画,便致殒一人之命耶?必无是理也。以情之变者言之,释氏所谓"念头"者,其徐行失画之情,念头则重也。既不能经官追取偿之,又不能痛责其人,使其心悒悒不舒,朝夕之间无顷刻不留意于此画,怨恨于是匠也。既殒其身,又遗言付纸笔,是其生死未忘之也。其气之屈而莫伸,复有甚于此者乎!予故曰:"鬼神之情状,屈则诚有也。"又闻其匠者,甚不孝而不悌,手搏其母,刀伤其弟,粗恶之言詈其母之常事也。此岂鬼神容之耶?姑置鬼神之论而思徐行,为一儒者,所为若是,其无涵养,无识量,区区于玩物丧志,流而不止,死而不厌,遗笑后世,亦可为士君子之戒焉。特制传奇一帙,使人歌咏搬演,亦可少补于世教也。是为引。

装裱业尊奉孔子或文昌神为行业祖师,之所以如此,或与该行业的消费群体主要是读书人、文化人有关。虽道属于"雅侩",生存与现实世俗之中,则难以免俗,裱褙行业同样需要有本行业特定的行业规约和民间隐语行话。

民间秘密语,亦谓隐语行话,几乎完全赤裸裸地反映不同历史时期、不同阶层人们的社会心理与现实。民间秘密语所反映的主体是社会下层文化,而中、上层文化亦当然折射、沉积于其中。所以说,民间秘密语是人们考察社会的一个特殊窗口,是社会文化的一个缩影。

在中国经纪人行业史上,裱褙匠行业不仅有诸如"裱货来取,定三年为度;若至三年不取者,将货变销做本,毋得妄言"之类行规规范,亦有其独具行业特点的当行隐语行话。民间秘密语,是一些社会集团或群体为了回避外部人了解关系其内部共同利益的言语交际内容而派生出的语言变体,是由社会集团或群体共同认可而约定俗成的语言变体性质的特定符号系统。或言之,隐语行话是特定群体为维护当行利益而进行内部信息交流的特定符号系统。因而,"裱褙匠市语"凝聚着当行的行业文化,是考察探析该行业别有洞天的窗口和文本。

据民初印行的《全国各界切口大词典》载[1],当时的装潢裱画行业的行话已自成体系。例如:

中堂:大幅之画也。

中条:普通之堂画也。

立轴:小幅堂画也。

琴条:狭长之画也。

堂翼:大堂对也。

中翼:普通之对也。

琴翼:小对也。

虎皮:瑸瑯笺对也。

上青:洒金笺对也。

素碗:白纸对也。

轴金:轴字也。

市衬:裱工之佳者。

行衬:裱工之次者。

云衬:绫边裱者。

纹衬:绢边裱者。

本衬:纸边裱者。

大条:中堂也。

狭条:立轴也。

中条:堂幅也。

房条:小轴也。

---

[1] 吴汉痴等编:《全国各界切口大词典·装潢业之切口·裱画业之切口》,上海东陆图书公司,1924年。

平方:册页也。

大翼:大对也。

小翼:小对也。

意:一也。

排:二也。

昌:三也。

肃:四也。

为:五也。

龙:六也。

细:七也。

对:八也。

欠:九也。

平:十也。

所载显然是较近的事情。事实上,明代传奇杂剧《乔断鬼》剧本中,以剧中人对白形式辑释了当时裱褙匠行业的部分隐语行话。虽说仅仅是很少的一部分,但由于该剧题材取自当时发生的市井时事新闻而"特制传奇一帙","使人歌咏搬演"现编现演,意在"少补于世教",辨风正俗警示世人,这样便尤其增强了所辑释隐语行话的真实可靠性。剧中"裱褙匠市语"这一段节录如下:

(末云)且住,再听他说个什么。

(净云)大嫂,你收了银子了?将前日落了人的一个旗儿,两搭儿荒资,把那青资截一张荒资,荷叶了,压重处潜垛着,休那着老婆子见。

(贴净云)你的嗷,我鼻涕了,便去潜垛也。

(末云)小鬼,他说的都是什么话,我不省得。

(小鬼云)他说"旗儿"是绢子,"荒资"是纸,"青资"是刀儿,"荷叶"是包裹了,"压重"是柜子,"潜垛"是藏了。他说:教他老婆将那落的人的绢子纸,用刀截一张纸包裹了,柜子里藏了,不要他娘见。那妇人说"鼻涕了",是省得了,便去藏也。

(末云)他的市语声嗽,我也不省得,你如何省得?

(小鬼云)小鬼自生时,也是个裱褙匠。

如此这般,对白中已经解读得非常清楚,无须赘言。"裱褙匠市语"是裱褙匠行业这一特定群体为维护当行利益而进行内部信息交流的特定符号系统。当然,隐语行话之诡谲,在维护当行群体利益的同时,不排除可以用来欺诈客户。当着利益受侵害者的面,采用隐语行话进行内部交流,当然也不失其功能性。作为中性的交流工具的附加性,往往会随着使用目的的性质转换而发生转换。那么,如果涉嫌违法的话,此间的隐语行话则成为涉嫌犯罪隐语。

六、中国经纪人的传统行业习俗

1. 投机商尤其要恪守"规矩"

举凡古今中外商业活动行为,多以诚信商德和经营技巧取胜。如何坚守诚信商德,是业商的道德底线。如何把握商机与经营技巧,则属于商人的智慧。市场商界多投机行为,是否属于把握商机与经营技巧的智慧呢?各类商人群体中,牙纪是采取"投机"行为谋求佣金最大化的商人,是除股份投资以外最为典型的"投机商"。

作为经济学术语,"投机"是指利用市场的价差、时机进行买卖交易,从中谋求利润最大化的市场商业行为。曾几何时,传统的观念认为,"投机"是靠不正当手段营私舞弊而谋求私利的行为。"我国曾把经济领域中的'投机'行为一律视为资本主义的东西去批判、去打压,严重地制约了国民经济的发展。长期以来思想的禁锢和理论的贫乏,也把市场经济视为资本主义的'专利',如'买空卖空'这个资本主义的特定产物。"[①]实际上,这是中国计划经济制度下的产物。计划内部分物资实行国家统购统销,统一配价,同时允许部分企业超计划自销产品并按市场价格出售,于是形成了特殊的"价格双轨制",也就出现了"投机倒把"。当时有一个

---

① 唐道书:《论投机》,《经济师》1993 年第 6 期。

与之相关的罪名,叫作"投机倒把罪",顾名思义,就是特指以买空卖空、囤积居奇、套购转卖等所谓"非法"手段牟取暴利的一种犯罪。中国改革开放初期,随着市场经济体制的确立,投机倒把行为出现了明显分化,有的已经成为正常市场行为,有的则上升至法律规范。1979年3月14日第八届全国人民代表大会第五次会议修订的刑法取消了"投机倒把罪"。1987年9月17日,国务院发布的《投机倒把行政处罚暂行条例》公布实施。2008年1月23日,国务院公布的《关于废止部分行政法规的决定》,被宣布废止或失效的92件行政法规中,包括《投机倒把行政处罚暂行条例》。国务院宣布其失效的理由是"调整对象已消失,实际上已经失效"。

当初,国务院发布实施的《投机倒把行政处罚暂行条例》第三条规定,"以牟取非法利润为目的,违反国家法规和政策,扰乱社会主义经济秩序的下列行为,属于投机倒把行为"。具体为十一条:

(一)倒卖国家禁止或者限制自由买卖的物资、物品的;

(二)从零售商品或者其他渠道套购紧俏商品,就地加价倒卖的;

(三)倒卖国家计划供应物资票证,倒卖发票、批件、许可证、执照、提货凭证、有价证券的;

(四)倒卖文物、金银(包括金银制品)、外汇的;

(五)倒卖经济合同,利用经济合同或者其他手段骗买骗卖的;

(六)制造、推销冒牌商品、假商品、劣质商品,坑害消费者,或者掺杂使假、偷工减料情节严重的;

(七)印制、销售、传播非法出版物(包括录音录像制品),获得非法利润的;

(八)为投机倒把活动提供货源、支票、现金、银行账户以及其他方便条件,或者代出证明、发票,代订合同的;

(九)利用报销凭证弄虚作假,进行不正当经营的;

(十)垄断货源、欺行霸市、哄抬物价、扰乱市场的;

(十一)其他扰乱社会主义经济秩序的投机倒把行为。

《条例》还规定了"对投机倒把行为的行政处罚",包括:(一)通报批评;(二)

限价出售商品;(三)强制收购商品;(四)没收非法所得;(五)没收用于投机倒把的物资;(六)没收销货款;(七)罚款;(八)责令停业整顿;(九)吊销营业执照。以上处罚,可以并处。

何谓"投机"?投机就是"资本主义社会证券市场中一种特殊的投资行为。它与正常投资表面上都是证券买卖活动,但性质完全不同,其区别在于当事人的动机和收益来源。投资者关心的是本金安全,买入证券主要期望到期时获得稳定的利息收益。投机者则相信自己比别人高明,企图从贱买贵卖证券中使资本增益,而不重视利息收入,只要时机有利,就会迅速购入或出售证券。……投机活动又往往发展成买空卖空,买卖未实际拥有的证券。这类行为似赌博,为各国证券交易所所禁止。这种空头交易应与投机行为明确区分"[①]。在现代商场上,证券、期货投资乃最为典型的投机。

《新唐书·屈突尉迟张秦唐段列传》赞"投机之会,间不容罄"之"投机",说的是切中时机。宋代陈师道《和黄预病起》"似闻药病已投机,牛斗蛇妖顿觉非"之"投机",说的是两相契合。佛教语讲"投机",如《古尊宿语录·佛眼和尚普说语录》"智与理冥,境与神会。如人饮水,冷暖自知。诚哉是言也,乃有《投机颂》云"、宋代沈辽《新作小屏》"投机践圣域,所戒急且狂"、《续传灯录·法光禅师》"使言言相副,句句投机"等所言之"投机",说的是契合佛祖心机或比喻彻底大悟。《五灯会元》卷一七辑有宋代王韶《投机颂》:"昼曾忘食夜忘眠,捧得骊珠欲上天。却向自身都放下,四棱塌地恰团圆。"亦与此同解。明代胡濙《进〈卫生易简方〉表稿》"药不执方,合宜而用,投机应病,则匕勺可以起沉疴",与陈师道诗义相通,所释则更为明晰,其"投机"为医理,乃谓治病须符合病情的关键亦即症结所在,要对症施治,对症下药。古人亦有以"投机"为乘机牟利之说,但此用法出现得较晚。如清代江苏吴江松陵镇人徐大椿,既曾参与纂修明史,也是一代名医,其《洄溪道情·行医叹》写道:"要入世投机,只打听近日时医,惯用的是何方何味,试一试偶然得效,倒觉得希奇。"此处所说之"投机",则非对症施治、对症下药之类,而是往

[①] 黄汉江主编:《投资大辞典》,上海社会科学院出版社,1990年,第368页。

往为世人所诟病的乘机牟利。

《清稗类钞·农商类·商业》云:"商业,商人营利之业务也。凡买卖业、赁贷业、制造业或加工业,供给电气、煤气或自来水业,出版业、印刷业、银行业、兑换金钱业或贷金业,担承信托业,作业或劳务之承揽业,设场屋以集客之业,堆栈业、保险业、运送业、承揽运送业、牙行业、居间业,皆是也。"所言甚是。但是,为利益驱动而失德违法、见利忘义、不择手段营私舞弊的"投机"行为,无论何时何地都为公序良俗所不容,都是应予以防范和惩处的。反之,合乎市场正常竞争的"投机"行为,应当受到法律法规的保护。

政府的法律法规,社会的公序良俗,作为习惯法性质的行规行约,乃至行业经验的规范,都是作为典型投机商人的经纪行业所必须遵守的具有规范性质的"规矩"。

历代经纪人的行业民俗十分丰富,其中主要的是同业行会组织、行业规约、行业崇拜及隐语行话等方面。

经纪人的行业习俗是其传统的行业行事的秩序规范和经营要领。于此,主要记述并探析其行业崇拜、行会、行规、隐语行话和行业箴言谣诀几个方面的内容。由于行业特点和历代有关文献稀缺等缘故,仅据所闻所见可资参考的文献略作爬梳,分别述议。

2. 崇拜·行会·规约

行业崇拜。行业崇拜是古代诸行百业最基本的行业习俗。行业崇拜对象,主要是行业创始者的祖师和与行业命运相关的神祇,亦即行业保护神,是诸行百业最重要的精神领袖。

经纪人行业是发生较早、历史悠久的一种商业,但其民间化的历史较晚,长期以"官牙"为主、"私牙"为辅。唐宋以来"私牙"的发展促进了这一行业的非官方化,但亦因此间及其后社会职事分工、行业分工日趋细化,所以其行业崇拜也因此而具体地表现为诸行的专业性。就是说,各种商业的经纪人的行业崇拜均因具体

居间经营的行业而异。这里,例举部分商业的行业崇拜神祇如下:

茶业:陆羽;唐明皇;卢仝;灶神;斐济;姚吉。

盐业:管仲;葛洪;张道陵;蚩尤;炎帝;池神。

酒业:杜康;司马相如;仪狄;李白;龙王;二郎神。

渔业:天妃;禹王;周宣灵王;姜太公;伏羲;水府菩萨。

银钱业:财神;关羽;招财童子;秦裕伯。

梨园业:老郎神;唐明皇;武猖神;观音;窦元帅。

牛行:牛王;冉伯牛;丑宿星君;龚遂(牛经纪祖师)。

马行:马神(马王、马祖);马明王;马王爷。

………

朱仙镇木版年画《马王》

每种行业崇拜均有其相应的来源掌故传说,体现着当行的行业信仰,并形成有关的民俗事象。例如《汉书·循吏传》记载,汉宣帝时渤海郡灾荒频仍,郡太守龚遂下令"民有带持刀剑者,使卖剑买牛,卖刀买犊",提倡养耕牛发展农业生产。牛行经纪人即因此奉其为行业祖师。《中华全国风俗志·安徽·泾县东乡佞神记》记述当地每年六月初八牛王会说:"牛王会虽不热闹,然香火则较盛。牛王大帝者,即汉渤海太守龚遂也。以卖刀买牛之故事,乡人讹之,称为牛王大帝。凡在二三十里内之人家,必具香烛往酬神,间有自百里而来者。正戏之外,兼演傀儡戏。其戏由特别酬神者出资演唱。"《成都通览·成都之民情风俗》亦载:"十月初一日,牛王会,打糍粑,乡间牛角上戴铁糍粑。"清代梁绍壬《两般秋雨庵随笔·世俗诞妄》载:"北方牛王庙,画百牛于壁,牛王居其中,则冉伯牛也。"牛经纪祀奉牛王,显然在于期望生意兴隆,获利日丰。日本学者仁井田升民国年间曾对北京的各工商行业状况做过详细的调查,著有《北京工商(基尔特)资料集》,由东京大学东洋文化研究所附属东洋文献中心刊行委员会1975年至1983年刊行。资料集载有北平东岳庙马王殿图片。

发端于贩卖牛马行业的中国经纪行业随着诸行百业的专业分工日趋细化,始终不能形成一个大一统的单一性独立行业,特别是宋元以降,牙商也随之变得专行化起来,因而不可能产生单一的行会组织和统一的行业祖师崇拜。宋元以来的各个行业组织,往往也即该行的牙商行会。所以,各个行业牙商的行业组织、行业祖师及行业神祇崇拜,大都"随行就市"地分别与各行融为一体。也就是说,根据所在行业的区别,各行经纪人崇拜的对象亦有所不同。

仁井田升《北京工商(基尔特)资料集》所载北平东岳庙马王殿

例如,民国年间北平房屋经纪人即房牙子,又叫"拉房纤的""房纤手",其行业崇拜是供奉财神。每年农历二月二日举行一次集会,叫"财神会"。日据及国民党统治时期,南城片的房纤手均在宣武区骡马市大街宾宴春饭庄举行。饭庄大厅布置供桌一张,上供财神、神马。纤手们先交香资领到一炷香,然后到供桌前向财神上香磕头,祈求财神庇佑,财运亨通①。

在许多地方,西汉的官员龚遂和所谓"牛王爷"甚至《西游记》中的"牛魔王",都被牛行和牛经纪奉为行业祖师。民间传说,龚遂做渤海太守时劝民农桑,使盗贼弃兵务农,尤其是提倡耕牛喂牛,使牛生意大为兴隆,于是产生了牛经纪这一行。其传说,可在《汉书》中觅得些许踪迹、线索。据《汉书》卷八九《循吏传》载:

> 遂见齐俗奢侈,好末技,不田作,乃躬率以俭约,劝民务农桑,令口种一树榆,百本薤、五十本葱、一畦韭,家二母彘、五鸡。民有带持刀剑者,使卖剑买牛,卖刀买犊,曰:"何为带牛佩犊?"春夏不得不趋田亩,秋冬课收敛,益蓄果实菱芡。劳来循行,郡中皆有蓄积,吏民皆富实。狱讼止息。

传统行业组织。中国古代工商业行业组织机构,主要为行会、会馆、公所等。"贾公彦既以'今之行头'释《周礼》中之肆长,则至迟在唐时必已有行业组织,否则无所谓今之行头也。其他唐代文献涉及'行头'或'行人'之名称者,亦尝见

---

① 政协北京市委员会文史资料研究委员会编《北京往事谈》,北京出版社,1988年,第86页。

之。"①诸行百业的行业组织之所以存在,自有多种社会因素构成其必要性。有人分析"行业之组合,虽欲不存在而不可能"有三个理由,"第一,在官府方面恒欲察取各行之首脑人物以便于控制;第二,在行户方面,皆不欲负担临于一己之身,恒谋使同业者分负之;第三,官市物价之估定,不能由一人随意高下,因过高则受官府之督责,过低又受同业之非难";"故在各种同业间,虽常有富商以不正当方法,压迫贫下小商之事实,而行业组织之存在自若也",云云,实皆属行业组织基本功能所决定。其中,作为牙商"批估物价"之中介经纪服务环节,已无可置疑地融进行业组织主要的基本功能,成了工商诸行行业组织功能的有机构成要素。

中国同业行会组织的建立,始自唐代,普遍设于宋代。但是,有关史籍文献尚无关于经纪人同业行会的明确文字记载。不过,亦有文献显示,至迟在北宋即已形成了经纪人行会组织。例如,吴自牧《梦粱录》卷十八《民俗》中载:"士农工商诸行百户衣巾装着,皆有等差。香铺人顶帽披背子。质库掌事,裹巾著皂衫角带。街市买卖人,各有服色头巾,各可辨认是何名目人。"卷十九《顾觅人力》中说:"凡顾倩人力及干当人,如解库掌事,贴窗铺席,主管酒肆食店博士、铛头、行菜……俱各有行老引领。如有逃闪,将带东西,有元地脚保识人前去跟寻。如府宅官员、豪富人家,欲买宠妾、歌童、舞女、厨娘、针线供过、粗细婢妮,亦有官私牙嫂,及引置等人,但指挥便行踏逐下来。或官员士夫等人,欲出路、还乡、上官、赴任、游学,亦有出陆行老,顾倩脚夫脚从,承揽在途服役,无有失节。"凡此迹象表明,牙商亦当有其行会组织和"行老"。据《大宋重修广韵·去泰》载:"晋令:侩卖者,皆当着巾,白帖额,言所侩卖及姓名,一足白履,一足黑履。"所述情形一如《梦粱录》,亦如孟元老《东京梦华录》卷五《民俗》所记,"士农工商诸行百户衣装,各有本色,不敢越外"。如此这般,在宋代主要是行会组织的管理所致。

今所见有清以来诸多行会规约中,有些便是牙商的规约,反映了相关的牙商行业民俗。清宣统三年(1911)出版的《湖南商事习惯报告书》所载株洲粮食杂货行行会"树艺堂",在光绪末年(1907)六月初一日议定的规约序称:"迩来时局艰

---

① 李剑农:《宋元明经济史稿》,生活·读书·新知三联书店,1957年,第138页。

难,生机微末,所以百工佣值,按日增加,商业凋零,相时通变。我等请凭宪帖开设牙行,既不屑鄙吝难堪,亦不能过为苛刻。"清末巴陵粮食牙行的条规,专以维护同业共同权益及反不正当竞争为内容,逐项规定颇为具体。

一议粮食牙行,代客买卖,无论新墙以及外客商,均须买卖到行,公平落价,二比明盘,不得私在河下及米店落价,庶无欺瞒情弊,以广招徕。倘有私自落价,查出凭局议罚。

一议无论各路客商,均须落一不落二,无许抢夺,庶无添钱加价之弊。

一议各米照向章敏粘米一石抽行用钱柒拾文,糯米一石抽行用钱壹百文,谷折半,不得过取,查出议罚。

一议米客到行,务须邀请四乡各米店及花户,用公议行庠分销,如分销不尽,再拨卖过江,如过之不尽,客人催起,方可起行。起行后如各米店再要,须照价加行用力钱折耗,方可转回,不得彼此争论。

一议近日人心不古,奸滑米贩搀糠下潮,务须整顿剔除尽净,不得私相售卖,庶免花户受霉滥之害。

一议公同妥商,任客投行,不许拦路邀截。如不遵章,下河邀截,一经查出,从重议罚。

一议粮食行帖开设街河口,不得飞帖霸埠。

一议谷米落价后,高低眼色,自有不一,毋得以便宜之米指鹿为马,欺瞒买客,自行留行起坡。经米店查出,听从议罚。

一议行章三分取用,然近来米价高昂,畅销亦旺,嗣后无论涨跌,均照此议,不得混乱规章。

一议无论各路客商谷米,空舱后每米一石出空舱钱三文,谷折半,并无神福酒水。

凡平时经营所及诸项,一一做出规定,尽在于处理好粮行经纪人同贩粮客商及粮店三者之间所产生的利益关系。其中,"行用钱",即佣金;"投行",即粮贩至经纪人处进行交易;"搀糠下潮"系作假,以假充真,以水分充量;"起坡",即提高价格,皆系当地粮牙习用行话。

行会组织的一大主要功能,是维护行帮共同利益、抵御外来的竞争。清末湖南安化《马辔市牙行条规》的末款,即直接体现了这一点。该款写道:"设立牙行乃万商安憩之所,今岁煌煌宪谕,验换新帖,煞费多金,岂容奸商巧骗行用,致干公究?查市上有种逞刁之徒,每烟土客来埠,不投行户,竟至伊家,胆敢千万土药,任意过秤,随去点钱付行。忍心罔利,任意骗用,领帖开行者甘心任尔骗乎?从兹大整行规,严查密访,一经查获,照章议罚,决不姑宽。"尽在于维护本地牙商同业的生计利益。

由于牙行的专业性经营特点,牙商们通常没有一般性的牙纪行会、会馆、公所之类,而是分别参与或直接融入诸行百业的行会、会馆、公所之中,而不存在独自的牙商行业组织。如"同治十年(1871)正月奉宪勒石"之《苏州府规定巽正公所所需经费应于行用内按照木植出塘每甲提钱四百文归入公所抵充公用并办善举碑》①,意在控制木业统销不得私卖并提取牙用,以充经费。

有些行业会馆或行会行使本行业的规约,入行牙纪必须先行获得本地本行业会馆或行会的认可,方得入市经营,其规约直接获得官府的认可与保护,亦即民间习惯法在官方认可的前提下获得了正式法规的地位。如嘉庆十八年(1813)六月《长元吴三县规定枣客载货到苏许有枣帖官牙领用会馆烙印官斛公平出入毋许妄用私秤欺骗病商碑》②所示:

> 江南苏州府元和、长洲、吴县正堂李、赵、孙,为铁案难泯等事。案蒙前府宪习札,蒙布政司庆批,据长、元、吴三县枣商刘永成、李□成词称:商等贩枣投苏,凭枣帖官牙发卖,遵用康熙三十年蒙宪较定烙印斛砝,颁给会馆,发行划一行使。近有并无枣帖之杂货等行郭万源等,不领官斛,违禁用秤,截卖枣货,并有奸牙穆竟成等朦请桃枣行帖捏诳,不用会馆烙斛,仍用私秤。为粘碑摹呈核等情词。蒙批,仰苏州府照案确查详复,碑摹并发等因到府,提原卷牙帖到县,蒙经遵照将原卷并穆竟成等呈牙帖送府核办在案。今蒙署府正堂周札,蒙布政司庆批,前府详穆竟成等控刘永成等不容销卖桃枣一案,议请行令

---

① 彭泽益选编:《清代工商行业碑文集萃》,中州古籍出版社,1997年,第176~177页。
② 彭泽益选编:《清代工商行业碑文集萃》,中州古籍出版社,1997年,第169~170页。

长、元、吴三县一体遵照旧章,凡苏城枣帖牙户,概行领用会馆烙斛,公平出入,并由府勒石永禁,概不许混用私秤,以归划一,而杜后讼缘由。蒙批,合详销案,仰即分别转饬遵照,仍刷碑摹送查,毋尺缴等因到府,转行到县。蒙此,合遵勒石示禁。为此示仰枣商董事及牙行地保人等知悉:嗣后务遵历定章程,凡枣客载货到苏,许有枣帖官牙,领用会馆烙印官斛,公平出入,毋许妄用私秤,欺骗病商,如有私牙白拉,违禁挽越,一经查出,或被告发,定提究入该地保徇情不报,察出并处不贷。各宜凛遵毋违。特示。

嘉庆十八年六月初一日示
发枣市桥竖立　吴门李渭璜镌

官方之所以如此这般,原因在于其中有官税流失之虞,当是要害之所在。

牙商作为诸行百业的行业组织成员,自然要遵守所在行业组织规约;各个行业组织亦通过其规约规范当行牙商的经营活动。

很多行业会馆的设立,大都意在"既可任客投牙,又堪杜绝把持之弊",亦属一种规避同行恶性竞争的行业规范。

鉴于市肆交易活跃则牙商佣金颇丰,一些市井地痞无赖乃冒牙商名义,不仅非法获利还谋吞商家钱财,清康熙五十年(1711)发布告示并树立专门告示碑予以警禁,同时亦警示牙商"经纪牙人不得私折扣勒,机户亦不得领价花消,拖欠商货",不得借机敛取不正当之财。

作为一种行会组织,牙行由行会、行头、行规、行话及行业神等要素构成。行会有行首、行人、行老等,负责应付内外事务。行规是行帮内部的管理体系和行业规章,它规定行业经营范围、成员守则、会员权利和义务、雇用帮工待遇、劳动条件、学徒制度及处罚等内容。如牙人只能聘用直系男性后代,传男不传女,对于乏儿孙者,可择优招外甥,而不传女婿。制定行规的初衷是"杜弊端、防竞争","裕客便商"是行业祖训。但事实上,竞争是商业领域最基本的状态,行规只能在有限的程度上减少弊端、协调竞争。

行首(行老、会首)对外任务主要有两项,其一是向官府交涉本行的种种权利。如行首与政府交涉"免行"之事。又因为行首是行会的首领,对于行会中的利弊秘密都知道得很透彻,故政府非常依靠他。如《为政九要》中"为政第八"说:"司县到任,体察奸细盗贼阴私谋害不明公事,密问三姑六婆,茶坊、酒肆、妓馆、食店、柜坊、马牙、解库、银铺、旅店,各立行老,察知物色名目,多必得情,密切告报,无不知也。"其二是代表本行对外承接生意。行老作为一行之首,负责为本行对外接洽买卖,并决定买卖价格。"且言城内外诸铺户,每户专凭行头于米市做价,径发米到各铺出粜。"同时因行老、会首是当事者,在这种交易进行中自然要负有很大的责任,若其中有舞弊情事,他要亲自或派人去彻底检查,以维持经营上的信任。如吴自牧《梦粱录·雇觅人力》所载更为详细:

> 凡顾倩人力及干当人,如解库掌事,贴窗铺席,主管酒肆食店博士、铛头、行菜、过买、外出儿、酒家人师公、大伯等人,又有府第宅舍内诸司都知、太尉直殿御药、御带、内监寺厅分,顾觅大夫、书表、司厅子、虞候、押番、门子、直头、轿番小厮儿、厨子、火头、直香灯道人、园丁等人,更有六房院府判提点,五房院承直太尉,诸内司殿管判司幕士,六部奉顾倩私身轿番安童等人,或药铺要当铺郎中、前后作、药生作,下及门面铺席要当铺里主管后作,上门下番当直安童,俱各有行老引领。如有逃闪,将带东西,有元地脚保识人前去跟寻。如府宅官员、豪富人家,欲买宠妾、歌童、舞女、厨娘、针线供过、粗细婢妮,亦有官私牙嫂,及引置等人,但指挥便行踏逐下来。或官员士夫等人,欲出路、还乡、上官、赴任、游学,亦有出陆行老,顾倩脚夫脚从,承揽在途服役,无有失节。

同业行会掌握本行市价,是行会维护行户利益的例行手段。元代的行会依然如此。如《通制条格》卷一八《关市·牙行》所载,皇庆元年(1312)三月,中书省御史台呈:"近年都下诸物价腾,盖因各处所设船行步头,刁蹬客旅,把柄船户,以致舟船涩滞,货物不通。"货物阻塞,则"诸物价腾"。为平抑市价,官府便通过诸行申报价格的办法进行控制,如《大元圣政国朝典章》卷二六《户部·物价》引《至元新格》所载:"诸街市货物,皆令行人每月一平其直,其比前申有甚增减者,各须称说增减缘由,自司县申府州,由本路申户部,并要体度事实,保结申报。"

例如清宣统三年(1911)五月由湖南调查局编印的《湖南商事习惯报告书》第

一编《通例》第一章《商号》之第五项《公会入帮》的记述,可窥当时全国一般之概况:

当未有商会以前,各种商号莫不各有公会。公会类以各种营业推本古先奉为神,祀以固其团体(详民情风俗神道章)。而各种商规(俗曰行规),亦随其团体公同议立,以为共守之则,而无或达。且可以其公立条规为对外之具,此商人所以重入帮也。湘省商人分帮,有以同业为帮者,如盐帮、茶帮、匹头帮、竹木帮、票帮、钱帮、典当帮以及各种行业,各为一帮之类皆是也。有以同籍为帮者,如盐帮有南帮(江南盐商曰南帮)、西帮(江西盐商曰西帮)、北帮(湖北盐商曰北帮)、本帮(本省盐商曰本帮)。本帮又分湘乡帮、浏阳帮。匹头帮有苏帮(江苏商人)、本帮(本省商人)。竹木帮有西帮(江西商人)、本帮(本省商人)。票帮有平遥帮、介休帮。钱庄有西帮(江西)、苏帮(江苏)、本帮(本省)。典当帮有南帮(江南)、徽帮(安徽)、西帮(江西)、本帮(本省)。以及各种同业以同籍各为一帮之类,皆是也。

同业公会,一业之规则系焉。其规则多有请由官厅立案者,故商号入帮,通常认为必要之手续。凡设立商号,必先入同业公会,缴纳入会(俗曰上会)之费,或名请牌费,或名挂牌费。随各帮自由规定,银则多至百数十金,或十数金,或数金。钱则多至一二百串,或百数十串,或十数串,或数串,少至一串或数百文。各视其营业(状)况而异。缴费后,由公会登记,即为同业所公认,是为同业入帮。(惟钱业当设立商号时,省城须先由福禄宫公会缴纳牌费,每牌名二字须费银五十两。否则,不能设立。常德须由财神殿公会缴纳银百两。若牌名三字,则需银百五十两,否则不为同业所公认。并特别也。)

同籍公会,由各籍会馆组合之。凡商号之同籍者,有以同一业在会馆立一会者,亦有不必同业而共立一会者,均按其同籍之商号,随各帮自由规定。缴纳入会之费,或百数十金至数金,或百数十串至数串不一。缴费后由公会登记,即为商界同籍所公认,是为同籍入帮。(湘潭之本帮、西帮、南帮、北帮、苏帮、广帮、建帮,由七帮之目。常德之同善堂、育婴堂、同仁堂、西帮、徽帮、苏帮、广帮、建帮、川帮、云贵帮、长沙帮,有三堂、八省之目。洪江之万寿宫,

以及衡州馆有十馆之目。皆以同籍为帮,于商界上颇有势力)

湘省惯习,同业之有公会者,必有入帮之手续,而后新添之商号,始得设立。否则同业者不公认,而公会团体必群起而攻阻之。若同籍之公会,大都以乡土感情天然联络,与商事无甚关系。其入帮与否,亦多听其自由。然如皮梁店之黄陂帮、锡箔厂之南丰帮之类,其同籍者皆同业,又未有不入帮而自外其团体者也。

又同一之商业,向分本帮、客帮。若客籍人设立商号,在同务中并无同一之商业,则当请入本籍人之同业公会,合为一帮。但以同业为主义,亦不问其同籍否也然。在偏僻城市,客籍商号无同籍之同业公会者,不入本籍同业之公会,亦多听其自由。但有一二同籍又同业者,则另立一会,自为一帮,亦不必定与本籍同业者合帮也。至客籍人营业止此一家,本籍人并无同一之业者,湘俗谓之独行,又无所谓帮者。

需要注意的是,历代许多行会的行首亦即会首的重要权力之一,是统管本会各家生意的居间经纪事务,诸如货源、定价、推销等,这是商业活动中很大的权力。因为,这是所从事行业经营活动的核心环节。作为会首把握这个环节也就把握了本行业的控制权柄。例如,清雍正年间山东等地推车运输业的"车会"即如此。雍正十三年(1735)秋,山东某地方官由于对山东高唐州"车会"行事活动具有江湖秘密结社的警觉而给朝廷的密奏[①]:

谨奏为密奏事。窃见山东高唐州民间作会,有称盘手者,询其根由,乃彼地推车之人所立会名。每年各于寺庙处所约会几次,每会纳钱数百,届期车户齐集,多者百十余辆。演戏剧饮,会毕而散。其所推之车,各会各有暗号,或于车上标插雉尾,或悬碎铃,或挂小磁瓶,或刊木为傀儡,或结绳穿缀琉璃,或涂染车轮黄黑各半,种种不一。惟其同会者相望而识,往往结伴在路,动辄恃众争殴,睢盱道左,莫敢谁何! 今臣闻此会较前更盛,每一会处,车至数百余辆,渐有地方衿监为作会首,代其经纪。市井无业之徒,招致入会,给以车

---

① 彭泽益:《中国工商行会史料集》,中华书局,1995年,第940页。

辆资本,民间遂有"投了盘手不雇家"之谚。至其会中人等,如有在外生事犯法,拘执到官,即以所积会钱,资其缠用,奔走营办。以故相藉肆横,略无忌惮。臣思此辈作会,虽非白莲邪教,烧香聚众之比,原可不禁,但齐东风气强悍,而推车小民,又皆粗鄙椎鲁,不明大义。平日既以伙党为亲密,心志齐一,不难共出死力。倘有奸猾不轨之徒,从而煽诱滋事,最易摇惑,此诚关乎地方。再,推车悉穷民,锱铢所入,皆其汗血。每年数次纳钱,拮据耗费,仍恐非其本愿,当必有豪强为首者。严立规条禁罚,以相绳束,是盘手一会,即不至有他虑,在民累亦所宜除。山东、河南、直隶三省联界地方,所在皆有。可否仰请圣鉴谕饬各该督抚密为确访,务将会首设法查禁,俾其党类日散,声气自孤,庶皆为安业之良民矣。臣愚鳃鳃过计,未审有当,伏乞皇上睿鉴施行。谨奏。

从宋元至明清,都市城镇商业诸行的专业分工日趋细化,牙商也随之变得专行化起来。许多名为"行"者,往往即专业牙行,其行业组织也即专行牙商行会。宋代以来出现的牙商行会,当主要是私牙行业组织。广东习以"堂"名行会,光绪年间其在梧州各行的行会多名之为"堂",如经纪人和代理商的"永安堂"、软木业的"安顺堂"、棉纱布匹业的"协和堂"、银号钱庄业的"昭信堂"、纸张书籍及爆竹业的"至宝堂"、土产鸦片业的"协成堂"、液体蓝靛业的"光裕堂"、药材业的"寿世堂"、屠宰业的"成义堂"等。

行业规约。常言道:国有国法,家有家规。诸行百业亦有各自习惯法。很多时候,在各个行业内部,行规往往由行会、会馆、公所之类组织、机构主持实施,还可被官方视作断案的依据。例如清《道光十一年(1831年)二月二十八日刘龚氏告状》[①]一案即是。据案牍记载:

> 情氏夫刘文魁在日,开设长泰染房多年,渝城染房共有五十四家,历有程规,承办万寿及春秋祀典文武各衙门一切差务。嘉庆年间,因玩法差役借公起用布匹不还,赔偿客布,负欠过多,经同行五十四家,协力同心。又定程规,

---

① 四川省档案局、四川大学历史系编:《清代乾嘉道巴县档案选编》上册,《道光十一年(1831年)二月二十八日刘龚氏告状》,四川大学出版社,1989年,第355页。

公办差务,每年续还负欠。至于开设铺房,必须隔离三十家外,以免讧夺生意之弊,程规□□。道光五年(1825)有邵如松紊乱行规,在何裕昌铺仅隔十余家开设讧夺,裕昌经同行具控,断令如松搬移。去年又有瑞丰号仍滥程规,亦经行重理遣搬移无异。今正月有朱奇窥氏夫故子幼,百般计套氏将夫遗长泰染房招牌门面顶打与伊未从,朱奇挟怨不良,同黄德成、张同禄另打招牌,故乱程规,在氏对门开一染房,讧夺生意,绝氏衣食。激氏投鸣行众,尚德泰等剖伊不可紊规,朱奇等全不依剖,众皆莫何,叩唤究断,以安孤寡。

行规行约,是诸行百业历代相沿成习的行业自治、自律与自我保护习俗。俗语道,没有规矩,不成方圆;国有国法,家有家规,行有行规。行业规约是维系行会组织的制度保证,是规范行业行为的重要工具。行会以其议定的行规来维护行会的权威及行业活动秩序,没有相应的行规,行会便难以存在,也失去了存在的意义和基础。因而,各类行业组织无不以议定行业公约性质的行规为立会之本。通过制订和修改完善行规来发挥行会的作用,这一点在清季表现得比较活跃和突出。可以说,修改、重订行规,是使行会适应新情况、解决新问题的一种必要手段。历代牙商的行规行约,多与所在行业行规行约融为一体。例如,《湖南商事习惯报告书》所汇集的商业条规中,存有一些行业的专行牙行行会组织制订的同业行规。安化《马辔市牙行条规》末款称"设立牙行乃万商安憩之所,今岁煌煌宪谕,验换新帖,煞费多金,岂容奸商巧骗行用,致干公究?查市上有种逞刁之徒,每烟土客来埠,不投行户,竟至伊家,胆敢千万土药,任意过秤,随去点钱付行。忍心罔利,任意骗用,领帖开行者甘心任尔骗乎?从兹大整行规,严查密访,一经查获,照章议罚,决不姑宽"。株洲《粮食杂货行条规》中说:"我等请凭宪帖开设牙行,既不屑鄙吝难堪,亦不能过为苛刻。"巴陵《粮食行条规》说:"粮食牙行,代客买卖,无论新墙以及外客商,均须买卖到行,公平落价,二比明盘,不得私在河下及米店落价,庶无欺瞒情弊,以广招徕。"长沙《灰行条规》说:"我等石灰买卖颁请牙帖,开设灰行,纳税承差,宪章历奉,向定城厢内外,上至南关外南湖港,下至北关外毛家桥,概归行发卖。间有射利之徒,私贩悄卖,一经查获,除公同禀究外,将灰起至各宪辕听差应用,我等不得私吞于咎,以昭公允而杜弊端。"凡此,均专门行业的居间贸易商行行业组织所订行规。其中,也不乏综合经营性质的牙商组织,或以宗族关系为联系纽带的牙商组织。

诸如此类,各种行业规约大都有个自觉遵守官府律例的底线,主动将之纳入官方法律法规的保护范围之内。这样做的结果,就使得民间的规约具有合法的地位。一旦业内有人违反规约,若不服从规约的惩治,即可报官请求官方依律裁判和处置,双方均有理据可依。例如,清嘉庆二十五年(1820)官府在处理巴县一件违反行规的案件时,先是批示"各行贸易各有行规可循,毋则兴诉",而后又出示晓谕"自示之后务准照旧章,毋再抗违紊乱讼扰,致干查究"①。"地方官反复重申行规所具有的法律效力,并张贴告示给行规以极大的支持,这也有力地证明了行规在维护市场秩序中的重要作用。"②或言之,行规行约自觉以法律法规为规范,官府则承认其合法性并以律例视之,从而强化了行业规约的合法性和有效性。

服饰标志习俗。中国古代牙商向以官商为主体,间或与个体民营共存。但有关牙商的行政管理,如牙帖请领与查验,始终在相关律制规范与直接管理范围之内。例如晋朝将牙商服饰纳入律令视野,规定了牙商统一的法定服饰样式,"皆当着巾,帖额题所侩卖者及姓名,一足着黑履,一足着白履"③。律例的规制,在当时成为本行业的服饰标志习俗。《东京梦华录》卷五记述北宋东京汴梁(开封)民俗说:"其卖药卖卦,皆具冠带。至于乞丐者,亦有规格。稍似懈怠,众所不容。其士农工商诸行百户衣装,各有本色,不敢越外。谓如香铺裹香人,即顶帽披背;质库掌事,即着皂衫角带不顶帽之类。街市行人,便认得是何色目。"以此类推,当时的诸行牙侩,似亦当有相应服饰标志,待考。

3.隐语行话

唐代元稹《估客乐》云:"亦解市头语,便无邻里情。"明代郑真《题鉴湖晓霁》

---

① 详见《清代乾嘉道巴县档案选编》(上),嘉庆二十五年(1820)五月二十二日巴县告示,转引自张渝《清代中期重庆的商业规则与秩序》,中国政法大学出版社,2010年,第113页。
② 张渝:《清代中期重庆的商业规则与秩序》,中国政法大学出版社,2010年,第113页。
③ [宋]李昉:《太平御览》卷六九七《服章部》一四及卷八二《资产部》八均有此记载。

云:"鉴湖晴涨白鸥波,贺老风流问若何。蛮贾趁墟酬市语,洞山踏月听空歌。"市井诸行市语唐代即已流行。又如宋代曾慥《类说》卷四引《秦京杂记》云:"长安市人语各不同,有葫芦语、锁子语、纽语、练语、三折语,通名市语。"清代翟灏《通俗编·识余》云:"江湖人市语尤多,坊间有《江湖需要》一书,事事物物悉有隐称。"

道光十年刻本《古圣贤像传略》载李商隐像　　　　《杂纂七种》封面书影

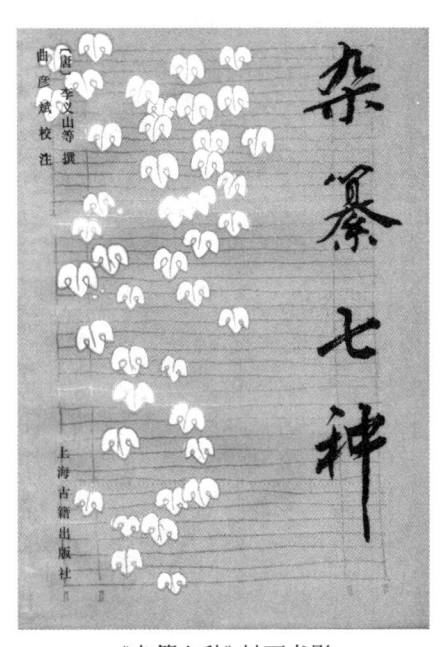

唐人李义山的《杂纂·会不得》将"诸行市语"与"福州举人商量作事,番人说话,争论讼无道理,上山无路,为客少裹缠"并列作为"会不得"之诸事相,宋代王君玉的《杂纂续·难理会》将"经纪人市语"与"波斯念《孔雀经》,醉汉寐语,杜撰草书,两人拽斜说话,古篆碑额,抽乱茸线,短舌人骂詈,欠债无有约,哑汉做手势,远从兄弟服纪,大官侵占人田土"并列作为"难理会"之诸事相,皆在明人田汝成《西湖游览志余》中所说:"乃今三百六十行,各有市语,不相通用。"故此,对于外人则必然是"会不得""难理会",无足奇怪。正因其"会不得""难理会",以及业外人、非本行者"不可解识",闻之懵懂,故云"讹言反说",实皆"杂糅货卖"诸行隐语行话。

隐语行话,或叫民间秘密语,在汉语史上又有"秘密语""隐语""行话""市语"

"切口""春点""锦语""市语""杂话"或"黑话"等多种称谓,是某些社会集团或群体出于维护内部利益、协调内部人际关系的需要,而创制、使用的一种用于内部言语或非言语交际的,以遁辞隐义或谲譬指事为特征的封闭性、半封闭性符号体系,是一种特定的民俗语言文化现象。"牙商的行话与暗语是民间秘密语言的一种特殊语言现象,又是一种民俗语言文化。一方面为牙商群体内部交际工具,主要用来保守牙商内部秘密,有维护牙行利益的功能,另一方面在很大程度上也是牙商阻断买卖双方知情的手段,便于把持生意。"①宋代陈元靓辑《事林广记·续集》卷八《绮谈市语·人物门》:"牙人,侩者,牙郎。"明《墨娥小录》卷十四《行院声嗽·人物》:"牙人,齿子。"均属于非牙商的业外人群称谓牙商的市语。

再如民初《全国各界切口大词典》②之三《杂业类·商人共众切口》所辑释的一些清末民初业外人群称谓牙商的市语。如:

跑街:跑街有两种,一为探听市价者,一为兜销货物者。

捐客:买者与卖者之介绍人也。交易成,则扣其佣。业此者,以熟悉市价,交游广阔之人为多。

康白大:洋行买办也。

白拉:代人家买卖之商家,无牙帖者也。

诸行经纪人出于生计和居间经营交易需要,均要谙熟并会使用当行乃至相关行业的隐语行话。隐语行话是其必须掌握的经营工具和维护自身及当行利益、交流信息的基本手段。同时,这些隐语行话也是其当行行事乃至行业内幕别有天地的窗口,是其行业历史十分重要的语言化石。中国经纪人行业,主要是语词形态有声的隐语行话和非言语形态的隐语行话。

由于历代牙商大都分散存在诸行百业,除了部分通用行话用语,很难形成统一、通用的牙商隐语行话。反之,确需谙熟所处行业的隐语行话,作为在该行业从业所必需的入门基础知识和内部言语交际工具。

"驵侩"亦即以马市为代表的牲畜交易经纪人,是中国牙商中民间化、专业化

---

① 张彦台:《民国时期北方牙商的社会特征》,《河北学刊》2014年第1期。
② 吴汉痴主编:《全国各界切口大词典》,上海东陆图书公司,1924年。

历史比较悠长的一个中间商行业。形成于明代永乐年间的东北地区第一大马市——范家屯马市,"由马贩子、马经纪、店掌柜等与马市、马店行业相关的各种人员组成一个带有神秘色彩的职业行帮集团——吃马行的",这是"这些人对自己的职业称谓"。这个"在自身发展和与各种势力交往过程中,围绕马市所组成的特殊职业集团,逐渐形成了特有的行业用语(切口、隐语)、行帮习俗及行业技能"。实质上,其"行业用语"也是一种必备的"行帮习俗"兼"行业技能"。其"关于'吃马行'的隐语,他们自己叫作'讲嘎'",如一谓"叶字嘎",二谓"坛字嘎",三谓"品字嘎",四谓"吊字嘎",马市经纪谓"掌盘的"。同行谓"里码人",外行谓"不懂嘎",什么价谓"多少嘎",不卖谓"打不开",降价谓"扒拉开",小骡马谓之"小货",大骡马谓之"大货",购作屠宰的牲畜谓为"生根",等等。而且,还伴有非言语的"袖里吞金术"。民俗学的马市习俗专题调查报告《关东第一马市习俗调查》[1]说:东北地区于明永乐年间始在开原、广宁等处开马市,此后四五年间,东北马市北移,逐渐形成了最大的范家屯马市,以及海城、瓦房店等著名马市。调查报告凡五部分,其第四部分"袖里吞金术",记述了手指数目代码;第五部分马市交易隐语举要,记述了马市的数字切口、日常称谓、响马切口,总计60余事。报告中说:隐语,即黑话,也叫切口,广泛使用在马贩子、马经纪、掌柜的、掌盘的之间,局外人即使站在一旁,也是鸭子听雷,什么也弄不明白。关于"吃马行"的隐语,他们自己叫作"讲嘎"。"嘎"字何义,作者调查过许多曾混迹于旧马市多年并曾以此为生的人。他们也只是会讲嘎,明白只要一提讲嘎,就是要求双方用隐语交谈,至于"嘎"字的意义,根本无人讲得清。考之,可作两种解释。其一,嘎即价,在音韵上两者均为双声,属旁内转。其二,嘎即钱,在北方的满族、达斡尔族、锡伯族等少数民族语言中,钱的发音均如"吉嘎",马市隐语很可能由此得名。如所记述[2]:

> 马市规矩买卖不交言,既指买卖双方不见面,不直接讲价,也指马贩子、马经纪之间在交易过程中也不能随便说话。双方讨价还价、介绍行情,只能在袖筒子里捏手指头,俗称"盖盖摇",即马贩子之间通称的"袖里吞金术"。

---

[1] 张徐:《关东第一马市习俗调查》,《民间文学论坛》1992年第4期。
[2] 张徐:《关东第一马市习俗调查》,《民间文学论坛》1992年第4期。

双方在袖筒里用手出价、还价,用手一摸就知道。如不行,就再出手表示。具体为:出一食指,表示一;出食指加中指,表示三;出食指、中指、无名指加小指,表示四;五指全伸,表示五;单出大拇指加小指,表示六;五指尖聚拢,表示七;出拇指和食指叉开,表示八;在八的基础上,勾回食指,表示九;十又归一。另外,单伸食指、中指,食指在下,中指在上并拢,也表示十,俗称"背子十"。如遇十一、二十二、三十三等相重的双数,手就在袖筒里晃一下,表示同样的数字重复。

用"袖里吞金术"讲价,数字靠手法不能定位,只能用口说话表示这个是整数,这个是零头;这个是大数(或百位、千位、万位),这个是中数(比大数降一位),这个是小数(比中数又小一位)。如,要表示一万五千元,就可以先出一食指,说:"这个整。"再出五指说:"这个零。"但至于所表示的是一万五千元,还是一千五百元或十五元,都需要根据具体行情,按物索值。由于讲买讲卖的双方都是经纪人,熟悉行情,所以双方理解一般不会出错。双方出手习惯是出鸳鸯手,即一左一右,这样双方捏起来方便。这只是一般习惯,没有具体行规。

有研究者认为:"在交易场中,牙商们为了保证相互间信息交流的高度机密,在进行交易时均在袖筒里用手交流,而且几乎所有行业的牙商都有一套神秘的行话和暗语。牙商的技能是神秘的、无形的,非一般阅历者所能掌握。"[1]

近代,在粤东的闽方言地区曾流行着主要为经纪人群体使用的统称为"棉湖僻"的几种反切式民间秘密语。此所谓"僻"者,一些地方谓反切秘密语,因不明就里而以其为怪异难懂的言语。据林伦伦《广东揭西棉湖的三种秘密语》[2]记述:

棉湖秘密语源于商贸。墟集中的商人们,特别是经纪人(当地称"中人")中流行,目的是不让行外人知道他们之间讨价还价的秘密。

在棉湖墟集中,由于买卖不同,这种秘密语也略有不同,因而又有"猪中僻"

---

[1] 张彦台:《民国时期北方牙商的社会特征》,《河北学刊》2014年第1期。
[2] 林伦伦:《广东揭西棉湖的三种秘密语》,《中国语文》1996年第3期。笔者注:为避免烦琐,接续引述本文不另一一赘注。

"药铺僻""剃头僻""拍铁僻"之分,甚至还有"乞食僻",即丐帮秘密语。随着理发匠、打铁匠和乞丐们的到处流浪,棉湖秘密语也在粤东各地下层社会和市井中流行。20世纪30年代后期至40年代初期,为了逃避日本飞机的轰炸,县立揭阳一中迁至棉湖。这些学生觉得棉湖秘密语很好玩,大都学会了。由于这些学生的传播,当时的汕头市和潮州府城的中学生中掀起了一股小小的说"僻"热。时至今日,还有不少六七十岁的老人对此记忆犹新,不少人还会说这种秘密语。

第二种是"叠韵式"秘密语。即利用要说的音节的韵母,在其前面加上个[s-]声母(如果这个音节正好是[ts-]声母),拼成一个音节,置于要说的音节后面。实际上是在要说的音节后面制造一个衍生音节,以达到行外人听不懂的目的。此种秘密语多流行于丐帮或轿夫帮等。

第三种是"改韵秘密语"。即只留下要说的音节的声母和声调,把韵母全都改成[-iu]。

"棉湖僻",一如侨乡客家话的"下市话""鸳塘话""江湖话",淮河流域正阳关的"市门语"等,均属于地域性颇强的"小地域性"反切式的乡土秘密语。

行话各帮皆有,又各不相同。市井即江湖社会。身为市井牙商,难免要与诸行百业有交集。因而,掌握并熟练使用江湖通用的隐语行话,亦属身在其间借以生存和谋生的必需常识。例如,明末清初《江湖切要》记载当时两套秘密语数码,并于构造上相互联系:一为流,又为流寅;二为月,又为月卯;三为汪,又为汪辰;四为则,又为执己;五为中,又为中马;六为人,又为人未;七为心,又为辛申;八为张,又为朔西;九为爱,又为受戌;十为足,又为流执。又如光绪年间,皮、瓜、李诸行江湖日常通用切口数目,以一为留,二为越,三为汪,四为则,五为中,六为仁,七为信,八为张,九为爱,十为足。与以往某些秘密语数码互有异同,盖传承扩布中变异之故,并有行当、地区分别。

4.行业箴言谣诀

宋元,特别是明清以来,坊间开始广泛流行诸如社会生活指南知识、日用百科知识一类的读物,俗谓"万宝全书"。例如,《居家必用事类全集》《新刻天下四民便览三台万用正宗》《便民图纂》《新刻天下四民便览三台万用正宗》《新镌历世诸大名家往来翰墨分类纂注品粹》等,均属于综合性的通俗日用类书。有的书特别辟有商事专题内容,以便从商者参考。如明万历年间余象斗编纂的《新刻天下四民便览三台万用正宗》(简称《三台万用正宗》),举凡天文地理、四时季节、周边关系、拜师从儒、礼仪、音乐、律例、琴棋书画、赌博、体育活动,以及日常民用、医学知识、星相占卜、风水营宅、农桑、算法数学、宗教知识等与民众日常生活相关的内容几乎无所不包。是书卷二一《商旅门》,内容包括客商规鉴论、船户、脚夫、银色、煎销、秤锤、天平、斛斗、谷米、大小麦、黄黑豆、杂粮、芝麻、菜子、田本(即豆饼等肥料)、棉花、棉夏布、纱罗缎匹、竹木板枋、鞋履、酒曲、茶、盐、果品、商税、客途、占候、论世情、保摄、论抢客奸弊等近30个专题,分门别类地介绍了经商相关的专业知识、经验之谈及为商处世之道,堪称经商大全,颇受商界关注。

明清以来,随着城乡商业的繁荣和商事活动日益成为普通的生计,出现了大量的专门以商人为对象的商书,最具代表性的如明代黄汴《一统路程图记》八卷,陶承庆《商程一览》二卷,周文焕、周文炜的《新刻天下四民便览万宝全书》三十五卷,壮游子《水陆路程》,商浚《水陆路程》八卷,程春宇《士商类要》六卷,李德晋《新刻客商一览醒迷天下水陆路程》,憺漪子《士商要览》三卷,鼎锓《商贾指南》;清代崔亭子《路程要览》二卷,赖盛远《示我周行》全三卷附续集,吴中孚《商贾便览》八卷,王秉元《生意世事初阶》,等等。大多数商书主要介绍外出经商首要必备的交通知识。如新安黄汴编撰、金陵李潮刊刻的《天下水陆路程》序文所说:

> 天下中国以至于九夷八蛮之地,莫不由舟车而至。名山大川以至于海隅日出之表,莫不由遵道而行。舟非水不行,车非陆不至。乃水陆莫不有程途,无程途,滔滔天下,令人迷津,茫茫山河,令人裹足。行必由径,篡入迷途,故差毫厘失千里者也。于是有水陆路程之设,使天下仕者知立于朝,耕者知耕于野,商贾知藏于市,行旅知出于途。自西自东,自南自北,无往不适,使海内仕耕商旅,由天下之达道登天下之正路,恍然驾轻车、就熟路。凡天下之大,四海之广,谁能舍正路不由哉!

序文道出各地道路复杂,欲走安全捷径则须事先了解路程知识,此即该书主旨所在。卷一、卷二,详细记载南北两京往13省的主要路线;卷三,记述南京及周边府县的路程;卷四,记述北京周边、东北各都司、西北边境的路程;卷五至卷八,则记载了江南、江北水陆路程。

或因"无牙不商"的制度与商业习惯所致,有的商业书特别辟有关于牙商、牙纪的专题内容,例如明代新安(徽州)人程春宇编纂的《士商类要》,就是天启年间刻印的一部非常重要的士商用书。

市场交易的买卖双方,买家怕上卖家的当,卖家也怕上买家的当,千古同理。双方的一方,还可能是面对牙纪的商家,亦即商家与牙纪构成买卖双方;这时,商家提防牙纪有诈,牙纪也怕商家搞鬼。《杜骗新书》卷一《牙行骗·贫牙脱蜡还旧债》载:"出外为商,以缥缈之身,涉寡亲之境,全仗经纪以为耳。若遇经纪公正,则货物有主。一投狡侩,而抑货亏价必矣。是择经纪,乃经商一大关系也,可不慎欤!如其人言谈直率,此是公正之人。若初会晤间,上下估看,方露微言,则其心中狡猾可知。若价,即言而不远,应对迟缓,心必怀欺。若屋宇精致,分外巧样,多是奢华务外之人,内必不能积聚。若衣补垢腻,人鄙形猥,肩耸目光,巾帽不称寒暑,此皆贫穷之辈。若巧异妆扮,服色变常,必非创置之人,其内必无财钞。若衣冠不华,惟服布衣,此乃老实本分,不可以斯之曰贫。……当货物发脱之初,细审经纪,对手发落,方可保无虞矣。"

徽州商人程春宇"早失所天,甫成童而服贾,车尘马迹,几遍中原,故土俗之淳漓,山河之险易,舟车辐辏之处,货物殖生之区,皆其目中所阅历"。《士商类要》是作者在行商过程中历经十余年"取生平睹记,总汇成编",最终得以在天启末年完成并得以刊刻流传。《士商类要》四卷,卷二中的《客商规略》《船脚总论》《为客十要》《士商类要》《贸易赋》《经营说》,均属直接讲述经商之道的经验箴言。其中《买卖机关》所载经商之道,主要就是为"保无虞"而"细审经纪,对手发落"的经验之谈。于此,选辑数言,略窥一斑:

好客不欲频换主,良牙安肯负初心。

交久而情愈笃,君子也。朝恩而夕寇仇,小人也。客既有扶持之心,主岂无报效之意。多有客情顾望旁求,陋旧主而美新东,昨张家而今李店,岁无定主,遂使效意不坚,欲其豫让国士之报,难矣哉!

在客亦须为主打量,作东独不划货多少。

人处家务,量入以制出,则终身无失。若不划算,必有差失。客所相投,原为益主,其款待礼物,安得以其疏薄而较之哉?

失礼非是罪人,图食岂是好客?

待客只在财上分明,虽酒席礼物疏薄,非为得罪。若不念财本,惟慕此小饮食,此岂谓良客乎?

终日设筵防有意,不时侏戏岂无图?

主之待宾,自有常礼。若不时唱戏筵宴,及佳肴美酝,私邀享之,此皆买结客心,计在钓饵,得谓无所图耶?

图口腹之客,逾阿谀之牙。

口里罪肥,到底还须吃自;眼前虽好,后来端的遭亏。

彼图口腹者,固非良客,而逾分阿谀者,亦岂好牙?安知所以款敬,用下客钱,他日无可抵偿,至于亏欠记约。算来平日之食,皆食自也。

度入而制出则常足,未来而预费则失望。

有等主家,计其客在地头即打账,所赚用钱若干,预去赊借。及客临之日,又为别家所得,大失望矣。莫若节俭,度日进几何,所费称是,则常足而不窘也。

合伙开行,分头管事。

合伙开行,择能者是从;分头管事,以直者可托。

一行若有数人合伙,客当择其殷厚者托之本,能事者托之鬻,他日相投亦如是也。

政府的法律法规,社会的公序良俗,作为习惯法性质的行规行约,乃至行业经验的规范,既是从业者入门的必修课,也是不时重温的座右铭,都是作为经纪行业必须遵守的"规矩",这些"规矩"保证其投机经营的合法性和合理性。只有如此这般,才能最大限度地规避风云变幻的商场竞争行为风险,这也是经营者最重要的智慧所在。

七、"市侩"演变故实

秦汉时期,"市侩"曾一度是带有尊崇色彩的称谓,也就是说,"市侩"原本与"牙商"同义,都是用指商务活动中进行中介服务的经纪人。

在民间口碑中,"无商不奸"原本是褒义的"无商不尖"。"市侩"原本是经纪人行业史上的"牙商",却因其唯利是图的欺诈行为而蒙羞积垢,成为一个声誉不佳、玷污世风的不良行业形象。于是,至明清,则逐渐演变成了善于钻营、道德伪善、作风粗鄙庸俗、蝇营狗苟的奸诈势利小人的代名词。

"市侩"语义演变的历史轨迹,显示着人们善与恶的双重本性在崇善惩恶的道德取向上的博弈,是公序良俗法则的裁判与规范。

1. "市侩"原本是"牙商"

明代市井将市侩中的恶棍谓"驵棍",与市井恶棍无异。明代谢肇淛《五杂俎·事部三》:"盖我朝内臣,目不识字者多,尽凭左右拨置一二驵棍,挟之于股掌上以鱼肉小民。"明代李晋德撰《客商一览情迷》所辑"悲商歌",形象地再现了古代商人面对奸牙的苦状,其中写道:"担尽愁来吃尽惊,许多凶险也曾行。一逢牙侩讴财本,平地无坑陷杀人。"足见民间对奸商之愤恨尤以牙商为甚。

尽管"无商不活",经纪人职事是繁荣商业流通不可缺少亦难以替代的重要环节,但在中国文化史上,却是一个声誉不佳、玷污世风的不良行业形象。"无商不奸",主要是针对牙商这个行业的不端行为而言的。

"无商不奸"原本是"无商不尖"。李商隐《义山杂纂·未足信》将"牙侩赌咒"列为"牙侩赌咒,媒人夸女儿好,醉后许物,妓别痛哭,和尚持戒,道学口谈"六种世人公认的"未足信"之首,属于最无诚信者,足见其德行口碑之差。清代褚人穫《坚瓠五集》卷一辑录有《贫士征》十一则,颇可洞察古今世俗习尚:"愁日增,意气日减;药方日增,酒量日减;奔走日增,交游日减;子女日增,婢仆日减;索债人日增,借债人日减;典票日增,质物日减;妻孥怨恨日增,亲眷奖誉日减;方外交日增,帏榻情日减;市儿牙侩之秽语日增,登临赏玩之情缘日减;厌态日增,佳思日减;慈悲心日增,计较心日减。"习俗风尚,多含世态炎凉之情。将"市儿牙侩之秽语"与"登临赏玩之情缘"相对应,显然是世俗轻视、忌讳"市侩"观念之体现。

《醒世恒言》第十九回《真廉访明镜雪沉冤》中的牙人"李花儿","原是个不良之人,得了一笔横财,也是谋了一个山西客人的,就发了家,就在这潮州城外,开了个苏杭闽粤杂货老行,若客人急要回家时,他就有现银应客,因此四方主顾,来的都到他家"。其"诨名叫做李花儿,因他各路走得熟,又口舌利便,趁钱在行,广东人口号,说在行叫做花得来。故此人人叫他做李花儿"。正是由于这个"李花儿"见利忘义的本性使然,演绎出一场"邬百顺夺妻倾家,程汾桥替恶受非。李娇姐负心贪浊,真廉访明镜剖沉"故事,落得个悔之莫及被世人耻笑的下场。

究其实,民间所说的"无商不奸"原本是褒义的"无商不尖"。何谓"无商不尖"?旧时量制,十合为升,十升为斗。旧时平民家中通常无多存粮,谓之"升斗小民",借以比喻贫苦百姓。"升斗小民"市上买米,商家往往会在已抹平的升斗平面上再加点"添头",使之升斗里的米冒出一点"尖儿",以示"足金足两",相沿成习,亦即"无商不尖"。然而,一旦商家的缺斤少两等克扣行为多起来,人们便通过谐音,把"无商不尖"改成了"无商不奸",以示抗议与痛恨。

当下,言及"市侩",往往就会联想到"市侩小人""市侩哲学"之类。当代诗人郭小川在《秋歌》中写道:

是战士,决不能放下武器,哪怕一分钟;
要革命,决不能止步不前,哪怕面对刀丛;

见鬼去吧,三分杂念,半斤气馁,一己声名;

滚它的吧,市侩哲学,庸人习气,懦夫行径。

在构词法上,以与"市侩"形与义皆相近的近邻词"市猾",谓市井奸诈无赖之徒,始于清,如周亮工《书影》卷十:"一二市猾,勾党开采,青山白石,悉遭残贼,长林茂树,斫伐一空。"以市侩作为无德市商以及类似行为的代名词,亦始见于清,如邹容在《革命军》中说道:"外国之富商大贾,皆为议员执政权,而中国则贬之曰'末务',卑之曰'市井',贱之曰'市侩',不得与士大夫为伍。"于此,"市侩"与"市猾",皆指奸诈无赖小人。

就牙商的发生发展史轨迹来看,"市侩"本是汉代以来对牙商的一个正常称谓,初只有经济贸易的意义,是指市肆生意的居间经纪人。如《淮南子·氾论训》"段干木晋国之大驵也",汉代许慎注:"驵,市侩也。言魏国之大侩也。""魏国之大侩",当是长安市侩刘仲始等一些有德牙商。即如《太平御览》卷八三〇《资产部》十所记:"《魏略》曰:昔长安市侩有刘仲始者,一为市吏所辱,乃感激,踏其尺折之。遂行学问,经明行修,流名海内。后以有道征,不肯就。众人归其高。"至唐代亦然,如《新唐书·食货志四》"鬻两池盐者,坊市居邸主人,市侩皆论坐"。

据《苕溪渔隐丛话》前集卷六〇载,宋代女词人李清照再嫁右承务郎张汝舟之后反目,她在《投内翰綦公崇礼书》中愤愤写道:"视听才分,实难共处,忍以桑榆之晚节,配兹驵侩之下材。"①所谓"驵侩之下材",亦即贩马的"市侩",显为贬损之意。这说明,至迟于宋代,"市侩"之类即已出现了负面的贬义用法。

至明代,人们开始对市侩出现更多的讨嫌、厌恶的意味。《菜根谭》是明朝还初道人洪应明所收集编辑的一部以论述人生、处世、修养等为主旨的语录集,对后世影响颇大。其中也言及"市侩",语称:"山林之士,清苦而逸趣自饶;农野之人,鄙略而天真浑具。若一失身市井驵侩,不若转死沟壑神骨犹清。""市井驵侩"者,即"市侩"也。一句"不若转死沟壑神骨犹清",便以道德裁判视点将"市侩"打入了丑恶的壑底。无疑,这是当时社会观念的一种共识。何以至此?则缘于不端牙

---

① 《苕溪渔隐丛话》原文为:"易安再适张汝舟,未几反目,有《启事》与綦处厚云:'猥以桑榆之晚景,配兹驵侩之下材。'传者无不笑之。"

商越来越多,其恶行广泛遭到嫌恶,于是时人将市侩恶棍谓之"驵棍",明显赋予了贬义色彩。如明代谢肇淛《五杂俎·事部三》记述的:"盖我朝内臣,目不识字者多,尽凭左右拨置一二驵棍,挟之于股掌上以鱼肉小民。"

再如明代钟惺《江行俳体十二首》其四:

> 巴舻吴榜簇江干,市侩村倡半倚滩。
> 系籍惯挟乡阀阅,投单例办敝衣冠。
> 女儿编竹成长缆,乞子施竿觅剩盘。
> 小釜群炊如候代,奚奴亭午未朝餐。

就此诗来看,将"市侩村倡"并言,显然还不算是严格的贬义,但是已经属于恶言恶语。大约到了清代,由于一些牙商从业时唯利是图而不遵守市场规则,不端行为频发,开始出现异义,加重了贬义内涵,语汇褒贬色彩开始发生了性质转变,于是乃用指唯利是图的奸商,并用以隐喻恶劣品行。进而,更成了善于钻营、道德伪善、作风粗鄙庸俗、蝇营狗苟的市侩小人的代名词。例如,清代梁绍壬《两般秋雨盦随笔·别号小照》所云:"近俗市侩牙人,俱有别号,后生小子,并画小照。"又如,清代梁章钜、梁恭辰《巧对录》卷六载:"宋荔裳琬雅善谑。京师有市猾某者,本骡马行牙人,以附势焰至巨富。一日,堂成宴客,壁间有孔窦,客疑问之,答曰:'手脚眼'也。盖工匠登降攀附置手脚处。荔裳在坐应声曰:吾有对句矣!乃'头口牙'也。"民间对奸商之愤恨以牙商尤甚。

何以如此这般?显然在于世人眼里牙商种种不端行为给人的印象太深刻了,使这个社会职事蒙羞蒙垢,而且积垢难除,于是便成了借指贪图私利、投机取巧者的代名词。例如:清代林则徐《钱票无甚关碍宜重禁吃烟以杜弊源片》:"且市侩之牟利,无论银贵钱贵,出入皆可取赢,并非必待银价甚昂然后获利。"《二十年目睹之怪现状》第七回:"你想市侩要入官场,那里懂得许多。"梁启超《意大利建国三杰传》:"市侩营业,犹不能无资本。"胡适《市政制度序》:"后来有一班市侩政客假借什么团体名义出来反对,就连这'劝捐'也不敢举办了。"

清代以降,诗词言及污名市侩者众多,更有径以此为题材者。且选辑数首录之如下:

南海采珠人,于阗捞玉客,

歔龙尾洲端龙岩,砚材追凿人千百。

石燕鼎赝辨谁详,市侩居奇争黑白。

此山封自南宋朝,谢客作俑重绎骚。

至今大洞成空嵌,方十里者地不毛。

圣朝木不宝异物,文人何事恣搜淘。

不然绿章告苍威,不然驿牍裡地祇。

出云降雨神之职,勿生尤物为疮痍。

石不能言喻以意,检点归装不忍弃。

翻书更绎古人题,朱十有诗卞有记。

(清·朱葵之《寿山石歌》片段)

诗以道性情,不能掩其恶。

宁有市侩心,而慕高闲乐?

高言不宜俗,闲情始有托。

不高定不闲,有吟皆强作。

试观古吟者,缥缃满东阁。

掩卷论其人,桀桀尽雕鹗。

陆子勉气骨,斯言真石药。

与君溯风骚,勿使昔人怍。

(清·李宪噩《尝爱放翁〈示友〉诗,近日,闲云先生读〈剑南集〉,即用其意广之,示闲云》)

何必山涯与水滨,案头屋角四时新。

片言订得林中约,一纸招来天下春。

破例不妨同市侩,买花毕竟是骚人。

当年玉鼻谁书券,笑步东坡马后尘。

(清·阿林保《买花券》)

观者如堵无惊疑,甋甀起顾行久久。

飘然一去如神嵩,市侩哄传屡舞傲。

(清·陈庆镛《仁虎行题方正学仁虎图》片段)

黄粱已醒卅年前,青史敢期千载后。
姓名聊可伴阳五,学问翻思傲欧九。
不栽王俭幕中莲,不折亚夫营外柳。
不随市侩逐锥刀,不作枝官博升斗。
惟将青铁砚为田,何必黄金印悬肘。

(清·俞樾《余于右台仙馆隙地埋所著书汇封之崇三尺立石识之题曰书冢李黼堂方伯桓用东坡石鼓歌韵为作书冢歌依韵和之》片段)

自古遭谗慝,多缘秉轴臣。
尔亡由市侩,我病为儒巾。
云散蛮荒雨,天高京洛春。
平生多缟纻,谁复念陈人。

(清·姚柬之《葺吴兰雪祠感赋》其二)

市侩徒争汗马劳,千秋史笔炯难逃。
青山旧涕忘萝薜,白地雄声仗节旄。
颇忆乌台依日近,未愁隼径过云高。
佳人凤有椎埋胆,袖底纯钩漫屈挠。

(清·姚燮《对酒抒怀简都门故人》其三)

还有一些作品是直接揭露市侩恶劣行径的。例如:

入市休嫌物价腾,蟹连草缚鳖连绳。
玉堂桥畔鸡鹅鸭,饭拌泥沙塞满膛。

这首竹枝词,是清代王煦《空桐子诗草·虞江竹枝词》中的一首,题为《市侩乾没》竹枝词。何为"乾没"?原指失利、未得利,如《汉书·张汤传》载张汤"始为小吏,乾没,与长安富贾田甲、鱼翁叔之属交私"。颜师古注云:"服虔曰:'乾没,射成败也。'如淳曰:'豫居物以待之,得利为乾,失利为没。'"亦指侥幸取利,如顾炎武

《日知录·乾没》:"乾没大抵是徼幸取利之意。"同时也用指不端侵利、牟利。如《史记·张汤传》"始为小吏,乾没"。注云:"言掩取货利,没为己有,如水尽涸也。"实即投机图利,指市侩(牙商)以不端手段渔利,致使市肆物价腾贵。

清江苏太仓人邵廷烈的《娄江杂词》竹枝词咏道:

地割邻疆土不滋,余粮哪得疗斯饥?

羡他练浦科收薄,半助公田半遂私。

原注:"明万历间,嘉定有改折漕粮之请,当时米价每石计银六钱。其后遂为永折,至今利之。吾娄王相国与有力焉,嗣以党臣言利,几更议。陆中丞文献抗争乃止。杨叔温先生《代邑绅士呈请改折本县漕白二粮状》云:'州境因沿海之稻色不纯,于转漕尚须采买。县治则产花,而米价难给,其办公尤见拮据,况复借资他郡,市侩之索值俄腾,定限官期,民户之交仓后,每用上等之价,杂以中下等之秕谷糠秕,遂令一县之粮,逊于他州县之干圆洁净。'"

民国年间,南海(今上海市浦东新区)人周绍昌《周浦竹枝词》:"眼镜骑梁雪满头,手持储币踏街游。有无贴票逢人问,利见三分好放牛。"自注:"放贴票名'黄牛'。经营此业者达四五十人。有闵姓市侩,更奔走街头,唯利是图。"

民国叶仲钧《上海鳞爪竹枝词·空头支票》所记,则是不端牙商开具空头支票诈骗恶行。诗云:

一般市侩最刁奸,支票纷纷任意开。

谁料空头无实款,骗人上当不应该。

复依氏等写于清光绪年间的《都门纪变百咏》咏道:

文士终输市侩奸,无端囚服辱清班。

多财更比多才患,日下何人救对山?

原注云:"六月初八日团民持庄邸手谕,立捉黄慎之学士到府,幽闭数日,遂诏狱,闻其起事之由,缘学士于京中开设三肆,平时精于出纳,颇结怨于小人。值此兵乱充斥,其掌柜人等意欲乾没,致遭此祸。"

此间关于"市侩"污名化之后的奸商、小人恶劣形象,已成社会共识。因而便涌现出许多直接讥讽市侩素质低下的诗作。例如,清末民初朱文炳《海上光复竹枝词》：

  岁朝犹共贴春联，市侩焉能妙句传。

  漫笑不通还倒置，非教人看告苍天。

清代陈祁《清风泾竹枝词·续唱》：

  衣裳楚楚又翻新，冠服年来学古人。

  市侩竞穿夫子履，女郎也带浩然巾。

"夫子履"，又名"福字履"，是一种类似朝靴样式的手工盘云鞋，属于以往古典风格的正装鞋。"市侩竞穿夫子履，女郎也带浩然巾"，显然颇具讥讽意味。

清代鳌溪渔隐《龙山乡竹枝词》：

  三八局期一四圩，分明戴笠与乘车。

  莫将市侩衡乡正，俗状尘容总未除。

清代沈丙莹的《都门新年词》咏道：

  商灯遥指短枪隈，邻巷书生得得来。

  市侩不知陈寿志，误将演义姓名猜。

末句"误将演义姓名猜"，是指将西晋史学家陈寿所著《三国志》与元末明初小说家罗贯中的《三国志通俗演义》混为一谈，以此讽喻牙商之无知、素质低下。

《中华全国风俗志》下篇所载一首清佚名的《长沙新年纪俗竹枝词》写道：

  出行都向喜神方，翎顶官靴奔走忙。

  路上逢人施一揖，口中犹自吃槟榔。

原注："一般市侩，在前清捐授虚衔者，个个衣冠顶戴，高视阔步，行路赴各处拜年。槟榔一物，商人嗜好尤深，口中时时不断也。"所谓"喜神方"，即俗信之吉祥喜庆方位，凡嫁娶、冠礼、出行、移徙、修造等，向之大吉。正月初一出行，旧有大年初一开门"走喜神方"年俗。行前，先从历本找出喜神所在方向，然后即循此方向而行，以期求得喜神护佑。

时下，各地市井街巷不知何时一时间冒出许多以传法为名义的佛店。其情形，早即出现于开埠不久的大上海。且看清末开霁《僧家竹枝词》中的一首所咏：

  假我衣服贩如来，我佛前知实可哀。

往岁此风行沪上,宰官严禁亦雄哉。

诗原注云:"赁两间屋,供一尊佛,专为应酬经忏,名曰开佛店。貌列僧伦,行同市侩,佛法至此,不堪问矣。数年前沪上极多,幸蒙当道禁绝,可谓痛快。《楞严经》云:云何贼人,假我衣服,裨贩如来,遭种种业。二千年前,佛已知之,亦气运使然耳。现在佛店虽禁,而僧家所为,无异贩如来者,尚难悉数。悲夫。""貌列僧伦,行同市侩",显然是讽刺当时沪上僧店实与市肆逐利牙商无异。无德市侩以欺诈牟利,自古有之。张衡《西京赋》:"何必昏于作劳?邪赢优而足恃。"薛综注:"昏,勉也;邪,伪也;优,饶也。言何必当勉力作勤劳之事乎?欺伪之利,自饶足恃也。"唐代杜甫《述古》有道:"所务谷为本,邪赢无乃劳。"其实是"有乃劳",亦即《史记·货殖列传》唐代司马贞述赞所言"废居善积,倚市邪赢",属于"恶劳"者也。

由于市侩如此恶劣名声,甚至将之与乞丐为伍。例如,各地元宵节灯会期间,往往由身份地位低微的市井男女乞丐扮演"灯官"和"灯官娘子",通过表演扭秧歌或杂耍引人发笑,相沿成习。清人恭钊《湟中竹枝词续·亦从灯市闹元宵》咏道:"亦从灯市闹元宵,箫鼓人声几夜嚣。灯戏自分南北社,灯官三日马蹄骄。"其自注云:"社户有南北街两会,灯节扮杂戏;各署杂役复扮灯官,作丑态,骑马游街,如是三日。"(《酒五经吟馆诗》卷上)说的是当时青海西宁湟中县元宵节灯市以"各署杂役复扮灯官"。其"杂役"者,亦属社会地位低微之辈。

但是在清代塞外的卜魁(今齐齐哈尔),则是由"阉、屠、侩"三种人共同出任这个一向为市井乞丐承当的滑稽丑角。"阉、屠、侩"者,阉侍、屠夫、牙商也,但此处的"侩"并非刽子手,而是"驵侩"亦即牙商。如清代方观承《卜魁竹枝词》所咏:

行人争说避灯官,叱咤声中法不宽。

作业街头呼驵侩,今朝马上肃衣冠。

诗下有注云:"锁印后,阉屠侩名立为灯官。揭示有'官假法真'之语细事,扑罚惟意,出必鸣金,市声肃然,至开印前夕至。"对此,作者方观承的父亲方式济于其所撰《龙沙纪略》亦记载:"上元赛神,比户悬灯。岁前,立灯官。阉、屠、侩名于神前,拈之。锁印后,一方之事,皆所主。文书可达将军,揭示有'官假法真'之语。细事扑罚惟意。出必鸣金,市声肃然,官以避道。开印之前夕,乃自匿去。"方观承官至工部主事的祖父方登峰,与曾官至内阁中书的父亲都曾获罪被流放至黑龙江卜魁。方观承及其兄因年龄幼小而被免于流放,寄食于南京清凉山寺。年纪稍长,兄弟二人每年都要千里跋涉往来卜魁与南京之间探视亲人。其间,父子都留下了许多有关当地风土人情的著述。《龙沙纪略》和《卜魁竹枝词》所载以"阉、屠、侩"充当灯官的情景,及其所亲见的当时当地元宵节闹灯会习俗,当是不虚。这个事例说明,当地当时显然视驵侩为贱业、贱人。

如此种种,致使中国牙商蒙羞积垢一千多年,最终被扔进了历史的垃圾堆。但是,市场经济发展规律又决定了市场商品流通需要经纪人,经纪人是市场经济不可或缺的角色。规范市场秩序,使市场经纪人重回市场舞台,势必要经历一个为经纪人行业洗尘去垢的过程,还其本来面貌。

2."车船店脚牙"之"牙"

旧时常言:"车船店脚牙,无罪也该杀。"何谓"车船店脚牙"?为何"无罪也该杀"?

"车船店脚牙","车"指车夫,"船"指船家,"店"指旅馆业的店家,"脚"指脚夫、搬运工,"牙"即居间经纪人牙商。旧时,"车船店脚"从业者中往往有人借助职业之便干一些诸如绑架勒索、谋财害命乃至黑道勾当。其待人接物也是一副看人下菜碟、欺软惧硬的嘴脸,形象丑陋不雅。牙商呢,一如前述,更是一个势利小人和渔利奸商形象。若进一步联想到人牙、人贩子、牙婆,则更是"老鼠过街人人喊打"。

《太平广记》卷三七一二《精怪五·张不疑》载有南阳人张不疑在唐文宗开成四年(839)宏词登科授秘书,游览京城时从牙侩买婢遇道士的故事:

> 一说,张不疑常与道士共辨往来。道士将他适,乃诫不疑曰:"君有重厄,不宜居太夫人膝下,又不可进买婢仆之辈。某去矣,幸勉之。"不疑即启母卢氏,卢氏素奉道,常日亦多在别所求静。因持寺院以居,不疑旦问省。数月,有牙僧言:"有崔氏孀妇甚贫,有妓女四人,皆鬻之。今有一婢曰金釭,有姿

首,最其所惜者。今贫不得已,将欲货之。"不疑喜,遂令召至,即酬其价十五万而获焉。宠侍无比。金釭美言笑,明利轻便,事不疑,皆先意而知。不疑愈惑之。无几,道士诣门。及见不疑,言色惨沮,吁叹不已。不疑诘之,道士曰:"嘻!祸已成,无奈何矣。非独于君,太夫人亦不免矣。"不疑惊怛,起曰:"别后皆如师教,尊长寓居佛寺,某守道殊不敢怠,不知何以致祸。且如之何?"哀祈备至。道士曰:"皆('皆'原作'家',据明抄本改)无计矣。但为君辨明之。"因诘其别后有所进者,不疑曰:"家少人力,昨唯买二婢耳。"道士曰:"可见乎?"不疑即召之,金釭不肯出。不疑连促之,终不出。不疑自诣之,即至。道士曰:"即此是矣。"金釭大骂曰:"婢有过,鞭挞之可也。不要,鬻之可也。一百五十千尚在,何所忧乎?何物道士,预人家事耶?"道士曰:"惜之乎?"不疑曰:"此事唯尊师命,敢不听德?"道士即以拄杖击其头,杳然有声,如击木,遂倒,乃一冥器女子也,背书其名。道士命掘之,五六尺得古墓,柩傍有冥器四五,制作悉类所焚者。一百五十千,在柩前俨然,即不疑买婢之资也。复之,不疑惝恍发疾。累月而卒。亲卢氏,旬日继殁焉。(出《博异记》,又出《灵怪集》)

明代佚名小说《包龙图判百家公案》卷一《葛叶飘来》讲述了一个牙行牙侩段克已明知货物来历不明,却见利忘义知法犯法并作伪证,最终被包龙图识破的故事。

据招:葛彩先试轻重,而起朵颐之想;艾虎后闻利言,而操害命之谋。驾言多赏船钱,探囊中虚实;不搭客商罗唣,装成就里机关。艄船僻处,豫备人知。肆恶更阑,操刀杀主仆于非命;行凶夜半,丢尸灭踪迹于江湖。欣幸满箱银两,可获贫儿暴富;谁知盈箧铜货,难以旦夕脱身。装至芜湖,牙侩知而分骗;贩来京铺,二仆认以获赃。贼不知名,飘葛叶而详显报应;犯难遽获,捉官船而吐真名。悟符前谶,非是风吹败叶;擒来拷鞠,果是谋害正凶。葛、艾二凶,利财谋命,合枭首以示众;吴、段二恶,合骗分赃,皆充配于远方。金良无辜,应皆省发。各如拟行。

遂将葛彩、艾虎秋季斩市,吴程、克己即行发配讫。

明代张应俞的小说《杜骗新书》中，专门辑有一个有关牙商行骗的故事专题，即第六类《牙行骗》，从中尽显出门在外江湖之险，无端恶"牙"之恶。

如《狡牙脱纸以女偿》：

施守训，福建大安人。家资殷富，常造纸卖客。一日，自装千余篓，价值八百余两，往苏州卖，寓牙人翁滨二店。滨乃宿牙，叠积前客债甚多，见施雏商，将其纸尽还前客，误施坐候半年。家中又发现五百余篓到苏州，滨代现卖。付银讫，托言系取旧账者，复候半年。知受其笼络，施乃怒骂殴之。滨无言可应，当凭乡亲刘光前议，谕滨立过，借批银八百两，劝施暂回。

次年复载纸到苏州，滨代现卖。只前账难还，施又坐待半年。见其女云英有貌，未曾许配，思此银难取，乃浼刘光前为媒，求其女为妾，抵还前账。滨悦许之。其女年方十五，执不肯从。滨与妻入劝曰："古有缇萦，愿没官为婢，以赎父罪。今父欠客人银八百两，以汝填还。况福建客家多巨富，若后日生子，分其家财，居此致富，享福非校。"女始允诺。

时施已六十余矣，成婚近四载，施后回家身故。未及周期服，滨将女重嫁南京溧水县梁恩赐为妾，重受聘礼一百两。守训男施钦知之，为本年亦装纸到苏州，往拜翁家，呼翁为外祖。

翁不瞅睬他，请庶母出见，亦拒不出。众客伙皆怒而嗾曰："你父以八百两聘礼，止成亲四载，未期服，又重嫁他人。今一出见何害？情甚可恶！汝何不鸣官？"钦乃告于巡街蔡御史。

时翁滨二得施为婿，复振家风，又发资金千余，见告，毫无惧意。两下各投分上，讦讼几二年。各司道皆纳分上，附会而判。后钦状告刑部，始获公断曰："翁滨二以女抵偿八百两，几与绿珠同价矣。但守训自肯，其财礼勿论。今夫服未满，重嫁梁客，兜重财物，是以女为货，不顾律法。合责三十板，断身资银一百两，并守训为云英置衣资首饰银五十两，共与施钦领之。"因此积讼连年，滨二之家财尽倾，仍流落于贫矣。

然后，作者按语分析评论说："脱骗之害，首侠棍，次狡侩。侠棍设局暗脱，窃盗也；狡侩骗货明卖，强盗也。二者当与盗同科。凡牙侩之弊，客货入店，彼背作纲抵偿,又多窃取供家,每以后客货盖前客账,此穷牙常态也。施守训在不早审牙家,致落此坑堑。只可小心逼取,或断以告,不当图其女为妾。夫以六旬上人,岁月几何,纳妾异地,能无后患乎?贻子后论,所费不资。虽最终取胜,得不偿失矣。独恨翁滨二,负心歹汉,以一女而还银八百两,得已过分。又得婿扶以成家,后女虽再嫁,当以身资还施之男,永可无患矣。乃贪心不满,再致倾家,真可为欺心负义之鉴。"

3. "六婆"之首是"牙婆"

古人把根据女性特点而形成的几种社会职事合谓之"三姑六婆",一向声誉不佳。"三姑"是指佛教的尼姑、道教的道姑和专门以占卦为生计的卦姑。"六婆"是指以介绍人口买卖居间收取佣金为业的"牙婆",居间介绍撮合婚姻的"媒婆",装神弄鬼的"师婆"(又叫巫婆),妓院娼馆中从事色情交易的鸨母"虔婆",以卖药为生计的"药婆",以为产妇接生为业的"稳婆"。其中,"牙婆"位居"六婆"之首。陶宗仪《辍耕录·三姑六婆》记:"三姑者,尼姑、道姑、卦姑也;六婆者,牙婆、媒婆、师婆、虔婆、药婆、稳婆也。"又如《陔馀丛考》卷三八亦说:"三姑六婆:《辍耕录》:三姑者,尼姑、道姑、卦姑也;六婆者,牙婆、媒婆、师婆、虔婆、药婆、稳婆也。""三姑六婆",往往身兼数职,如《水浒传》《金瓶梅》中的王婆即如此。如《水浒传》第二四回:"王婆笑道:'老身为头是做媒,又会做牙婆。'"《金瓶梅词话》第二回亦写道:"原来这开茶坊的王婆子,也不是守本分的。便是积年通殷勤,做媒婆,做卖婆。"书里还提示读者道:"看官听说:但凡大小人家,师尼僧道,乳母牙婆,切记休招惹他,背地甚么事不干出来?古人有四句格言说得好:堂前切莫走三婆,后门常锁莫通和。院内有井防小口,便是祸少福星多。"(崇祯本《金瓶梅》第十二回《潘金莲私仆受辱 刘理星魇胜求财》)

"牙婆"之"牙",显系沿袭唐代"牙"与"互"之讹误而来,职事行为属性相同,只是所从事的性别有异而已。

北宋米芾《书史》"每岁荒及节迫,往往使妇驵携书画出售",明代杨慎注云:

"妇驵,今谓之卖婆,是又云妇驵、牙婆也。"又谓之"牙嫂",并有官私之分,如宋代吴自牧《梦粱录》十九:"府宅官员、豪富人家,欲买宠妾、歌童、舞女、厨娘、针线供过、粗细婢妮,亦有官私牙嫂及引置等人。"

或谓之"女侩"。宋代洪迈《夷坚甲志·妇人三重齿》:"妇人曰:'我在此饥困不能行,必死于是,得为婢子,幸矣。'乃召女侩立券,尽以其当得钱,为市脂泽衣服。"清代褚人穫《坚瓠集》四集卷三《大谏同名》亦载有女侩故事[①]:

> 宋史载韩侂冑有爱姬,小过被谴。钱唐合程松寿丞召女侩,以八百千市之,舍之中堂。旦夕夫妻上食,事之甚谨。姬惶恐,莫知所由。居数日,侂冑意解,复召之。知为松寿所市,大怒。松寿丞上谒献之曰:"顷有郡守辞阙者,将挟去外郡。某忝赤县,恐忤君颜,故匿之舍中耳。"侂冑意犹未平,姬既入,具言松寿谨待礼。侂冑大喜,即日躐除太府寺丞,迁监察御史,逾进右谏议大夫,犹怏怏不满。更市一美人,名曰松寿,献之。侂冑问曰:"奈何与大谏同名?"答曰:"欲使贱名常达钧听耳。"侂冑怜之,即除同知枢密院事。

清代纪昀《阅微草堂笔记·槐西杂志四》讲述的一个主婢痴恋故事中,言及"女侩"的买卖人口行为。

> 门人徐通判敬儒言,其乡有富室阃一婢,宠眷甚至,婢亦倾意向其主,誓不更适,嫡心妒之而无如何。会富室以事他出,嫡密召女侩鬻诸人,待富室归,则以窃逃报。家人知主归,事必有变也,伪向女侩买出,而匿诸尼庵。婢自到女侩家,即直视不语,提之立则立,扶之行则行,捺之卧则卧,否则如木偶,终日不动;与之食则食,与之饮则饮,不与亦不索也,到尼庵亦然。医以为愤恚痰迷,然药之不效,至尼庵仍不苏,如是不死不生者月余。富室归,果与嫡操刃斗,屠一羊,沥血告神,誓不与俱生。家人度不可隐,乃以实告,急往尼庵迎归,痴如故。富室附耳呼其名,乃霍然如梦觉。自言初到女侩家,念此特主母意,主人当必不见弃,因自奔归,虑为主母见,恒藏匿隐处,以待主人之来。今闻主人呼,喜而出也。因言家中某日见某人某人,某日作某事,历历不

[①] [明]田汝成《西湖游览志余》、[清]李宗孔《宋稗类钞》均辑有这个故事,然查《宋史·韩侂冑传》却无相关记载。

爽,乃知其形去而魂归也。因是推之,知所谓离魂倩女,其事当不过如斯。特小说家点缀成文以作佳话,至云魂归后,衣皆重著,尤为诞谩。著衣者乃其本形,顷刻之间,襟带不解,岂能层层掺入?何不云衣如委蜕,尚稍近事理乎?

又谓之"卖婆"。明人范濂《云间据目抄·记风俗》:"卖婆,自别郡来者,岁不上数人。近年小民之家妇女,稍可外出者,辄称卖婆。或兑换金银首饰,或贩卖包帕花线,或包揽做面篦头,或假充喜娘说合,苟可射利,靡所不为。而且俏其梳妆,洁其服饰,巧其言笑,入内勾引,百计宣淫,真风教之所不容也。"《醒世恒言·陆五汉硬留合色鞋》:"坐不多时,只见一个卖婆,手提着个小竹筒,进他家去。"《上海小刀会起义史料汇编·上海小刀会起事本末》:"伊之祖母本是手提玉器珠宝之包裹往各宅堂及街市变卖,谓之卖婆者。"其实,卖婆多兼事牙婆生意,甚至以从事人口居间交易为主。

牙婆之无德不端,主要是在利益驱动下坑蒙拐骗,无恶不作,唯利是图。《二刻拍案惊奇》卷之五《襄敏公元宵失子,十三郎五岁朝天》,说的就是宗王府千金真珠姬元宵节外出观灯时,被歹徒恶棍劫持到一牙婆家,先是用药酒灌倒,再将其轮奸,然后便交给牙婆卖掉。书中写道:

>且说真珠姬自上了轿后,但见轿夫四足齐举,其行如飞。真珠姬心里道:"是顷刻就到的路,何须得如此慌走?"却也道是轿夫脚步惯了的,不以为意。及至抬眼看时,倏忽转弯,不是正路,渐渐走到狭巷里来。轿夫们脚高步低,越走越黑。心里正有些疑惑,忽然轿住了,轿夫多走了去。不见有人相接,只得自己掀帘走出轿来,定睛一看,只叫得苦。原来是一所古庙。旁边鬼卒十余个各持兵杖夹立,中间坐着一位神道,面阔尺余,须髯满颊,目光如炬,肩臂摆动,像个活的一般。真珠姬心慌,不免下拜。神道开大言道:"你休得惊怕!我与汝有夙缘,故使神力摄你至此。"真珠姬见神道说出话来,愈加惊怕,放声啼哭起来。旁边两个鬼卒走来扶着,神道说:"快取压惊酒来。"旁边又一鬼卒斟着一杯热酒,向真珠姬一边奉来。真珠姬欲待推拒,又怀惧怕,勉强将口接着,被他一灌而尽。真珠姬早已天旋地转,不知人事,倒在地下。神道走下座来,笑道:"着了手也!"旁边鬼卒多攒将拢来,同神道各卸了装束,除下面具。

原来个个多是活人,乃一伙剧贼装成的。将蒙汗药灌倒了真珠姬,抬到后面去。后面定将一个婆子出来,扶去放在床上眠着。众贼汉乘他昏迷,次第奸淫。可怜金枝玉叶之人,零落在狗党狐群之手。奸淫已毕,分付婆子看好。各自散去,别做歹事了。

真珠姬睡至天明,看看苏醒;睁眼看时,不知是那里,但见一个婆子在旁边坐着。真珠姬自觉阴户疼痛,把手摸时,周围虚肿,明知着了人手,问婆子道:"此是何处?将我送在这里!"婆子道:"夜间众好汉每送将小娘子来的。不必心焦,管取你就落好处便了。"真珠姬道:"我是宗王府中闺女,你们歹人后如此胡行乱做!"婆子道:"而今说不得王府不王府了。老身见你是金枝玉叶,须不把你作贱。"真珠姬也不晓得他的说话因由,侮着眼只是啼哭。原来这婆子是个牙婆,专一走大人家雇卖人口的。这伙剧贼掠得人口,便来投他家下,留下几晚,就有头主来成了去的。那时留了真珠姬,好言温慰得熟分。刚两三日,只见一日一乘轿来抬了去,已将他卖与城外一个富家为妾了。

显然,被视为"媒人"的牙婆唯利是图,早已同强抢、拐骗人口的市井恶棍沆瀣一气,狼狈为奸,联手共犯。

明代话本小说所展示的世情,时有以牙婆作为严厉批判和无情讽刺的对象的故事和舆论,例如:"这光棍牙婆见了银子,如苍蝇见血"(《二刻拍案惊奇》卷二《姚滴珠避羞惹羞　郑月娥将错就错》),"看官你说从来做牙婆的人,那个不贪钱钞,见了这般黄白之物,如何不动火"(《喻世明言》第一卷《蒋兴哥重会珍珠衫》),"看官听说:但凡大小人家,师尼僧道,乳母牙婆,切记休招惹他,背地甚么事不干出来?古人有四句格言说得好:堂前切莫走三婆,后门常锁莫通和。院内有井防小口,便是祸少福星多"(《金瓶梅》第十二回《潘金莲私仆受辱　刘理星魇胜求财》),等等。此即明代牙婆的口碑。

《醒世恒言》卷一《两县令竞义婚孤女》中写了一位"李牙婆":

(贾昌)见说小姐和养娘都着落牙婆官卖,慌忙带了银子,到李牙婆家,问要多少身价。李牙婆取出朱批的官票来看:养娘十六岁,只判得三十两;月香十岁,到判了五十两。却是为何?月香虽然年小,容貌秀美可爱,养娘不过粗使之婢,故此判价不等。贾昌并无吝色,身边取出银包,兑足了八十两纹银,交付牙婆,又谢他五两银子,即时领取二人回家。李牙婆把两个身价,交纳官库。

《红楼梦》第八十回《美香菱屈受贪夫棒　王道士胡诌妒妇方》有"人牙子"之说:

　　……因此无法,(薛姨妈)只一赌气喝薛蟠说:"不争气的孽障!骚狗也比你体面些!谁知你三不知的把陪房丫头也摸索上了,叫老婆说嘴霸占了丫头,什么脸出去见人。也不知谁使的法子,也不问青红皂白,好歹就打人。我知道你是个得新弃旧的东西,白辜负了我当日的心。他既不好,你也不许打。我即刻叫人牙子来卖了他,你就心净了。"说着,命香菱:"收拾了东西,跟我来。"一面叫人去:"快叫个人牙子来,多少卖几两银子,拔去肉中刺,眼中钉,大家过太平日子。"薛蟠见母亲动了气,早也低下头了。金桂听了这话,便隔着窗子往外哭道:"你老人家只管卖人,不必说着一个,扯着一个的。我们狠是那吃醋拈酸,容不下人的不成?怎么拔出'肉中刺''眼中钉'?是谁的钉,谁的刺?但凡多嫌着他,也不肯把我的丫头也收在房里了。"

"人牙子"亦即贩卖人口的牙商。女性"人牙子",亦即"女侩""牙婆"。

古代青楼鸨母抚养他人幼女加以调教培养,俟成年后卖作人妾或径为娼妓,谓之"养"。《陔馀丛考·养瘦马》:"扬州人养处女卖人作妾,俗谓之养瘦马。其义不详。白香山诗云:'莫养瘦马驹,莫教小妓女……'宋漫堂引之,以为养瘦马之说本此。"清代褚人穫《坚瓠续集·金陵词客》:"金陵一词客侨寓吴门,家蓄粉头为业,俗名养瘦马。"赵翼所言白居易诗《有感三首》其二:

　　莫养瘦马驹,莫教小妓女。
　　后事在目前,不信君看取。
　　马肥快行走,妓长能歌舞。
　　三年五岁间,已闻换一主。
　　借问新旧主,谁乐谁辛苦。
　　请君大带上,把笔书此语。

曾几何时,"养瘦马"成了一种公开贩卖人口的产业,尤以明清时扬州最盛也最负盛名,名曰"扬州瘦马"。

明末张岱《陶庵梦忆》卷五《扬州瘦马》将"牙婆"与"养瘦马"描述得淋漓尽致,十分真切。

扬州人日饮食于瘦马之身者数十百人。娶妾者切勿露意,稍透消息,牙婆驵侩,咸集其门,如蝇附膻,撩扑不去。

黎明,即促之出门,媒人先到者先挟之去,其余尾其后,接踵伺之。至瘦马家,坐定,进茶,牙婆扶瘦马出,曰:"姑娘拜客。"下拜。曰:"姑娘往上走。"走。曰:"姑娘转身。"转身向明立,面出。曰:"姑娘借手瞧瞧。"尽褫其袂,手出、臂出、肤亦出。曰:"姑娘瞧相公。"转眼偷觑,眼出。曰:"姑娘几岁?"曰几岁,声出。曰:"姑娘再走走。"以手拉其裙,趾出。然看趾有法,凡出门裙幅先响者,必大;高系其裙,人未出而趾先出者,必小。曰:"姑娘请回。"一人进,一人又出。看一家必五六人,咸如之。看中者,用金簪或钗一股插其鬓,曰"插带"。看不中,出钱数百文,赏牙婆或赏其家侍婢,又去看。牙婆倦,又有数牙婆接踵伺之。一日、二日至四五日,不倦亦不尽,然看至五六十人,白面红衫,千篇一律,如学字者一字写至百至千,连此字亦不认得矣。心与目谋,毫无把柄,不得不聊且迁就,定其一人。

"插带"后,本家出一红单,上写彩缎若干,金花若干,财礼若干,布匹若干,用笔蘸墨,送客点阅。客批财礼及缎匹如其意,则肃客归。归未抵寓,而鼓乐、盘担、红绿、羊酒在其门久矣。不一刻而礼币、糕果俱齐,鼓乐导之去。去未半里,而花轿花灯、擎燎火把、山人傧相、纸烛供果、牲醴之属,门前环侍。厨子挑一担至,则蔬果、肴馔、汤点、花棚、糖饼、桌围坐褥、酒壶杯箸、龙虎寿星、撒帐牵红、小唱弦索之类,又毕备矣。不待复命,亦不待主人命,而花轿及亲送小轿一齐往迎,鼓乐灯燎,新人轿与亲送轿一时俱到矣。新人拜堂,亲送上席,小唱鼓吹,喧阗热闹。日未午而讨赏遽去,急往他家,又复如是。

清代丁耀亢的《续金瓶梅》也描述有"养瘦马"的事情,说是根据"瘦马"的基本素质,分作一、二、三等。一等"瘦马",教授"弹琴吹箫,吟诗写字,画画围棋,打双陆,抹骨牌,百般淫巧",以及精细化妆技巧和形体训练;二等"瘦马",要求略识些字、会弹点儿曲,使之能够胜任商人妇,可卖与商人为妾;三等"瘦马"则未必识字,重在学习女红以及"油炸蒸酥、做炉食、摆果品,各有手艺",目标在于卖作人妻充任主妇。

如此这般,"养瘦马"待价而沽,犹如马市,则牙婆谓之"妇驵"亦属名副其实。无疑,"养瘦马"亦属相应制度下牙婆等"妇驵"们的恶行与罪恶生计。即或是媒婆行事,亦往往接近于人贩子。即如《聊斋志异·柳生》所言:"月老可以贿嘱,无怪媒妁之同于牙侩矣。乃盗也而有是女耶?培娄无松柏,此鄙人之论耳。妇人女子犹失之,况以相天下士哉!"

清代位于北京宣武门外的骡马市大街附近,还有奴婢市场。即谈迁《北游录》卷中《人市》所记:"顺承门内大街骡马市、牛市、羊市,又有人市。旗下妇女欲售者丛焉。牙人或引至其家递阅。噫!诚天之刍狗斯人也。"此乃当时女侩们合法经营公开贩卖人口的人市。

人的动物性本原及求生的本能,决定了都具有善与恶的双重本性。但其一旦成为社会的"人",就应服从崇善惩恶的道德取向,就要遵守这种秩序法则。"市侩"语义演变的历史,正是人们善与恶的双重本性在崇善惩恶的道德取向上博弈的结果,是公序良俗法则裁判与规范的结果。

4.律例层面的裁判与规范

现代西方职业政治家往往组建由专业咨询顾问人员构成的智囊团。

中国古代官场,则有军政官员私人聘请幕宾的习俗惯制。幕宾又称幕僚、幕友、幕客、幕士等,至清朝又有师爷之谓,是受聘于幕主官员麾下的谋士,并兼帮办相关公私事务。幕客虽然非官非吏,无品无位,但获礼聘之后,则可协助甚至代理官员佐治军政官署中的公务,幕主以礼相待。徐珂《清稗类钞·幕僚类·幕僚曾定品级》:"雍正初,上谕有曰:'今之幕宾,即古之参谋记室。凡节度观察,皆征辟幕僚,功绩果著,即拜表荐引。其仿古行之。'"由此,足见幕僚职业之重要。古往今来,历代幕僚积累了深厚而丰富的从幕经验,业内流传下来的专门著作,谓之官箴书,亦即为官和入幕做事的基本规矩与规诫,以及施政行法的经验总结。《睡虎地秦墓竹简》所载《语书》和《为吏之道》,可谓迄今所见最早的官箴书。其后,历代官箴著作代有新出,诸如北宋陈襄的《州县提纲》,李元弼的《作邑自箴》,吕本中的《官箴》,许月卿的《百官箴》,真德秀的《政经》,胡太初的《昼帘绪论》;元代,如张养浩的《三事忠告》,叶留的《为政善报事类》;明代,如薛瑄的《从政录》,杨昱的《牧鉴》,吕坤的《实政录》,江东之的《抚黔纪略》,徐榜的《宦游日记》;清代流传下来的更多,如李容的《司牧宝鉴》,陆陇其的《莅政摘要》,郑瑞的《政学录》,吴仪的《仕的》,陈弘谋的《从政遗规》《学仕遗规》《在官法戒录》,汪辉祖的《佐治药言》《学治臆说》,高廷瑶的《宦游纪略》,刘衡的《州县须知》《庸吏庸言》,郑端的《为官须知》,璧昌的《牧令要诀》,徐栋的《牧令书钞》,蔡均的《出使须知》,石成金的《官念珠》,袁祖志的《出洋须知》,等等。另外,甚至还有帝王亲撰之官箴,如唐武则天的《臣轨》,明太祖的《臣戒录》,明宣宗的《官箴》,清顺治帝的《人臣儆心录》等。诸如名相所撰者,当以朱熹的《朱文公政训》影响较大。清代幕宾业内影响较大、流行较广的,还当属汪辉祖的《佐治药言》和《学治臆说》,是以其早年入幕的经历而总结出来的心得经验,备受同道人士推崇,相传晚清居官佐幕者案头必备,几乎人手一部。

牙商在市场商业活动中至关重要,可谓"无牙不商",历代有关牙商的经济纠纷、民事案例不在少数,当是为官从幕者时常遇到的社会问题。但是,纵览历代官箴类著述,有关此类的记述和言论却并不多见。就笔者目前所见,至少清代有两部官箴类著作的秘籍钞本辟有牙行专题,尽数牙行牙商种种琐细事情。

其一,《钱谷挈要》。

《钱谷挈要》十卷,清嘉庆道光间钞本,不著撰人,台湾"中央图书馆台湾分馆"收藏,现有台湾学生书局1986年出版的《中国史学丛书》据以影印。是书卷二之《市廛》部分,直接述及牙行牙商者有《牙埠有律》《衿监书役充当牙埠》《侵欠客本》《把持行市(有律)》四项,余则为《私当》《当铺失火失窃》《染铺失火失窃》《店铺》《米麦杂粮》等。主要为牙行的几方面内容。

一是关于牙商开办牙行的执照——"领帖"和"换帖"。如《牙埠有律》规定："直省牙帖著有定额,由布政司年钤印颁发。地方官查系殷实良民本身非生监者,曲具邻佑及同行互保各结,准其充补。倘有顶冒朋充霸开总行,恃强倚势巧立集主,包头揽头等项名目,勾结朋踞及各衙门书吏,更名换姓,兼充牙行,甚至骗诓客货者,分别治罪。""凡额内各牙有事故歇业及消乏无力承充者,官令退帖,随即另募订补换给新帖。概不得于额外增添。其有新开集场,必应设立牙行者,确查结报转详核给。""私用他人殷实户名领帖,冒充牙行者,依违制律,杖一百,枷号一个月。"

二是关于禁止官员胥吏经营牙行。如:"部咨生监不得充当牙埠什役。如系祖父相传此业现在父子兄弟均系生监,另报无顶带之人充当,即以的名给帖。其一家之中不皆监生,则令其无顶带者报明,给帖。如有隐匿混请者查出,革退,不准复充。""各衙门胥役有更名换姓兼充牙行者,照更名重役律,杖一百,革退。"

三是关于牙行违规经营的惩治,对于牙商欺诈客商的惩治尤其严厉。如:"牙行侵欠控追之案,审系设计诓骗侵吞入己者,照诓骗本律计赃治罪。一百二十两以上,问拟满流追赃给主。若系分散客店牙行,并无中饱者,一千两照例勒追。一年不完,依负欠私债律治罪。一千两以上,监禁严追。一年不完,依负欠私债律,上加三等,杖九十,所欠之银仍追给主。"

其二,《钱谷指南》。

《钱谷指南》四卷,清钞本,不著撰人,现有郭成伟、田涛点校整理《明清公牍秘本五种》的点校整理本,简体字竖排,中国政法大学出版社 2013 年出版。是书以"元、和、利、贞"四字为序分作四卷,"利"卷第二项专题为《市廛牙行》,由点校整理者将其总分为二十六个专题段落(或说小节)。内容所及,举凡请领牙帖、歇业,惩治违规经营等,《钱谷指南·市廛牙行》略比《钱谷挈要》的内容范围稍宽并详细一点。例如关于开设牙行,"凡新开集场,应设牙行者,嗣后查明商贩多寡,酌定名数,详报布政司给帖,报部。如无新开集场,止许将额内多牙退帖顶补,毋得额外增添",并具体以一些地区为例,"直属各州县地方,于额设牙帖之外,顺天、保定、河间、正定、顺德、广平、大名等府,冀、深、定等州属,原有额外余牙一项,名曰'盈余牙税',虽经前督李以此项盈余,曾经入奏咨请颁发司帖,但续因江苏客外增帖,蒙颁谕旨,通行申禁。止许额内顶补,不许额外增添。此项盈余,实系额外陆续增添。与江苏事同一辙,今额内牙帖,尚议裁留。所有并非给帖之额外盈余,诚不敢朦混请添,自应以壬戌年为始,遵旨全行裁汰等语"云云。具体并有例举参照,则增强了可操作性和准确度。

两个文本的一个共同的规范性特点,就是均于文末注明所据备查,足见其严肃认真。

有关牙商牙行行事规范的官箴类秘籍,具有官方色彩与业内的民间色彩两重性,但主要还是以执行官方律例的官方色彩为本,其民间性即体现在辅以幕宾的从幕经验和作为业内传抄的重要参考文本、行事规范戒条。

这些作为从幕经验的概括与升华的官箴类秘籍文本,既反映着当时牙行市场行政执法与监察乃至司法审判的真实状况,亦从负面展现出当时牙商行业概貌,以及所处时代的社会、政治、经济乃至文化背景。

八、中国经纪人史诗话（上篇）

叙述英雄传说或重大历史事件的叙事长诗，通常谓之史诗。作为一种庄严的文学体裁，史诗的题材通常为具有一定影响的民间传说或歌颂英雄功绩的长篇叙事诗，其题旨在于记述或颂扬民族、宗教的历史事件、历史人物以及相关传说。

诗史，是指用以反映某一时期重大社会事件、有历史意义的诗歌，泛指能反映社会现实的其他样式的文学作品。有些诗歌作品，尽管作者写作时并未刻意追求诗史性质，但由于其本身客观上具备了这种属性，因而同样会被后世誉为诗史。在中国诗歌史上，李白、杜甫的许多作品，之所以被后世誉为诗史，正在于此。

在汉语中，作为文体的"诗话"，迄今至少当有四种所指，亦即四种诗话文体。

第一，文论之属，一种论诗的文体即诗论，亦即宋代许𫖮《彦周诗话》所言："诗话者，辨句法，备古今，纪盛德，录异事，正讹误也"，是诗歌鉴赏、诗歌评论的传统著作形式。这种诗论，清人章学诚认为滥觞于南朝、梁、钟嵘的《诗品》，《诗品》为"诗话之源"（《文史通义·诗话》）。其写作特点是"偶感随笔，信手拈来，片言中肯，简练亲切"（朱光潜《〈诗论〉抗战版序》）。

第二，是中国古代附属或辅助于叙事文学的一种韵文、散文并用的说唱艺术，其韵文则大都为通俗浅近的诗词，宋元以来常见于话本小说、章回小说开篇和结尾，如《大唐三藏取经诗话》、《三国演义》、《水浒传》、"三言二拍"等。

第三，既非诗论亦非辅助其他叙事文学的通俗浅近诗词，而是借助或通过解读诗词曲叙事状物的一种随笔小品文体裁。例如，酒诗话、茶诗话，可通过引述、解读有关酒、茶的诗词曲讲述有关人物、历史、故实、掌故、趣事、逸闻、事件,乃至穿插评介、议论等。

第四,则是以诗证史的专题诗史,或说是诗的专题史。其采用的体裁,通常是记述兼穿插议论的散文。例如,中国典当史诗话、中国行会史诗话、中国经纪人史诗话等。

除此之外,是否还会变异或衍生更多,或是有待进一步归纳概括,已非本篇题旨范围,于此权且不论。

本篇分为两个部分。一是以不同历史时期的与经纪人相关的历代诗词曲为文本,二是以相关的竹枝词为文本。之所以如此区分,主要在于经纪人行业与市井乃至乡村日常生活消费密切相关,这些在历代竹枝词中多有展现,迄今所收集到的相关竹枝词文本较多,因而作为《中国经纪人史诗话》的"下篇",另外单独成篇。

1. 诗的世俗化与经纪人行业平民化的交集

盛唐的诗风合俗而变,与中唐商业经济的发展密不可分。商业经济的繁荣发展促进了市井生活的丰富多彩,也促使诗坛出现世俗化的倾向,使得一向难以登上大雅之堂的世俗事物堂而皇之地进入世人的视野。无论元稹长达六十八句、洋洋洒洒三百余言的《估客乐》,还是李白仅仅四句的《估客行》,都通过描述商人生活、商业活动,生动地展现了中唐时期商贸繁荣的图景。但是,从一般的诗词曲到竹枝词,都罕见直接描述经纪人。

宋代以来,经纪人在商品交易和消费活动中的居间中介功能,日益普遍,深入到了城乡各个层面的日常经济生活。在此背景下,一向毁誉参半甚至是声誉不佳的驵侩、牙郎进入诗词题材内容,乃不足为怪。尤其是宋代牙商的出身构成,亦开始出现平民化趋势,宋诗的世俗化则自然会将与经纪人行业相关的事物纳入视野。例如宋末陈普《古田女》,咏及当时福建古田乡下"男不耕稼穑,女不专桑柘。内外悉如男,……插花作牙侩,城市称雄霸。梳头半列肆,笑语皆机诈。新奇弄浓妆,会合持物价",乃至"愚夫与庸奴,低头受凌跨"的情景,可见一时风尚。

今湖北兴山县城南郊香溪河畔的宝坪村,因相传汉代美女王昭君生长于此,故又名昭君村。究"昭君村"这个村名,至迟出现在唐代,有白居易赴忠州刺史任途中创作的一首五言古诗《过昭君村》为证。南宋诗人曾丰在《自是妾之罪》诗中写道:

> 妾生昭君村,国色少所逮。
> 固羞著红紫,亦懒傅粉黛。
> 少时姆教严,稍稍攻组绘。
> 针机参太玄,线道得三昧。
> 坐贫姑遛迁,不就村市侩。
> 揭去长安游,几入未央卖。
> 其如主市司,所好与妾背。
> 一金阳不酬,翻谓索价大。
> 永言妾所挟,未道美无对。
> 犹欺西蜀锦,岂数南海贝。
> 厥价诚不廉,其理独何怪。
> 况妾所索价,似亦非分外。
> 售否委自然,于妾无利害。
> 古女不上工,肯犯出闱戒。
> 追思妾初谋,轻发良独悔。
> 雅负倾城姿,来为倚市态。
> 人得贱视之,自是妾之罪。

"组绘"者,织作有图案花纹的布帛。如南朝梁刘勰《文心雕龙·诠赋》:"丽词雅义,符采相胜,如组织之品朱紫,画绘之着玄黄。"诗的大意是说,不施粉黛天生丽质的昭君村村女,自小就接受针织图纹工艺的严格训练,当其出售这些织品时,由于"不就村市侩",尽管多次自行径往长沙城里去售卖,而且要价亦未必很高,却总是难以全部出手,"几入未央卖"。

宋代,几乎是"无处不有市,凡市皆有牙",作为一种商业交易习惯和市场行为的秩序规范,几乎各种交易,皆例需经纪人居间中介。甚至在一些偏远的乡村,即如宋代诗僧释道潜《归宗道中》所咏,尽管"数辰竞一墟,邸店如云屯",但是一时缺少经纪人居间服务,一些德高望重、主持公道的老年人,往往就成了民间牙商承办交易的中介,在繁忙的市肆出现"老翁主贸易,俯仰众所尊"的场景。

昭君村的织女出售织品遭遇难以售罄的尴尬境遇,原因何在?显然是越过了经纪人"牙侩"这个居间中介或代理的环节,"不就村市侩",脱离了当时业已普遍约定俗成并受制度约束和保护的市场交易需经经纪人中介的秩序规范。

亦应看到,"躐步仍推巾帼雄,数钱多傍牙郎死"(清·曹寅《题马湘兰画兰长卷》诗之二),"乡货纷纷聚作场,供他牙侩赚钱忙"(清·应时良《砖灶村杂咏》),牙商居间中介服务的回报是佣金,牙商的居间中介服务佣金赚得越多,则越能客观地体现出商贸及消费的活跃,这种活跃也正是市场繁荣的基本体现。"是维一都会,驵侩权征输"(黄庭坚《癸丑宿早禾渡僧舍》),按照旧时律例,牙商被赋予征税的职责和权力。为使职业利益最大化,借机横征暴敛的失范行为时有发生。每逢战乱或灾荒,更是牙商乘机发财之时,"兵兴以后文章贱,牙郎估客乘高帆"(吴绮《闻其年以博学宏词荐为赋短歌》),"西峰显应司徒庙,虞初神异工冥搜。顽僧势利驵侩横,商女彻旦琵琶讴"(金天羽《扬州怀古》)。

凡此种种恶劣行径,尤其加重了牙商在世人眼里的负面形象。

2. 诗赞伯乐孙阳,怀才感慨不遇

基督教教徒举行宗教崇拜仪式时所唱诵的赞美上帝的诗歌,谓之"赞美诗"。歌词内容主要是表达对上帝的称颂、感谢或者祈愿。

汉语文化中以赞颂为主题的诗歌,则谓之诗赞,取义也是赞美诗。不过,并非仅是颂扬某一特定人物,而是赞颂作者认为值得赞颂的任何一个人或事物。

中国经纪人行业史上,很多著名的牙商都进入了诗人的视野和笔下。

由于相马是驵侩亦即贩马经纪人生计所必备的技能,因而,就此逻辑而言,古来驵侩本身就是相马大师，否则谈何居间估价中介？相传秦穆公时孙阳以相马大师著称于世，被史家称之"伯乐"。如东方朔《七谏·怨世》："骥踌躇于弊輂兮，遇孙阳而得代。"东汉王逸注："孙阳，伯乐姓名也。"晋代葛洪《抱朴子·审举》："虽有孙阳之手，而无骐骥之足，则不得致千里矣。"又如唐代陆德明《经典释文》亦载："伯乐姓孙名阳，善驭马。"对此，后世颇多诗赞。

唐穆宗时恃才傲物的名士平曾在一首《紫白马诗上薛仆射》诗中，借用孙阳相马典故发出因不遇伯乐而怀才不遇的感叹。诗云：

　　白马披鬃练一团，今朝被绊欲行难。
　　雪中放去空留迹，月下牵来只见鞍。
　　向北长鸣天外远，临风斜控耳边寒。
　　自知毛骨还应异，更请孙阳仔细看。

再如初为道士尔后举进士不第的唐代诗人曹唐的《病马五首呈郑校书章三吴十五先辈之二》，亦然。诗云：

　　陇上沙葱叶正齐，腾黄犹自局羸蹄。
　　尾蟠夜雨红丝脆，头捽秋风白练低。
　　力尽未思金络脑，影寒空望锦障泥。
　　阶前莫怪垂双泪，不遇孙阳不敢嘶。

同样也是因怀才不遇而感叹世无伯乐孙阳。或是大唐多才俊，这类题材的诗作颇多。如：

　　一缄垂露到云林，中有孙阳念骥心。
　　万木自凋山不动，百川皆旱海长深。
　　风标想见瑶台鹤，诗韵如闻渌水琴。
　　他日纵陪池上酌，已应难到暝猿吟。

　　　　　　　　　　（唐·李群玉《辱绵州于中丞书信》）

　　可惜出群蹄，毛焦久卧泥。
　　孙阳如不顾，骐骥向谁嘶。

　　　　　　　　　　（唐·李群玉《投从叔》）

至宋代,仍可多见这类诗赞。如:

> 画工妙处称毛羽,我欲论功第先兔。
> 不知心手会天机,象管纷纷谁比数。
> 寥寥千载一曹霸,墨妙于今传二怪。
> 龚生重马轻尺璧,蔑视韩韦复何者。
> 乐来一顾遇孙阳,奔走侯门日无暇。
> 一匹腾骧一匹嘶,先生爱骏非爱奇。
> 有如霓裳第三迭,按图知拍逢王维。
> 新诗迈绝今老杜,作经未必多马蹄。
> 先生驰骋金马里,口角雌黄即公是。
> 欲知早晚定登庸,步武风云起平地。
> 伟哉骅骝世英物,一日早行三万里。

(宋·王之道《和李似矩马图歌次韵》)

> 困踣红尘未偶时,醉吟风月且忘机。
> 囊空不羡千金璧,道在何惭百结衣。
> 洗垢任他腾口谤,养恬尤觉道心微。
> 孙阳一顾盐车骥,超逸方惊动中规。

(宋·欧阳澈《德秀和诗意似有激而云因次韵复之》)

凡此种种,可谓诗赞伯乐孙阳,怀才感慨不遇。

上述说明,牙商首要是商品的"伯乐"。

一如牛马畜市的驵侩,首要是必须具备"伯乐"的技能,否则如何鉴定优劣好坏,如何估价高低,无此即全无从业经营的资格。尤其是珠玉、名石文玩,都一定要有十分专业懂行的经纪人,"石燕鼎赝辨谁详,市侩居奇争黑白"(清·朱葵之《寿山石歌》)。因而,牙商首要是商品的"伯乐"。杜甫《天育骠骑歌》诗云:"如今岂无騕褭与骅骝,时无王良伯乐死即休。"反之,非伯乐难充驵侩。

那么,王良何人?一说,王良是春秋时的一位善驭马者。《孟子·滕文公下》:"昔者赵简子使王良与嬖奚乘,终日而不获一禽,嬖奚反命曰:'天下之贱工也。'或以告王良,良曰:'请复之。'强而后可,一朝而获十禽,嬖奚反命曰:'天下之良工也。'"汉代王充《论衡·率性》亦载:"王良登车,马不罢驽;尧舜为政,民无狂愚。"或言之,由于识马、懂马,王良是春秋时期一位长于御马的"伯乐",因而,"王良若要相抬举,千里追风也不难"(唐·曹唐《病马五首呈郑校书》诗之五)、"王良御奔车,势逼崦嵫景"(清·吴伟业《又咏古》)。正因此,王良被世人奉为天上的星宿下凡,否则何来如此神技!有史籍记载为证,如《史记·天官书》:"汉中四星,曰天驷,旁一星,曰王良。"张守节正义:"王良五星,在奎北河中,天子奉御官也。"再如《晋书·天文志上》:"王良五星,在奎北,居河中。"

当时,王良是否兼事驵侩行当,史籍无载。但是,世人十分肯定地认为:"愿言待价无速售,世间驵侩皆王良。"(宋·谢逸《送赵德甫侍亲淮东》)或言之,如无王良这样的真本事谈何入职驵侩行当!

换言之,作为经营商品的"伯乐"是一切牙商安身立命之本。

3. 市侩徒争汗马劳,千秋史笔烱难逃

《菜根谭》言及"市侩",语称:"山林之士,清苦而逸趣自饶;农野之人,鄙略而天真浑具。若一失身市井驵侩,不若转死沟壑神骨犹清。""市井驵侩",即"市侩"。大意是说,隐居山野林泉者,虽道是生活清贫,但精神颇为充实。尽管种田的农民学问浅薄,终归还是保持着淳朴的天性。假若一旦回归都市生活,难免不成为奸商市侩,还不如终老荒郊野外,尚可保持身心清白。

一句"不若转死沟壑神骨犹清"便以道德裁判视点将"市侩"打入了丑恶的壑底。无疑,这是当时社会观念的一种共识。

旧时讥讽"市侩"的诗句颇多,例如"诗以道性情,不能掩其恶。宁有市侩心,而慕高闲乐"(清·李宪噩《尝爱放翁〈示友〉诗,近日,闲云先生读〈剑南集〉,即用其意广之,示闲云》)、"破例不妨同市侩,买花毕竟是骚人"(清·阿林保《买花券》)、"不随市侩逐锥刀,不作枝官博升斗"(清·俞樾《余于右台仙馆隙地埋所著书汇封之崇三尺立石识之题曰书冢李黼堂方伯桓用东坡石鼓歌韵为作书冢歌依

—— 188 ——

韵和之》),"尔亡由市侩,我病为儒巾"(清·姚柬之《葺吴兰雪祠感赋》其二),"市侩徒争汗马劳,千秋史笔炯难逃"(清·姚燮《对酒抒怀简都门故人》其三)等。

元代著名散曲作家刘时中,其散曲题材关注社会民生困厄与贫富的巨大反差及严重对立,直接揭示社会生活中的种种黑暗龌龊,抒发出诸多对世事的愤懑。《正宫·端正好·上高监司》即其有感于"众生灵遭磨障,正值着时岁饥荒。谢恩光,拯济皆无恙,编做本词儿唱"所作的一部对后世颇具深远影响的优秀作品。其时,贪官污吏当道,权势横行,世风败坏,奸商肆虐,社会生活失序,一时间"一家家倾银注玉多豪富,一个个烹羊挟妓夸风度。撇摽手到处称人物,妆旦色取去为媳妇。朝朝寒食春,夜夜元宵暮。吃筵席唤做赛堂食,受用尽人间福"(【塞鸿秋】)。其白描式的写实性描述,七百年后读来,仍令人犹如身临其境、感同身受。

其中,当时牙侩经纪人的市侩投机恶行与丑恶嘴脸,亦被暴露得淋漓尽致、一览无余。

> 私牙子船湾外港,行过河中宵月郎,
> 则发迹了些无徒米麦行。牙钱加倍解,
> 卖面处两般装,昏钞早先除了四两。

(【倘秀才】)

曾有人翻译其大意为,"奸商们投机盘剥,无赖办起了洋行。昏夜下算计日增息,装作胡眼哈哈西"。

> 库藏中钞本多,贴库每弊怎除?
> 纵关防任谁不顾,坏钞法恣意强图。
> 都是无廉耻卖买人,有过犯驵侩徒,
> 倚仗着几文钱百般胡做,将官府觑得如无。
> 则这素无行止乔男女,都整扮衣冠学士夫,
> 一个个胆大心粗。

(【滚绣球】)

于是乎,万众期盼能有"爱民忧国无偏党,发政施仁有激昂。恤老怜贫,视民如子,起死回生,扶弱摧强"的救世主一扫阴霾,让"万万人感恩知德,刻骨铭心,恨

不得展草垂缰。覆盆之下,同受太阳光"。

如此这般,实可谓"市侩徒争汗马劳,千秋史笔炯难逃"。

4.盖防驵侩态,岁久熏获似

在汉字中,"驵侩"之"侩"被赋予褒义色彩的组词不多,除用指好马、骏马外,还指贩马的经纪人,亦即驵侩。也有贬义用法的,但很少见,如丘逢甲《汕头海关歌》中的"其中大驵尤狡狯,播弄商权遽横恣",且并非组词。但是,带有"侩"字的组词,就以贬义色彩为主体了。如:

贾侩:"下至衰世,士不复讲明道义之要,而惟势利之徇,乃无以异于贾侩之交手为市。"(唐·朱松《上李参政书》)

倡侩:"有士族女未龀落倡家,君谋赎之。倡侩知君贫,立伪券高其直以难之。"(宋·朱熹《滕君希尹墓志铭》)

侩佞:"臣等谨按:蔡京罪恶最大:天资凶悖,首为乱阶;陷害忠良,进用侩佞;引置子孙,尽居要涂。"(《宣和遗事》后集)

税侩:"所不利之人有三:海关税侩也,天津仓胥也,屯弁运丁也。"(清·魏源《复魏制府询海运书》)

屠侩:"盖其时待京朝官有礼,不忍以簠簋屠侩轻加人也。"(明·沈德符《万历野获编·吏部一·大计年分条款》)

宋代大儒王安石诗云:

> 由来刺绣工,不如市门倚。
> 以彼居货心,必求速化理。
> 近闻高赀郎,禁与士夫齿。
> 盖防驵侩态,岁久熏获似。
> 众富乃良规,力古贫莫耻。

(宋·王安石《达之质衣不售作诗某次韵达之有田在蒲阴日以侵削旧居尝质人家既还而井亡于是箪瓢益艰故有争畔改

— 190 —

井之嘲》节录)

何谓"盖防驵侩态,岁久熏莸似"?"驵侩态",即"市侩"之气质与举止行为。正人君子要时时提防切莫染上"市侩"习性,否则"岁久熏莸似",积久成习真就成了世人所厌恶的市侩,悔之晚矣。又如宋代刘克庄《杂咏一百首》之《柳家婢》:"忽见牙郎态,吁嗟悔失身。不虞小婢子,曾是柳家人。"应该说,对市侩的这种认知,或说市侩在世人眼里的形象,古往今来,十分普遍。一方面市井生活摆脱不了经纪人这个中介环节,另一方面却又要贬抑这个行当,很是矛盾。举凡社会生活如此"闻着臭、吃着香"的现象不胜枚举。

> 我公方下车,当食辄兴喟。
> 寮属爱贪泉,争饮不为怪。
> 予将辈元结,谁肯伍樊哙。
> 职曹与舶属,时号大驵侩。

(宋·王迈《有客一首寄温陵史君赵侍郎涯》节录)

> 开门驵侩哄,辏浦篙帆翕。
> 平旦书百函,交衢客三揖。

(宋·晁补之《送八弟无斁宰宝应》节录)

> 学省困斋盐,人材任尊奖。
> 伫侗祝螟蛉,小大器罂瓶。
> 诸生厌晚成,躐学要侩驵。
> 摹书说偏旁,破义析名象。

(宋·黄庭坚《送吴彦归番阳》节录)

"俗士得失重,舍龟观朵颐。六经成市道,驵侩以为师。"(宋·黄庭坚《以同心之言其臭如兰为韵寄李子先》其三)"市道"者,商贾逐利之道。如《史记·廉颇蔺相如列传》:"夫天下以市道交,君有势,我则从君;君无势,则去,此固其理也。"又宋代陆游《上虞丞相书》:"上持禄与位以御其下,下挟才与功以望其上,非市道乎?"对于庸俗浅薄者而言,尤其看重得失、赢亏。

诸如此类的诗作,甚多。如"煽宠艳诗多狎客,漏名直笔几牙郎"(宋·刘克庄

《和季弟韵二十首》),"庐陵米价没高低,直下承当已是迟。多少牙人并贩子,却来升合较毫厘"(宋·释心月《偈颂一百五十首》),"寄语牙郎莫酬价,椟中韫玉可求旆"(宋末元初陆文圭《赘尤端木二首》),"过了秦灰汉又唐,衣冠谁不是牙郎。河东柳氏何师法,奴婢犹知蹈大方"(宋末元初陈普《咏史·柳家婢》)。

清已降,此类诗更多。"乞得闲身暂故乡,菜佣驵侩溷何妨。洲浮烟树横官渡,帆带晴云下碧湘。"(清·张家矩《与中之再登揽湘楼》)"民间衣食尽锱铢,闾左生谋皆课最。细针密缕无所逃,零落衣冠为驵侩。"(清·洪繻《登望,不胜今昔兴衰之感;慨焉贼之》)"堂庑坐驵侩,衣冠纷隶胥。岂无旧兰蕙,一朝化茅茹。"(清·袁枚贵《读元次山春陵贼退二诗有作》)"被褐杂驵侩,谁知为韩康。生意汩严寒,枯荄茁春阳。"(清·戴亨《杂咏》)正所言"工农入市祇同化,神版能军竞自尊。独醒犹堪嗤驵侩,未须乞醢贾胡门"(林庚白《来喜饭店小酌》)。

"草窃无聊兼牙侩"(清·胡健《澎湖歌》),可见偏远之地牙商出身之贱。"巴舡吴榜簇江干,市侩村倡半倚滩"(明·钟惺《江行俳体十二首》),是将牙商与村妓并列,可见其声誉地位之贱。"我闻此松植自金元年,胡为摧折荒寒烟。摩挲三叹泪如缕,嗟尔托根原失所。慈仁寺中大作集,寺门日日飞尘土。珠玉锦绣走黄埃,日炙风霾气凄苦。孤根不免虫蚁穴,劲骨宁能驵侩伍。君不见庐山简寂观,高松千尺飘霜霰。"(清·邵长蘅《慈仁寺古松歌》)"风雨骤、蓬窗浪打。昨自蒿坡祠下过,问何人、是识英雄者。驵侩伍,今谁藉。"(清·陆震《贺新郎·月夜集友人寓斋》)"衣马轻肥,钱刀百万,世上偏雄驵侩才。如臣辈,问天公何意,潦倒尘埃。"(清·陆震《沁园春·将赴何阜雨中作》)"昨从庙肆见且骇,尤物乃落驵侩儿。装褫仍用球路锦,十卷首尾完无亏。"(清·查慎行《自题淳熙修内司官帖后》)"转舳奔轺肥驵侩,锦衣花帽照舆儓。析骸易子寻常事,桑孔如今在上台。"(近人徐震堮《书事》)大意是,即或驵侩一时暴富,虽"锦衣花帽"亦地位低贱,像汉代桑弘羊和孔仅那样的著名理财家,即或是极其困厄也是朝廷的上宾。近人洪存恕《避地》亦言:"儒贱但堪伍驵侩,吾衰不复客诸侯。生涯潦倒真犹幸,破碎乾坤容赘疣。""回看市井中,昂昂坐牙侩。贩粜且为豪,居奇何足怪。"(清·朱琰《读张杨园先生补农书作》)

还有反讽。"谁将牙侩语,容易诮杨蟠"(明·苏葵《题金山寺》),在赞颂杨蟠为官清廉的同时,也是对牙商唯利是图的反讽。

宰牲和卖酒屠沽以及牙商驵侩尽管社会地位卑微,亦与诸行百业的从业者一样,各有所得,各得其乐。何况"论兵去商虐,讲德兴周道。屠沽未遇时,岂异兹川老"(唐·欧阳詹《读周太公传》),难道屠沽、牙商驵侩就永无发达的可能吗?"伯乐与九方皋,侩牛自隐"、避世墙东王君公,长安的有德市侩刘仲始,元朝掘墓人、"盐场纲司牙侩"张士诚,乃至失败的牙商、卓有建树的启蒙思想家唐甄,等等,历史上诸多驵侩不也同样风流于世、名垂青史!

> 尚寐无聪,幽梦断,邃然难续。
> 隐隐听,鼓声如呼,角声如哭。
> 檐短茅堂窗已白,灰残炉火樽无绿。
> 称有无,随分具晨餐,唯饘粥。
> 有义命,何思虑。在坎陷,弥谦牧。
> 但客来尝愧,小坊深曲。
> 不及屠沽余酒肉,不及驵侩多僮仆。
> 下苇帘,相对话移时,清欢足。
>
> (元·杨弘道《满江红·有感》)

不屑于或不甘于与"屠沽""驵侩"为伍,则莫羡"不及屠沽余酒肉,不及驵侩多僮仆"。

晋代葛洪《抱朴子·审举》:"其货多者其官贵,其财少者其职卑……桑梓议主,中正吏部,并为魁侩,各责其估,清贫之士,何理有望哉?"

有时,即或是号之"大驵侩""大驵",尤其加重讥讽意味。如"予将辈元结,谁肯伍樊哙。职曹与舶属,时号大驵侩"(宋·王迈《有客一首寄温陵史君赵侍郎涯》)。再如,"乘时大驵千金射,望岁良农赤地耘。富贵要知定何物,五车何必为渠勤"(宋·赵蕃《示詹深父》),亦然。

5.《丰镇观马市歌》与广陵《卖马行》

无市场交易用何牙郎？无马市谈何驵侩？

中国自古以农耕经济为主体，牛马等畜力是重要的生产工具、交通工具和军事装备。因而，马市遍布全国各地。即如《析津志》所言：

> 昔扬子有言曰："一哄之市，不胜异意焉。"是知卖者欲贵，而买者欲贱。苟不立之平，而交易必不得其所。凡物之货易，莫不依平而后定焉。况人役物，以为养马之于人最为急用，代劳致远者也。易亦云："行天莫如龙，行地莫如马。"然而马不可一概言也。有骐骥，有驽骀，马非经伯乐之相，王良之驭，未易别也。去古虽远，而今之马市之平，皆人人善相善驭，岂非如良、乐者耶！总成人之交易，莫不以平为心。而虽有卖欲贵买欲贱者，皆取于一二言之定矣。

即或是京城，亦不例外要设立若干马市，以应市场交易之需。《元史·河渠志》有"大西关南马市口"的记载，可知西关有马市，或为商业区。再如清代朱一新《京师坊巷志稿》卷下记载：

> 官马市。市或作司。《八旗通志》作官磨房。
>
> 西马市街
>
> 马市街，元旧名，亦称东大街，井一，羊市井一。右翼税署在北，详衙署。《析津志》：安富坊在顺承门羊角市，鸣玉坊在羊市北。又羊市、马市、牛市、骆驼市，俱在羊角市一带。人市在羊角市，至今楼子尚存。此是至元后有司禁约，姑存此以为鉴戒。坊巷胡同集：安富坊六铺。有燕山左卫。案：卫久废。
>
> 东马市街
>
> 亦称西大街，见旧闻考。井三。有马市、猪市、羊市、百鸟市、左翼税署、火器营。迤北长和大院，井一。盐店大院，井一。衙门俱在北，详衙署。
>
> 右在王府街东，马市街南，就日坊大街西，长安街北，与中城南城界。
>
> 京师骡马税局设于骡马市大街马神庙。骡马市大街：元帝庙，明建，前室

祀马神,亦称马神庙,有王熙、刘廷玉二碑。设骡马税局于此。

清汤贻汾曾游览塞外古商贸客栈丰镇(今乌兰察布市所辖的丰镇市)传统马市,写下长诗《丰镇观马市歌》。这是中国文学史上罕见的一首以民俗为专题的诗作。诗云:

斗鸡台北盘羊西,眼中青海与月支。骓駓駬骆骝骟骐,沙平草软十万蹄。
穹庐月落光熹微,点点草头同敛棋。碧眼赤髯环不离,黄皮靴阔毡裘肥。
鞍鞯精铁元熊皮,翻身上马作马嘶。一人马前作奔敌,万马飞逐云烟移。
一人殿后长竿提,口中马语无人知。天明霜露犹未晞,尘埃已塞谷与蹊。
前群上桥后群继,万炮飞击蹄声齐。桥姚但用谷量马,一群一谷纷排挤。
三驸八驮杂牝牡,九良五驽兼黄骊。健儿入群马惊突,绳竿挚首施鞲羁。
左腾右逸额尔敏,一堕不愁成肉糜。纷纷驵侩牵人衣,手指白黑呼与骑。
默者凤臆鸣麟鬐,步者发电奔逾辉。千金百缗值不一,一顾再顾十倍奇。
安能钩距得其实,以手作口谵可疑。氐郎割券乐奇羡,连尾不足书成嘻。
世无薛公与非子,筋肉不识由人欺。乌孙突厥有谁致,致亦不过弩与疲。
有唐八坊七十万,张公能事惟蕃滋。绳钩直曲岂能识,但取立仗何愁稀。
筊云喷玉困辕下,老乌啄疮血淋漓。鞭箠刻烙厮养虐,速死不得徒嚱唏。
我虽相马胜董子,不明此中谁駃騠。荒山嵯峨愁鸡栖,只求款段寻幽宜。
垂鞭鞿鞚穿花堤,幸免折髀即庶几。自朝至昃所见非,十驾九蹶无高低。
殷勤剪刷是何意,帝闲方此征雄姿。神奴却笑王湛痴,我痴已矣将安之。
空将天马歌西北,不诵田家秧马诗。

诗中"纷纷驵侩牵人衣,手指白黑呼与骑。默者凤臆鸣麟鬐,步者发电奔逾辉。千金百缗值不一,一顾再顾十倍奇。安能钩距得其实,以手作口谵可疑"等数句,写的是马市居间中介交易过程中的一些细节。"纷纷驵侩牵人衣,手指黑白呼与骑",说的是许多驵侩不时地拉拢买马者看马试骑,招徕买主。"安能钩距得其实,以手作口谵可疑",反复地讨价还价过程中,不以口言说,而是用手势动作形式的隐语行话相沟通,未免令人懵懂犯疑。值得注意的是"以手作口谵",大概此为迄今所知最早见诸文字的关于马市流行非言语形式隐语行话的文献记载。是为以诗证史之一例。

宋人曾慥所著《类说》卷四引唐无名氏《秦京杂记》云:"长安人市语各不同,有葫芦语、镞子语、纽语、三折语,通名市语。"马市"以手作口谵",则属其非言语形式的马市市语。

"眷然相顾见情意。言语不通口各张。口语何如手语强。以手表意无相妨。"(近人宗远崖《星际梦》诗句)"以手作口谵"这种非言语形式的马市市语,俗谓"袖里吞金"。"袖里吞金"原本是古代秦晋商人民间发明的一种参照珠算方式的计算方法。具体言之,就是以左手五指设点,作为数码盘,每个手指表示一位数,五个手指可表示个、十、百、千、万五位数字。每个手指的上、中、下三个关节分别表示1至9个数。每节上布置三个数码,排列的规则是分左、中、右三列,手指自左边逆上,从下到上,排列1、2、3;手指中间顺下,从上到下,排列4、5、6……古人服饰袖子肥大,手指在袖中进行计算,故名。民间流传有歌谣:"袖里吞金妙如仙,灵指一动数目全;无价之宝学到手,不遇知音不与传。"由于这种计算方式比较隐蔽,可以遮人耳目,于是就被马市、古董行等一些行业用作类如"黑箱操作"讨价还价的交易方式。这样,两个人无声地手对手讨价还价,交易起来十分便利。即如有学者认为:"在交易场中,牙商们为了保证相互间信息交流的高度机密,在进行交易时均在袖筒里用手交流,而且几乎所有行业的牙商都有一套神秘的行话和暗语。牙商的技能是神秘的、无形的,非一般阅历者所能掌握。"①对此,《关东第一马市习俗调查》②所述尤为详细,报告说,明永乐以来的四五百年间,东北各地的马市在自身发展和与各种势力交往过程中,围绕马市所组成的特殊职业集团,逐渐形成了包括"袖里吞金术"在内的特有的行业用语(切口、隐语)、行帮习俗及行业技能。其"袖里吞金术"的具体操作方法为:

> 马市规矩买卖不交言,既指买卖双方不见面,不直接讲价,也指马贩子、马经纪之间在交易过程中也不能随便说话。双方讨价还价、介绍行情,只能在袖筒子里捏手指头,俗称"盖盖摇",即马贩子之间通称的"袖里吞金"术。

---

① 张彦台:《民国时期北方牙商的社会特征》,《河北学刊》2014年第1期。
② 张徐:《关东第一马市习俗调查》,《民间文学论坛》1992年第4期。

双方在袖筒里用手出价、还价,用手一摸就知道。如不行,就再出手表示。具体为:出一食指,表示一;出食指加中指,表示三;出食指、中指、无名指加小指,表示四;五指全伸,表示五;单出大拇指加小指,表示六;五指尖聚拢,表示七;出拇指和食指叉开,表示八;在八的基础上,勾回食指,表示九;十又归一。另外,单伸食指、中指,食指在下,中指在上并拢,也表示十,俗称"背子十"。如遇十一、二十二、三十三等相重的双数,手就在袖筒里晃一下,表示同样的数字重复。

用"袖里吞金术"讲价,数字靠手法不能定位,只能用口说话表示这个是整数,这个是零头;这个是大数(或百位、千位、万位),这个是中数(比大数降一位),这个是小数(比中数又小一位)。如,要表示一万五千元,就可以先出一食指,说:"这个整。"再出五指说:"这个零。"但至于所表示的是一万五千元,还是一千五百元或十五元,都需要根据具体行情,按物索值。由于讲买讲卖的双方都是经纪人,熟悉行情,所以双方理解一般不会出错。双方出手习惯是出鸳鸯手,即一左一右,这样双方捏起来方便。这只是一般习惯,没有具体行规。

清代诗人彭兆荪(1769—1821),字湘涵,镇洋(今江苏太仓)人,中举后屡试不第。青少年时曾随父宦居边塞,驰马游猎,击剑读书,文情激越,有文名。他在充任江苏布政使胡克家及两淮转运使曾燠幕僚时客居广陵(今江苏扬州),由于"寒云惨淡淮南道,却顾囊钱空似扫。已无白饭养诸奴,那办青刍充马草"之无奈,曾至位于广陵门外的马市卖马,写有《卖马行》。诗云:

广陵门外人如织,牵马市头问马值。金珂玉勒不被体,风鬃雾鬣无颜色。
忆从渥洼联辔来,黄骢紫燕非凡材。惯踏层冰陵雁碛,几驱朔雪眺龙堆。
羁人一唱东归引,欲别骅骝良不忍。款段还思下泽游,乡程先伏霜蹄紧。
并州已过历齐州,草帽蕉衫稳上头。有约衡门饱场藿,不教尘土走长楸。
寒云惨淡淮南道,却顾囊钱空似扫。已无白饭养诸奴,那办青刍充马草。
关河相对愁心颜,山程水驿多间关。安望越装分陆贾,直须骆马鬻香山。
脱付青丝驵人手,论价还看步工否。故将丑语诋权奇,认使吞声伍衰朽。

得钱便可作归资,多寡安能重致词。从来失路身多贱,此后鞭笞吾岂知。
马声呜咽人声远,彳亍河干日将晚。莫忆春芜射雉场,莫提浅水呼鹰坂。
只合归营二顷田,饭牛扣角过年年。绿杨阴里谁家子,叱拨呼风试锦鞯。

诗中,"广陵门外人如织,牵马市头问马值",说的是牵着心爱的坐骑,来到熙熙攘攘的马市,向经纪人问价。"脱付青丝驵人手,论价还看步工否",写的是听凭马市上的经纪人一边察验欲售之马,一边进行居间中介。"从来失路身多贱,此后鞭笞吾岂知。马声呜咽人声远,彳亍河干日将晚",写的则是主人忍痛卖马之后的恋恋不舍。

6.内外贸易与牙商的转型嬗变

在对外贸易活动中,牙商的居间中介功能尤其重要,不可或缺。即如清人李征熊《海舶行》所咏:

山如砺,河如带,我朝车书大无外。东渐西被朔南暨,四海茫茫与天际。
番国波臣群稽颡,职方年年图王会。翁洲东南第一关,汪洋波涛通万派。
清晨放去流求船,飞烟一道金崎界。更历闽广达安南,扬帆西上路迢递。
马塍暹罗噶喇吧,弥漫天风惊砰湃。柔佛吕宋唔哕吗,纷纷岛屿列海裔。
深目长鼻椎髻来,百物罗罗凭市侩。扶桑之东虞渊西,竟向中华献珍怪。
氍毹氍,缎羽毛,多罗斗缕布火毳。白檀青木阿萨那,乌卵象牙间玟瑰。
鹦鹉如雪或如丹,孔雀似锦鸟倒挂。玻璃瓶盛红毛酒,色艳琥珀酌大贝。
峨舸遥出水晶宫,千尺帆樯来月氊。区宇隘前朝,幅帧越往代。
纵横谁知几千程,秦皇汉武徒夸大。间立海岸望晴空,闽商欣欣输关税。

(《晚晴簃诗汇》卷六九)

丘逢甲的长诗《汕头海关歌寄伯瑶》所展示的海关口岸商贸繁荣景象,一幅壮观图景,煞是生动。其中不乏"华商半悬他国旗"的牙纪们的活动。

风雷驱鳄出海地,通商口开远人至。黄沙幻作锦绣场,白日腾上金银气。
峨峨新旧两海关,旧关尚属旗官治。先生在关非关吏,我欲从之问关事。

新关主者伊何人？短衣戴笠胡羊鼻。新关税赢旧关绌,关吏持筹岂能记。
新关税入余百万,中朝取之偿国债。日日洋轮出入口,红头旧船十九废。
土货税重洋货轻,此法已难相抵制。况持岁价两相较,出口货惟十之二。
入口岁赢二千万,曷怪民财日穷匮。惟潮出口糖大宗,颇闻近亦鲜溢利。
西人嗜糖嗜其白,贱卖赤砂改机制。年来仿制土货多,各口华商商务坠。
如何我不制洋货,老生抵死雠机器。或言官实掣商肘,机厂欲开预防累。
此语或真吾不信,祗怪华商少雄志。坐令洋货日报关,万巧千奇无不备。
以其货来以人往,大舱迫窄不能位。岁十万人出此关,偻指来归十无四。
十万人中人虺半,载往作工仰喂饲。可怜生死落人手,不信造物人为贵。
中朝屡诏言保商,惜无人陈保工议。我工我商皆可怜,强弱岂非随国势？
不然十丈黄龙旗,何尝我国无公使？彼来待以至优礼,我往竟成反比例。
且看西人领事权,雷厉风行来照会。大官小吏咸朒缩,左华右洋日张示。
华商半悬他国旗,报关但用横行字。其中大驵尤狡狯,播弄高权遽横恣。
商夸洋籍民洋教,时事年来多怪异。先生在关虽见惯,思之应下哀时泪。
闽粤中间此片土,商务蒸蒸岁逾岁。瓜分之图日见报,定有旁人思攘臂。
关前关后十万家,利窟沉酣如梦寐。先王古训言先醒,可能呼起通国睡。
出门莽莽多风尘,无奈天公亦沉醉。

当然,对于一些商品的商家来说,内外贸易的利益有时处于矛盾状态。"珠商贝客市门听,牙侩闲边自品评。郡将不收蕃船物,今年价比向年平"(宋·曾丰《送广东潘帅移镇湖南十口号》其四),说的就是由于内外贸易的逆差引发的担心和不满。

九、中国经纪人史诗话（下篇）

原本民间文艺的原生态竹枝词，即刘禹锡在《竹枝词九首》"序"中所言："四方之歌，异音而同乐。岁正月，余来建平，里中儿联歌竹枝，吹短笛，击鼓以赴节。歌者扬袂睢舞，以曲多为贤。聆其音，中黄钟之羽。其卒章激讦如'吴声'。虽伧伫不可分，而含思宛转，有淇、澳之艳音。昔屈原居沅、湘间，其民迎神，辞多鄙陋，乃为作《九歌》，至于今，荆楚歌舞之。"

一旦竹枝词被用做文人诗歌体裁，仍不脱离乡土"地气"，仍然以时尚风俗作为基本题材。如清人叶承桂《太湖竹枝词序》所云："太湖为东南巨浸，峰峦之杂杳，烟云之窅漫，灵奇俶诡，不可胜状。居是乡者，犹几案间物，取之无禁，用之不竭，而或漠焉。相遭有山水而不知好，好之者又或不能以诗文标举其概，皆山水之大憾也！余家青螺峰下，占林泉之胜，心淡世故，乐与鱼鸟为邻，一筇一笠携以自随，登山临水惟日不足。尝作《五湖渔庄图》以寓其萧闲清旷之致。名流见许，题咏者数百家，既已，都为一集矣。惟是湖中有山七十二，两洞庭及马迹，居民咸万余家。其间，民物繁昌，风俗醇茂，兼以奥区名迹之神异，遗闻逸事之瑰奇，皆可证诸简编，传为谣诵。因成竹枝词一百首，藉以纪风土之概，即为渔庄图自题之词。每于风清月白，扣舷而歌之。山灵有知，当必以余为知己也！自来以太湖诗传者，皮袭美、陆天随而外，未可悉数。独竹枝一体不少概见。杨铁崖《洞庭曲》、汪朝宗《东吴棹歌》，皆寥寥数章，未尽其胜。余吴人也，以吴人为吴歈，闻见既实，吟咏亦因而加详焉。采风者或亦有取乎？"

清代朱文炳《海上竹枝词》"序"亦云:"一国有一国之习惯,一方有一方之习惯。善觇人国者,不在政教号令之未具,而在调查社会之习惯。不惟见人事之迁流,即国力之盈虚、民质之高下,胥可于此征之。全球商埠上海居第七,为我国最繁盛之都会。大而工商学校,小而宫室马车,推而至于饮食、服御、声色玩好之微,莫不以上海之风气为风气,如影随形,如响斯应。然则上海为全国模范,上海之习惯即全国习惯之代表,审时察变之君子,乌可不加以研究哉?往读钱塘袁翔甫君《谈瀛录》,附有《海上竹枝词》,绘摹习惯,惟妙惟肖。然习惯随时会为变迁,海上繁花,更日新月异而岁不同,袁作阅时已久,按之于今情,事有不合者。嘉兴朱谦甫君,夙工诗词,馆沪又久,著有《海上竹枝词》,举凡工商学校,逮乎宫室车马、饮食服御、声色玩好之微,靡纤弗具。其立言也,不尚文而尚俗;其记事也,不以庄而以谐。要其作诗之谏之意欤,抑亦今之伤心人别有怀抱欤。夫通都大邑,其纷华靡丽,是以快纵吾人嗜欲者,即其宴安鸩毒,足以败坏吾人之道德,所谓沃土之民不材也。然岂无卓焉自立,不屑随俗浮沉而勿为习惯所转移者乎?人醉我醒,人浊我清,此又朱君作是诗者之深衷也夫,岂仅问禁问俗之谓哉。"

凡此可知,文人采风视野及笔下,竹枝词亦即"风土诗"。

牙商、牙行的居间服务,是市肆商贸活动的重要环节,也是市场秩序规范不可或缺的制度规范。因而,举凡诸行百业无不有其牙商、牙行的居间服务。对此,竹枝词中多有展现。

1. 埠头兼具牙行功能

明代徽商程春生在其撰写的商书《士商类要》中写道:"买卖要牙,装载要埠。""买货无牙,秤轻物假。卖货无牙,银伪价盲。所谓牙者,别精粗,衡重轻,革伪妄也。"清邗江词客《沪渎竹枝词》所咏:"百货如山任品题,当行何必更居奇。中无牙侩谁经纪,铃客纷纷走不疲。"《士商类要·买卖机关》中告诫商人说:"卸船不可无埠头,车马不可无脚头。船无埠头,小人乘奸为盗。车无脚头,脚子弃货中途。此皆因小而失其大也。""脚头""埠头",亦即兼具牙行牙商功能的车马行、船行。

江南水乡,舟楫自是主要的水上交通工具,一如陆路交通之大小道路之交叉纵横,与民生和社会日常生活密切相关的船行埠头亦星罗棋布。

先看竹枝词中浙江慈溪龙江一带水乡埠头。

清人童谦孟《龙江竹枝词》集中记述了浙江慈溪龙江一带水乡市井的繁荣景象。其中咏道:"河南河北两条桥,相去曾无百步遥。三十余间房子好,店多成市聚肩挑。"童氏还咏道:"航船日过镇龙桥,好趁梅林早晚潮。拆兑带来南北货,夜深也把店门敲。"并有注云:"童氏南条直河有镇龙桥,船路六七里至第林堰即外江矣。"再看另外三首:

> 担子沿河一字排,挈篮都到市中来。
> 挨挤最是春源弄,隔断行人路不开。

> 前后姚家前后张,朱洪郑姓堰头方。
> 逢单都道童家市,往来路无数里长。

> 明朝空日买今朝,鲜货何妨隔一宵。
> 从此团桥不须去,章桥也怕路迢迢。

第三首原有注云:"市西有章桥市,市东有团桥市,去市各四五里。章桥双日,团桥单日。"凡此可见其一时之盛。就此,《龙江竹枝词》题下的自序,既是这一组竹枝词题旨情趣的总说,亦可谓解读总纲:"童家兴市仅二十余年。余少时,河南两处并无店屋,黑水漕头只有染棚一架,河北虽有数店,亦殊寥寥,今之市心旧为晒场地基。有祭祀宾客之需,双日赴章桥市,单日则到桥头市。行贩上门来,都是咸货干货,新鲜埠头货偶亦有之。家常咸齑蟹浆,自种瓜茄蔬菜,亦算上食。上府无航船。不能步行者,必须特讨小轿,有一顶以备妇女亦殷户所乘,不似今日之多也。然其时家多温饱,人乏游闲。贫富浑于无形,少长秩然有序。二十年来,农服饮食及一切动用,喜新厌故,踵事增华,较余少时大有丰俭之殊。一食费万钱者,不为奇罕;而家无隔宿之粮者,亦因此转多。枯荣殊色,冷暖异情。风气之变更直转瞬间耳。偶作此词,以志今昔之感,方言俚语,近于风谣,俾村童野老亦能领略其意,读者勿以鄙俗见嗤可也。"正是船行埠头繁忙而有序地居间服务,保障着水乡市肆之"秩然有序"。

江南许多竹枝词,颇有一些类似的记述。如清代孟笙《杭州竹枝词》:"万安桥下问征帆,回首西山日夕衔。悄看吴船女儿好,蓬窗间露手掺掺。"自注云:"万安桥,艮山门水关内各处船皆集于此。有船行埠头。"清代许楚《青岩诗集》卷五《西湖竹枝词》:"九里松声殉杜鹃,茆家埠头船尾船。年年得意翻天笠,烂醉归途派酒钱。"清代陆遵书《练川杂咏》:"合浦门前有埠头,夜航唤我上苏州。东桥晓泊风和雨,仓酒沽来一醉休。"浙江省境内的衢江又谓"瀫江",清代叶如圭《瀫江棹歌》:"打棹声中梦乍醒,小舟随意岸边停。盈川渡口烟波绿,盈川埠头杨柳青。"(《衢县志》卷二十八)

再以著名的水乡商埠扬州为例。

据明代万历年间的《扬州府志·风物志·俗习》所载:"四民自士农工贾而外,惟牙侩最多,俗云经纪,皆官为给帖。凡鱼、盐、豆、谷、觅车船、雇骡马之类,非经纪关说则不得行。常值之外,另与'用钱'。扬州、瓜、仪,经纪不下万数。"可见当时牙商制度之普遍、普及,其中还有一个颇值得关注的信息,那就是当时俗谓牙商为"经纪"。就汉语语言史来讲,此当是首见以"经纪"用指牙商。此前,则多用指财产管理、生意经营或生计。或言之,以"经纪"用指牙商,始见于明代。

位于江苏省扬州市最南端古运河入江口处的瓜洲镇,是京杭大运河与长江交汇处的一个小岛。这里既是唐代高僧鉴真东渡日本的起点,又是相传"杜十娘怒沉百宝箱"之所在,历代文人墨客留下了无数诗词和笔墨。唐代诗人白居易《长相思》中的"汴水流,泗水流,流到瓜洲古渡头",宋代王安石《泊船瓜洲》中的"京口瓜洲一水间,钟山只隔数重山",均指这个古渡口。

于树滋《瓜洲伊娄河棹歌》:"江洲生产荻芦多,为席为帘并折窠。农隙耕余助生计,取材储料广搜罗。"原注引李斗《扬州画舫录》云:"江洲产芦,为洲人一大生计,城商就洲预购,按年核计,名为贴户。收割运城,设行储积,再运郡城,南门外设有芦栈,分售居民。芦商提厘于瓜洲,创办育婴堂,其出产之广,提厘之多,可以推测。以芦制帘、制席、制储谷之窠折,行有经纪,为瓜洲之专利。""折窠"亦作"窠折",即今所说"窝折",如《嘉庆瓜洲志·疆域》有"窝折巷,在南门大街"的记载,可以为证。就是说,瓜洲地方一度以盛产芦苇编织品著称,并形成了这一土特产的集散中心市场,市场中有专业牙商进行居间经营,即该书所载之"行有经纪"。其生产原料和生产剩余可用作烧柴的芦草,一并在此交易,即位于"中埂上岸"的"草草馆"。亦即《扬州画舫录》卷七所记:"草草馆在中埂上岸,本南门草厂。瓜洲人艑载江芦,谓之'芦商',其船谓之'柴艑',至此为'柴艑马头'。先驳运上岸,地名'贮草坡',坡上为南门街之西,多屋舍以寓芦商,即是馆也。贮草坡豆腐干姚氏为最,称为'姚干'。"

清代林溥《西山渔唱·市肆》竹枝词写扬州西山"渔草猪鸡各有行,行行利息略相当。大仪牛市春秋季,经纪生涯此最强"。原注云:"鱼草鸡猪,皆有牙人经纪之,然皆微利也。集中猪行较胜。若牛市以大仪为最,他集不尽有,有亦不及也。"又写道:"居奇囤积费思量,衿监充牙例禁妨。借问谁家重顶替,簇新盆匾陆陈行。"原注:"杂粮行名'陆陈行',陆陈之义未详。或云始于陆陈之姓。充牙行者,例由藩司给帖。有职人员,例不得充,而行利甚饶,人多垂涎,往往租人家旧帖充当。张冠李戴,影射垄断,好事者往往涉讼。"(《扬州西山小志》)

2. 大市小集皆有牙

米业米牙的居间服务。清道光进士王正谊在《惜心书屋诗钞》卷二《达县竹枝词》中云:

每到三天赶一场,场期最是老僧忙。

山林籴粜无经纪,寺院居然似米行。

又如鱼行的"贩鲜湖口聚牙郎"。清江苏常熟人姚文起《支川竹枝词》云:

时物携来巨镇消,冰鲜海上不停挑。

牙郎食谱家家熟,一霎鲥鱼尽百条。

原注:"海上贩鱼者,谓之'挑鲜'。鲥鱼则各家送售,尽多必罄。俗有'吃食支塘'之称,他物亦称是。"

人们讨好牙郎,作为鱼牙亦自然是近水楼台尝鲜矣。渔汛忙季,鱼牙则离岸去船上办理交易。

清代吴庄《半园诗文遗稿·罛船竹枝词》云:

> 左右帆开势拍张,一舵九九起渔忙。
> 酉过梢后西风死,行账船来便上行。
> 原注:"罛船不能近岸,有行账船到湖中称鱼,发牙行上市。"

清代时光弼《张溪竹枝词》云:

> 牙行米市聚晨昏,背负肩挑络绎奔。
> 稻种不齐分贵贱,紫藤棚底价争论。
> 原注:"镇上米市极威,南湖行场有紫藤棚甚古。"

可见,鱼牙讨价还价亦属常例。

鱼市交易,通常以秤作为量器。旧时苏州流行用斗,恰应了那句成语"车载斗量",但到了这里就变成了"船载斗量"。清代叶承桂《太湖竹枝词》云:

> 收网船头呼钓伴,贩鲜湖口聚牙郎。
> 小娃高卷双红袖,手捧纤鳞用斗量。
> 原注:"《苏州府志》吴'俗以斗数鱼,大抵以二斤半为一斗,买卖者多论斗'。皮日休《钓侣诗》:'趁眠无事避风涛,一斗霜鳞换浊醪。'朱彝尊《罛船竹枝词》:'盼取湖东贩船至,量鱼论斗不论秤。'"

何以"斗"量?捕的鱼太多,交易频繁,难以一斤一斤地过秤。清江苏如皋人黄振《黄瘦石稿》卷七《海滨竹枝词》描述的正是这般风景:

> 贩鲜牙侩小行开,日落腥风卷地来。
> 一路牛车如雁字,海边迎得货船回。

再如清代丁立诚《续东河新棹歌》:

> 乡董官牙两事歧,任公善钓取无遗。
> 经纶重定成规则,团拜神前誓不欺。
> 原注:"丝业向无会馆,今建艮山门头。"

如果说,以丝线捆绑鱼蟹未免成本太大,有嫌奢侈,那么,以粗草绳来捆绑,亦

属不法鱼牙利欲熏心欺诈之举。此类行为,古今均不乏其例,如清代陆遵书《先泽残存·练川杂咏》所咏:

> 担担黄花束草绳,晓来人市过田塍。
>
> 少年羽翼喧相接,常见牙行早挂灯。

"黄花束草绳",即属以粗草绳捆黄鱼。曾主政、主讲朗江书院的乾隆举人王煦在《空桐子诗草·虞江竹枝词·市侩乾没》亦写道:

> 入市休嫌物价腾,蟹连草缚鳖连绳。
>
> 玉堂桥畔鸡鹅鸭,饭拌泥沙塞满膛。

可见并非妄言。何为"乾没"?顾炎武《日知录·乾没》谓:"大抵是徼幸取利之意。"翟灏《通俗编》、郝懿行《晋宋书故》皆谓钻营取利。唐代颜真卿《李司空碑》谓:"乾没之赃,一征百万;缮完之利,费省巨亿。"《宋史·河渠志三》:"每兴一役,乾没无数。"乃谓贪求侵吞公家或别人的财物。所释语义,皆指从中贪取不义之财。

光绪年间清竹孙氏刊本《荆沙竹枝词》:

> 钱价低昂各暗猜,卖空买空显高才。
>
> 万千做定凭经纪,日向财神殿里来。
>
> 原注:"钱铺在财神殿聚齐,每日做定钱价。"

冯文洵《丙寅天津竹枝词》:

> 跑合人多交涉才,说成买卖用钱开。
>
> 时亨若得刚巴斗,几载光阴抖起来。
>
> 原注:"凡银钱及各行货物之经纪,俗称跑合。洋行、银行等之交易媒介,西人谓之巴斗(译音),俗称买卖。'抖起来',系时行之谚语,得意之谓,或亦陡起之意。"

清咸丰、同治年间浙江余姚人宋梦良《余姚竹枝词》(补遗):

> 北乡经纪卖花皮,西乡妇女卖棉丝。
>
> 纺车争及技车快,一样谋生利逐锥。

近代以来沪上所谓的"黄牛党",北京行话叫"拼缝儿的",是一种出轨的牙商生意。民国南海(今上海市浦东新区)人周绍昌《周浦竹枝词》：

　　眼镜骑梁雪满头,手持储币踏街游。

　　有无贴票逢人问,利见三分好放牛。

原注:"放贴票名'黄牛'。经营此业者达四五十人。有闵姓市侩,更奔走街头,唯利是图。"

类似于今天"定期存折"的"贴票",发端于上海"协和"钱庄发行的一种有价凭证。按其规定,凡以98元现金存入者,付给庄票一张,半月后即可收取百元现金。这首《周浦竹枝词》所叙,则是居间做"贴票"的投机生意以牟利。他们利用持"贴票"者一时拮据窘急于变现之机,低价收购而赚取其间的两个差价。旧时北京"拼缝儿的"收购当票,与之同理。

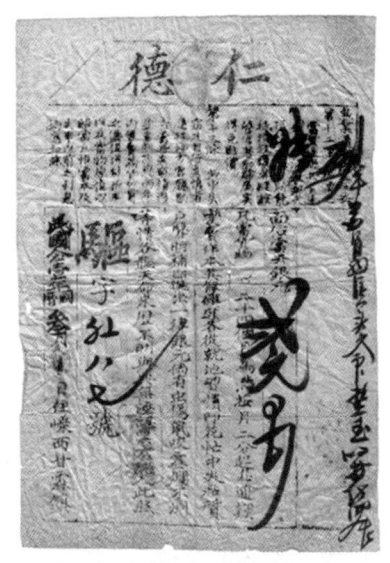

民国时期山西太原府西街"聚泰当"当铺的当票

3.领帖入行做牙郎,唯利是图乃本能

入行做牙郎,要按律例办理注册纳税等一干手续,方得正常经营。清代朱余庭《海陵竹枝词》卷五云:"铺商官役又牙行,出色头衔分外光。文职同知武都尉,功名原不在文章。"储树人《海陵竹枝词》卷四:"票引新章换旧章,通湖达广远招商。沿河多少官盐栈,包买还包代客装。"原注:"栈若牙行之类,所谓招徕是也。泰邑向无,今多至数十处。"吴兆钰《姑苏竹枝词》:"钟楼笙箫佛事忙,贩夫氓隶与牙行。半间客坐临官道,牌位都书修职郎。"清末民初程恩洋《海陵竹枝词》:"牙行捐帖苦难捐,牙照通行肯出钱。登录捐来是凭证,牙行悦服出银元。"原注:"牙行帖改名登记凭证。"又刘邦辅《建昌被水竹枝词·咏税务局》:"牙行渔利本堪差,一旦飘摇付水流。寄予市头收税者,须防鱼鳖转来收。"所说皆此事情。

取得牙商资格充当牙郎的目的何在？毋庸置疑，就是要牟利，以其居间服务的方式服务市肆，在服务市肆的过程中获得回报。这一点，是一切牙商的本能本色。至于牟利的厚薄多寡，牟利手段如何，既有律例规范，亦有道德规范。利欲熏心，唯利是图，则难免失范。

清代邵廷烈《娄江杂词》"序"云："娄江东接瀛海，西承具区，山川孕灵，云物挺秀，园林甲于他郡，文章代有传人，商估骈罗运海之谣如昨，田畴乐利敏农之训犹存，爰萃咫闻，汇成杂咏，征文考献，蘄有助于采风，陈义摘词，终无当于数典。为诗凡若干首，亦《竹枝》之遗意云尔。"其中市侩唯利是图的本能本色，亦尽入竹枝词风俗画中。邵廷烈《娄江杂词》"地割邻疆土不滋，余粮哪得疗斯饥？羡他练浦科收薄，半助公田半遂私。"原注有云："明万历间，嘉定有改折漕粮之请，当时米价每石计银六钱。其后遂为永折，至今利之。吾娄王相国与有力焉，嗣以党臣言利，几更议。陆中丞文献抗争乃止。"（节录杨叔温先生《代邑绅士呈请改折本县漕白二粮状》云：州境因沿海之稻色不纯，于转漕尚须采买。县治则产花，而米价难给，其办公尤见拮据，况复借资他郡，市侩之索值俄腾，定限官期，民户之交仓后，每用上等之价，杂以中下等之秕谷糠粞，遂令一县之粮，逊于他州县之干圆洁净）乘粮荒民饥之际，"市侩之索值俄腾"，亦即粮业牙商的本能本色。林则徐《钱票无甚关碍宜重禁吃烟以杜弊源片》："且市侩之牟利，无论银贵钱贵，出入皆可取赢，并非必待银价甚昂然后获利。"

"天下熙熙，皆为利来；天下攘攘，皆为利往"，何况市侩乎？清江苏高邮人金长福《海陵竹枝词》卷一："烟水南关取次过，米盐捆载入长河。舟行卅里通姜堰，市肆喧阗驵侩多。"又"听鼓应官到卯初，荐函早已暗吹嘘。米薪油菜都腾贵，始信长安不易居。"注云："泰州本鱼盐辐辏之地，风俗朴素，居民乐业。近因藩、运两司行辕在此，大营粮台职司出纳，银钱萃集，百货涌贵，驵侩小民以为利薮云。"又，清代应时良《百一山房集》卷七《砖灶村杂咏》："乡货纷纷聚作场，供他牙侩赚钱忙。四时尤数三春好，遍贴红笺青叶行。"

加税牟利是牙商惯用的伎俩。如清末民初顾震福《跂园诗钞》卷一《萧湖棹歌》："慧照亭前放小舠，郎打鱼儿妾撑篙。卖鱼得钱莫沽酒，牙行鱼税闻加高。"

清山东济宁人陈广年《乡村竹枝词》写道:"瓜园夏潦梦全枯,不怕东君秋索租。连日牙人来叩户,满村丰打淡巴姑。"(《济宁直属州志》卷九)"牙人来叩户"干什么?收购,收税也。

开"空头支票",一向是牙商习用的欺诈手段。如民国叶仲钧《上海鳞爪竹枝词·空头支票》:"一般市侩最刁奸,支票纷纷任意开。谁料空头无实款,骗人上当不应该。"

于是乎,买卖时与牙商打交道之前,也要有个大约算计,预防其欺诈,避免吃亏上当。清代吴仰贤《小匏庵诗存》卷四《洋泾竹枝词》:"七朝膜拜静一场,多少闲人就酸乡。虚昂星房看过了,尽斋筹算见牙郎。"注云:"夷人逢四日宿值;度日礼拜,越七日一举,届期停止市易。"

甚至,有时还得提防牙郎打婢女的主意,或防范婢女跟牙郎私奔。清代冯雨田《佛山竹枝词·月令》说的大概就是这种担心:"牙郎貌美又情多,公正翻防市有魔。卿处深闺知识浅,莫差婢去买绫罗。"

魏晋以来,敬佛、礼佛渐成风尚。然而,竟有一些市井奸宄之徒打起了僧家物品的主意,做起开佛店生意,"行同市侩"。清释开霁德辉《僧家竹枝词·开佛殿》,讥讽了当世唯利是图的市井商人"赁两间屋,供一尊佛,专为应酬经忏,名曰开佛店。貌列僧伦,行同市侩,佛法至此,不堪问矣"的现象:"假我衣服贩如来,我佛前知实可哀。往岁此风行沪上,宰官严禁亦雄哉。"这位僧人指出:"数年前沪上极多,幸蒙当道禁绝,可谓痛快。《楞严经》云:云何贼人,假我衣服,裨贩如来,遭种种业。二千年前,佛已知之,亦气运使然耳。现在佛店虽禁,而僧家所为,无异贩如来者,尚难悉数。悲夫!"可见唯利是图的市侩无孔不入。

4. 一班掮客善钻营,买办家家特地忙

一如"市侩","掮客""买办"原本也都是中性词,都是指牙商、经纪人。"市侩",最初也是只有作为居间经纪人的社会经济学的意义,后来逐渐衍化为用指唯利是图的奸商,或泛指贪图私利的人,变了味,走了形。众口铄金,恶行带来的恶

名再也难以回归其本貌。

以掮客为例。清代朱文炳《海上竹枝词》："一班掮客善钻营,拉得人家买卖成。道契方单图样备,空头饭亦尽知名。"再如清代李默庵《申江杂咏·掮客》："为谁辛苦为谁忙,得失无关有别肠。北货掮来南货去,两头利市总包荒。"又如民国叶仲钧《上海鳞爪竹枝词·空头支票》："地皮掮客米行佣,土鳖虫兮米蛀虫。彼辈何来此雅号,因他侵蚀太精工。""土鳖虫"一时竟成了地皮掮客的"雅号",实在是一种特别的评价。

再说"买办"。当年,开埠后的上海买办、掮客们在丰厚佣金的驱使下,一时尽显身手。即如有一首《竹枝词》写道："东西洋货客争掮,脚底生涯走露天。东手接来西手去,个中扣佣五分钱。"这些与洋人周旋做生意的"跑街先生"们,是自行车这种交通工具传入中国后在上海市井比较早的受益群体,他们"踏车飞走似乘风,各国言谈意义通。消息最灵机灵捷,千金一诺即成功"。清代扫花散人《蒙山仙馆诗钞·百丈竹枝词》："食无兼味笑荒厨,晓起希闻买办呼。民价肉肥官价瘦,脂油灌水巧屠沽。"

清末民初朱文炳《海上光复竹枝词》："买办家家特地忙,洋行小鬼亦如狂。泰来何独占优胜,联络民军设计良。"所咏为洋行买办。又："接济清军共不容,禅臣买办竟遭凶。虽然军火何分别,总把同胞性命供。"说的是军火买办。另一首："军装买办最难充,极意逢迎恐不工。花酒大餐酬应到,难期生意必成功。"说的是军队装备买办。民国于方舟《租界竹枝词》描述天津租界情景时说："鸦片吗啡海洛因,赌局麻将骨牌九。巡捕侦探便衣队,洋行买办摆花酒。"尽管如此,买办活动还是颇辛苦的。有一首《竹枝词》便写道："轮船拥挤倍喧嘈,逃命何辞价值高。买办发财行旅苦,鹃声一路浪滔滔。"

杭州话谓洋行买办为"孖占",如清钱塘人陈坤《岭南杂事诗钞》：

洋行罢后设孖占,泥絮难禁两不粘。

恰似春风生万物,九天雨露一般沾。

原注："为洋人买办者,谓之孖占。"

作为大都市新兴行业的从业者,年轻的买办们备受世人青睐。如清代何丙麓

《龙山乡竹枝词》：

> 买办朝来入市中，纷纷小婢出陈涌。
>
> 有人笑问年多少？欲语含羞面带红。

与外商打交道的买办，不通外语实在是一大短板。清末民初罗四峰《汉口竹枝词·洋行买办》：

> 买办仍须靠外援，首先讲造要抛盘。
>
> 不须认得西洋字，请个先生代出翻。

因为从事买办行当与外商打交道，加之收入较丰，则往往注意服饰仪表的体面，故此时人一见街上衣着很讲究者，往往被疑为"买办"。由此，可见买办阶层的形成所带来的一时市井风尚。即如《镜报》1933年所载一首民国佚名《竹枝词》所云：

> 生拉活扯制西装，那管家中已绝粮。
>
> 行向路中人尽望，却疑买办下洋行。

清代黑龙江卜魁地方春节期间将牙商与一向被视为下贱行当的屠夫同等对待，通过抓阄决定由谁扮灯官的习俗，一下子就把牙商的社会地位打回了社会最底层。有清代方观承《卜魁竹枝词》为证：

> 行人争说避灯官，叱咤声中法不宽。
>
> 昨日街头呼俎侩，今朝马上肃衣冠。

注云："锁印后，阉屠侩名立为灯官。揭示有'官假法真'之语细事，扑罚惟意，出必鸣金，市声肃然，至开印前夕止。"（《述本堂诗集·东闾剩稿》）

至于买办，在中国近代经济史上的作用与贡献无可替代。但是，他们的实际社会地位并不高，在我们这个一向具有浓厚民族主义意识和传统的国度，其行业声誉也一向不佳。容闳在《西学东渐记》中即有言："买办之俸虽优，然操业近卑鄙""以买办之身份，不过洋行中奴隶之首领也。"因而，清代佚名《春申浦竹枝词》咏道："夷商买办究如何，自说身为光白陀。但解两三声鬼话，嗤他狐假虎威多。"原注："夷人之管事俗称买办，夷人呼之为光白陀。"可以说混合了艳羡与嘲笑乃至鄙夷，也就没什么可奇怪的了。

5.市侩本色难脱尽,俗状尘容总未除

"市侩",最初只有社会经济的意义,指买卖的中间人。后来,逐渐演化为指唯利是图的奸商,或泛指贪图私利的人。21世纪以来,又进而用来指政治上随波逐流、道德上虚假伪善、作风上粗鄙庸俗之人。"市侩"词义的演变轨迹显示,尽管古今皆不乏守法尽责、生财有道的市侩,但众口铄金,恶行带来的恶名已很难再还市侩之本来面目。

明清以来各地竹枝词所描绘的,实在是一幅市侩恶行丑态的长卷。且试看如下记述。

有些市侩,尽管是一朝发迹暴富或摇身一变成了权贵,但其市侩的本性却并非可以一朝脱尽。其日常的言行举止,往往不失市侩本色的自然流露。即如清代佚名《长沙新年纪俗竹枝词》所咏:"出行都向喜神方,翎顶官靴奔走忙。路上逢人施一揖,口中犹自吃槟榔。"亦如其自注所云:"一般市侩,在前清捐授虚衔者,个个衣冠顶戴,高视阔步,行路赴各处拜年。槟榔一物,商人嗜好尤深,口中时时不断也。"

清鳌溪渔隐《龙山乡竹枝词》写道:

> 三八局期一四圩,分明戴笠与乘车。
> 莫将市侩衡乡正,俗状尘容总未除。

清末民初朱文炳《海上光复竹枝词》:

> 岁朝犹共贴春联,市侩焉能妙句传。
> 漫笑不通还倒置,非教人看告苍天。

清代陈祁《清风泾竹枝词·续唱》:

> 衣裳楚楚又翻新,冠服年来学古人。
> 市侩竟穿夫子履,女郎也带浩然巾。

原注:"鞋之新样者,有夫子履之名。俗妇女冬日多带浩然巾。"

光绪二十六年(1900),两个在北京的外地人复侬氏、杞庐氏目睹义和团进京和八国联军侵略京城的情形而写的《都门纪变百咏》中写道:

文士终输市侩奸，无端囚服辱清班。

多财更比多才患，日下何人救对山？

原注："六月初八日团民持庄邸手谕，立捉黄慎之学士到府，幽闭数日，遂诏狱，闻其起事之由，缘学士于京中开设三肆，平时精于出纳，颇结怨于小人。值此兵乱充斥，其掌柜人等意欲乾没，致遭此祸。"

清代姚驾鳌《梅花溪棹歌》"烈妇津边夜色阑，牙行灯火揭高竿。沿滩贩叶船停泊，叶价低昂预料难"，言及"烈妇津"地名由来的一则掌故。据原注引述周赟《沈烈妇传》记载："烈妇潘氏，硖石沈华区娶也，被俘，舟泊王店西塘口，伺卒他顾，突跃水中。令一卒就水钩其发，又一卒挽其衣提之，拔刀指曰：'斫汝！斫汝！'言未既，而烈妇又跃入水。一卒取矛绞绔裙裾而上水，水血淋漓。前拔刀者怒斫之，中肩，烈妇且呼且跃，终抢入水。持刀卒怒甚，掷刀取长矛刺水，连数十创，血沫涌上，水为之殷，后遂名其处为烈妇津。"（《续梅里诗辑》）"烈妇潘氏"之贞烈，与市侩之利欲熏心、唯利是图两相映照，实在是天壤之别。

清道光乙巳（1845）进士沈丙莹（？—1870），字菁士，归安（今浙江湖州市）人，曾授刑部主事，官至安顺知府。其居京期间，有一年"五九清寒，同人咸集，日为改岁，各赋新诗。或援据旧闻，或博考典物，词皆云烂，响忌雷同。爰搜市阛之轶事，采委巷之常谈，童稚歌谣谐以韵语，闺中琐屑，播为短章，仅可当巴人之俚曲也"。于是撰《都门新年词》二十首（《春草堂诗集前集》诗二）。其中一首，则讥讽唯利是图的市侩竟然无知到连《三国演义》与《三国志》都分不清：

商灯遥指短墙隈，邻巷书生得得来。

市侩不知陈寿志，误将演义姓名猜。

"罂粟花开别样鲜，阿芙蓉毒满台天。可怜驵侩皆诗格，耸起一双山字肩。"（清代丘逢甲《台湾竹枝词》）可以说，诸行百业均依赖牙商中介交易，鸦片生意自不例外。但是，与其他行业的牙商相比，鸦片经纪人尤其可恶，自然招致世人的普遍痛恶。

凡此种种，如此这般，正应了《二十年目睹之怪现状》第七回所说："你想市侩要入官场，那里懂得许多。"真个是"市侩本色难脱尽，俗状尘容总未除"。

213

十、中国经纪人研究文献提要选辑

1. 称谓溯源与考辨

吴少珉、周群华在《试论我国古代历史上的经纪人及其活动》(《洛阳大学学报》1996年第1期)一文中指出:经纪人是社会经济发展的产物,我国早在西汉时期就有了关于经纪人活动的文字记载,古代称司中介人职能的经纪人为驵侩、牙人、牙郎等。早期经纪人的活动纯粹属于民间活动,唐宋时期经纪人开始参与官府事务,宋元时期还出现了具备外贸职能的舶牙人。明代的牙人活动十分活跃,并有了官牙、私牙之分。到了清代,随着中西文明的碰撞,产生了一种特殊意义的官设行商,以后逐渐演变为买办,其中间人性质发生了较大变化。

周群华、戴霖在《试论我国历史上的经纪人及行业组织》(《大同高等专科学校学报》1996年第4期)一文中指出:在建立社会主义市场经济的过程中,近年,经纪人作为一种职业越来越受到人们的青睐。文化艺术经纪人、出版经纪人、证券经纪人、保险经纪人等在各个行业各显神通。因此了解我国历史上的经纪人及其行业组织对规范发展现今经纪人的活动有一定的借鉴作用。

周群华在《论我国历史上的经纪人及行业组织》(《天府新论》1995年第6期)一文中指出:在建设社会主义市场经济过程中,经纪人越来越受到人们的青睐。了解中国历史上经纪人的活动及行业组织,对完善和规范现今经纪人的活动、组织等有一定的借鉴作用。中国古代经纪人是社会经济发展的产物,是商品交换的必然。

曲彦斌在《中国经纪人考略》(《寻根》1998年第5期)一文中指出:古今商业贸易舞台上,诸行百业经营者各显神通。在批发商、零售商以及行商坐贾等各类经商者中,有一种活跃于商品交易过程中的"三传手"——中间商,通称经纪人。经纪人的历史,几乎从古代集市贸易形成就开始了。五花八门的"经纪"称谓,现今所谓的"经纪人"之说,始见于明代文献。冯梦龙《古今小说》第十六回:"一日西门庆会了经纪,把李瓶儿床后茶叶箱内堆放的香蜡等物,都称了斤两。"第六十回:"崔本专管收生活,不拘经纪买主进来,让进去每人饮酒三杯。""经纪"一词,在古代有"通行"意义,如《淮南子·原道训》:"经纪山川,蹈腾昆仑。"对此,汉代高诱注称:"经,行也;纪,通也。"用指中间商经营行为,当系就其沟通交易双方的活动。

滕华英在《古代经纪人称谓之演变》(《长江大学学报(社会科学版)》2011年第10期)一文中指出:经纪人,作为当今一种时尚的职业,有着悠久的历史。它在古代不同时期有着不同的称谓。最早的是西周时代的质人,到秦汉时期,称为驵侩、驵、驵会、辜榷等。从唐朝开始,多以"牙"贯以名称,且名目繁多,如牙人、牙郎、牙商、牙侩、牙子、牙保等。元代以后,在官方公文和民间出现"经纪"之称。

叶世昌在《对经纪人的历史考察及其启示》(《世界经济文汇》1995年第1期)一文中指出:在发展社会主义市场经济的今天,经纪人这个职业又应运而生,正在发挥着越来越重要的作用。经纪人是商品经济的必然产物,它在中国已有2400余年的可考历史。对经纪人的历史作一简单回顾,对我们今天正确发挥经纪人的作用是有一定借鉴意义的。

张和群在《小议我国经纪人的历史变迁》(《教育教学论坛》2014年第12期)一文中指出:经纪活动在我国有着悠久的历史,经纪人在历史上称呼不一。"经纪"这一词语也有着丰富的含义。本文结合有关历史记载,对我国经纪人的历史变迁作了初步的分析与探讨。

杨观、唐玲在《从"驵""侩"到"经纪人"——经纪人称谓述略》(《绵阳师范学院学报》2008年第3期)一文中指出:在现代社会里,经纪人已经活跃在人们生活的各个领域。本文从汉语称谓的角度,对从古至今的经纪人现象进行了梳理,考察了从"驵""侩""牙人"到"经纪人"的使用情况,初步描写了经纪人称谓的演变轨迹。

尧文铭在《戏说经纪人》(《经纪人》2003年第8期)一文中指出:他是一个经纪人(当然这是他目前的正式称呼,谁知道人们以后又会称他什么呢),一转眼,他已活了两千多年。两千多年来,他经历了许多的事情。如果你对他的身世感兴趣的话,我倒也愿意讲给你听。不过为了讲得完整,还希望你准备好足够的耐心,因为我得从四千多年前讲起。

吴少珉在《我国历史上的经纪人及行业组织考略》(《史学月刊》1997年第5期)一文中指出:经纪人是社会经济发展和商品交换的产物,我国古代称专司中介人职能的经纪人为驵侩、牙人等。唐宋时期经纪人开始介入官府事务,至清代,随着中西文明的碰撞,产生了官设行商,近代以后逐渐演变为一种特殊的经纪人——买办。经纪人的行业组织萌芽于唐代的邸店,宋代发展为塌房,明代演化为牙行,清康熙年间形成公行,鸦片战争后,随着外商获得各通商口岸自由贸易的特权,洋行产生,行商制度因而消亡。

《中国经纪人的历史沿革》(《农村天地》2004年第5期)一文指出:经纪人是社会经济发展的必然产物。在中国悠悠历史长河中,从萌芽到发展,从中断到重现,经纪人历经千年更迭,饱含百年沧桑,一路走来,风雨兼程。回首留下的足迹,我们可以清楚地看到其在社会进程中的不可或缺,在经济大潮里的举足轻重。

范琦在《略论经纪人的衍变及在市场经济中的作用》(《经济经纬》1994年第3期)一文中指出:随着改革开放步伐的加快,社会主义市场经济体制正在逐步建立与完善。"发展市场中介组织,发挥其服务、沟通、公证、监督作用"被作为一项重要内容,写进了党的十四大文件中。目前,作为活跃在市场上的中间商——经纪人,已经成为我国发展商品经济不可缺少的润滑剂,它的活动也开始深入到各个领域。

李中心在《浅谈经纪人的地位和作用》(《企业家天地》1995年第3期)一文中

指出:何谓经纪人? 就是在经济活动中,专为买卖双方牵线搭桥,提供信息,撮合交易并从中抽取佣金的中介人。经纪人自古有之。也就是说,自从有了商品交换,就有了经纪人,二者为同一时代的产儿。我国古时称经纪人为"牙人""牙郎""牙侩"等。随着商品交换的扩大和发展,"牙人"的分工便越来越细。汉代有"驵侩",是专门说合牲口买卖的经纪人。宋代有为人说合田宅交易的庄宅牙人等。

宋建元在《经纪人问题探讨》(《中国工商管理研究》1993 年第 2 期)一文中指出:经纪人即商品交换的居间介绍人,古时称之为牙侩、牙子、牙人、牙郎、互郎、牙纪,近代称之为"掮客""居间人""代理商"。它是指本人不具备资本或为了增强信誉而具备少量资本,利用本身的技术专长或经济活动能力接受他人(委托人)委托,为委托人推销和购进商品,提供商品经济信息,介绍买卖、鉴定商品、帮助办理商品交换的有关法律手续,在商品交换成功后收取一定报酬的人或机构。改革开放以来,在生产、流通、消费和分配领域中,我国各地涌现出各种形式的经纪人。人们对此褒贬不一,在党和国家确定建立社会主义市场经济体制的今天,笔者认为,为经纪人正名,承认其合法地位,对其实行正确引导、依法管理,是建立社会主义市场经济体制的需要。

未名在《经纪业与经纪人》(《劳动世界》1996 年第 6 期)一文中指出:古老与新生本是一对相互矛盾的词,然而,将它们用于经纪业却又是十分贴切的。经纪业是一个古老的行业。据史籍记载,早在两千多年前的西汉就有被称为"驵侩"的人从事经纪活动,他们从事牛马交易,从中取得相当丰厚的佣金。唐朝,有被称为"牙郎""市牙""牙子"的经纪人,他们的经纪活动已不仅局限于牛马交易,而扩展到其他商品贸易活动;他们充当贸易的中间人,为买卖双方确定一个最终都能接受的价格。

蔡凌瓴在《商业活动的幕后指挥——经纪人》(《成才与就业》2011 年第 6 期)一文中指出:在交易活动中,他们牵线搭桥;在重大事件里,他们制造声势、引导舆论。他们是桥梁,是推手,也是行业专家,他们就是经纪人。

冯英子在《为经纪人正名》(《经纪人》2000 年第 1 期)一文中指出:上海电视台播出了名为《经纪人弃"暗"投"明"》的节目,还了"经纪人"以本来面目,经纪人大为扬眉吐气！值此《经纪人》发刊之际，为表我祝贺之意，发表一点小小的议论。

周群华在《我国历史上的经纪人及行业组织再论》(《大同高等专科学校学报》1997年第2期)一文中指出：我国古代的经纪人及行业组织是封建社会经济发展和商品交换的产物，走着一条曲折的道路。文章通过对邸店、牙行到公行和特殊的经纪人——买办的发展过程的详尽论述，揭示出古代"牙行"的复杂和多样，肯定了其在当时所起的作用，同时也对特殊的经纪人——买办的出现和发展进行了一分为二的评价。

史有龙、史进在《浅谈"经纪人"现象》(《江苏科技信息》1994年第2期)一文中指出：随着改革开放大潮的涌动和社会主义市场经济的发展，在中国大陆销声匿迹了几十年的经纪人，如今又堂而皇之地出现在商品经济的大舞台上。从看得见、摸得着的蔬菜买卖、服装交易到看不见的信息、点子、谋略、策划，从传统的家庭、社区服务到科技成果、高新技术转让以及人才交流服务，处处都有经纪人的影子。

曹诗权、顾东林在《论经纪人》(《江淮论坛》1993年第3期)一文中指出：随着我国经济体制改革和社会主义市场经济模式的逐步确立，一种新的现象随之出现，即经纪人在商品经济中日趋活跃，并对促进商品流通、繁荣市场起着愈来愈大的作用。对此，我们应该怎样看待，已成为当前理论上和实践中亟待解决的问题。

陈霞在《转动金钱的魔方经纪人》(《外向经济》1994年第7期)一文中指出：经纪人是撮合供需双方成交而收取佣金的人。在世界各国，经纪人与商品交换都几乎有着同样的历史。我国古代称经纪人为"牙人"，近代通称为"掮客"。新中国成立后，经纪人一度在我国销声匿迹40年。进入20世纪80年代末90年代初，经纪人"忽如一夜春风来，千树万树梨花开"，现货经纪人、期货经纪人、证券经纪人、房地产经纪人、体育文化经纪人、科技成果经纪人、金融经纪人等，各路人马，纷纷亮相，堂而皇之地登上市场经济的大舞台，成为一支异常活跃的队伍。长期以来，我国经济发展中资源配置不合理，由于地区封锁、部门垄断、条块分割而导致了信息阻断、信号失真、物资积压与短缺并存的局面，正是在这个时候，经纪人应运而生，迅速形成一股来势汹涌的大潮。他们依靠灵便的头脑、灵敏的信息、灵活的方式,为供求双方穿针引线,铺路搭桥,促成了一笔又一笔交易,自然得到了相当优厚的回报,令许多局外人也怦然心动,跃跃欲试。

赵杰、彭克全在《市场呼唤经纪人》(《中国商贸》1996年第3期)一文中指出:改革开放以来,我国市场建设取得了很大成绩,各种商品市场得到较快发展,市场管理制度及法规建设正在逐步健全。但作为市场体系重要组成部分的中介组织和经纪人却发展迟缓,如不及早抓紧推动发展,将制约和影响市场作用的充分发挥。

陈明光、毛蕾在《驵侩、牙人、经纪、掮客——中国古代交易中介人主要称谓演变试说》(《中国社会经济史研究》1998年第4期)一文中指出:驵与侩是中国古代对交易中介人这一角色的最早称谓,当是见于战国时期作品《吕氏春秋·尊师篇》的"驵",文中为论证"得之于学"的益处,举六个或出身微贱,或曾作奸为盗的"刑戮死辱之人"为例,说他们后来分别师从孔子、墨子及其高足,"由此为天下名士显人"。其中一位是"段干木,晋国之大驵也"。所谓驵,是一种与商业相关的职业。司马迁在《史记·货殖列传》列举一年获利之巨可富敌封侯的若干行业,其中有"节驵会"一种行当,而《汉书·货殖传》则写为"节驵侩"。据东汉许慎的《说文解字》,"驵"的本意是"牡马","侩"为"合市也"。那么,"节驵侩"究竟是什么样的一种经济活动呢?对此汉唐之际的经学家已有所训诂。

良舟在《权力不应参与经纪中介》(《上海经济研究》1994年第1期)一文中指出:经纪人,今天已名正言顺地从"地下"走到"地上"。对此,仁者见仁,智者见智。然而当一些地区和行业出现权力与经纪中介迅速结合的时候,不少人茫然了。我们暂且缓作是非判断,先对这一社会经济现象的历史文化背景作一追溯,也许能寻觅到若干借鉴。纵观中国古代经济史,我们可以发现一个奇特的现象:在重农轻商思想影响下,商人久受贬抑,而为之媒介交易的伴生者——经纪人却屡蒙垂青。究其原因,无非是前者雄厚的财力足以威胁统治者的权势,而后者并不参与交易,且能为其所用。中国古代经纪人最早见诸历史记载的是西汉的"驵会"。司马迁《史记·货殖列传》云:"节驵会……"从注疏可知,驵会是中介牲畜买卖的经纪人,在牛马市场上撮合买卖,议定价格,调节需求。由于其在"度牛马市"的经纪活动中对交易操纵自如,佣金丰厚,有些富裕的驵会"其余利比千乘之家",与官吏不相上下。

杨建广、骆梅芬在《中国古代经纪法制源流初探》(《中山大学学报》1996年第3期)一文中指出:中国经纪法制是中国民商法律制度的一个重要组成部分。经纪法制的历史在中国源远流长。文章在分析与经纪人有关的大量史料的基础上,对中国古代经纪法制的源流作了初步的探讨,并对中国古代经纪法制的利弊作了粗略的评述。这在我国社会主义市场经济法律体系逐步建立的今天,对经纪人的立法与司法活动将有一定的借鉴作用。

李顺在《"经纪"词义演变探析——兼与〈汉语大词典〉"经纪"释义商补》(《唐山师范学院学报》2015年第4期)一文中指出:通过厘清"经纪"一词产生及词义历史演变脉络,进一步探讨"经纪"一词词义演变的动因,并借此对《汉语大词典》中"经纪"一词的释义做出商补。

张永嘉在《经纪中介初论》(《情报科学技术》1995年第4期)一文中指出:随着改革开放的加速发展和进一步深化,经纪人在我国现代社会经济生活中悄然复苏。研究我国商品经济中出现的这一新生事物就成为学术界的一个课题。该文论述了经纪人的产生和发展,经纪人的分类,经纪人的特征和经纪中介的社会功能,经纪人应具备的条件和经纪人的管理。

赵杰、彭克全在《发展经纪业和经纪人是完善市场体系的重要环节》(《经济研究参考》1996年第1期)一文中指出:改革开放以来,我国市场建设取得了很大成绩,各种商品零售市场、批发市场、交易所等得到较快发展。市场管理制度及法规建设也逐步健全,但作为市场体系重要组成部分的经纪业和经纪人却发展迟缓,制约了市场作用的充分发挥,比如商品多的多、少的少的问题,与经纪人队伍不健全有直接的关系。

邓季方在《"牙郎"之"牙"考辨》(《古汉语研究》1992年第3期)一文中指出:《旧唐书》卷二〇〇上《安禄山传》:"及长,解六蕃语,为互市牙郎。"《资治通鉴》卷二一四唐开元二十四年亦有"皆为互市牙郎"之说,注云:"牙郎,驵侩也,南北物价定于其口,而后相与贸易。""驵侩"亦作"驵会",本谓牲畜交易的经纪人,后来泛指市场经纪人,即旧时集市贸易中以介绍买卖而从中牟利者。后世亦称"捐客"或"纤手"。"牙郎"又有"牙人""牙侩"之称,《后汉书》卷三十八《逢萌传》"侩牛自隐"注:"侩,谓平会两家买卖之价。""牙侩"的"侩"字意谓说合买卖双方的居间牟利人,而"牙"字之义征于旧说则无所考。

李恩琪在《古代牙人初探》(《价格月刊》1987年第10期)一文中指出:古代商品在流通过程中,一般表现出一个总的趋势和特点:从低价格地域流向高价格地域;由于交通条件和交通工具等的限制,地域之间的差价特别大,比季节价差大得多。于是我国历史上产生了利用地域价差而获得专利的职业人员,商业术语称为"牙人"。实质上,牙人是一种谙熟商情、通晓百价,凭借对各地行情价格趋势的了解,利用所掌握各地价格信息而说合买卖成交的人员,从物价活动的角度看,牙人是一种民间物价信息人员。

刘重日、左云鹏在《对"牙人""牙行"的初步探讨》(《文史哲》1957年第8期)一文中指出:在资本主义关系萌芽的讨论中,不少文章里都曾涉及"牙人""牙行"这一问题,这是很自然的。因为在封建社会经济中,尤其在繁荣起来的市场上,我们随时都会碰见这种关系。哪里有商品买卖(即使是偶然的交换),哪里便会出现牙人和牙行。它们在交换中,究竟占有着什么地位?起了什么作用?它的性质怎样?我们认为有必要加以探讨。为了弄清概念,我们不能不首先说到,见于文献记载上的许多"行"字,常常含有两种不同的意义。一种是"基尔特"性质的"行会"组织;一种则是标明职业和售物类别的称谓,与"铺""店"之意相近。即"不当行而借名之行"者,如《清稗类钞》所云:"三十六行者,种种职业也。"我们必须依据材料,加以区别。

毛蕾、陈明光在《中国古代的"人牙子"与人口买卖》(《中国经济史研究》2000年第1期)一文中指出:文章探讨了中国历史上从事人口买卖中介的"人牙子"之所以合法存在的政治、经济和社会习俗等方面的原因,分析了他们不同于其他牙人的一些职业特点和行业习俗,勾画出中国古代"人牙子"这一社会群体的基本特征。

杨其民在《买卖中间商"牙人""牙行"的历史演变——兼释新发现的〈嘉靖牙

帖〉》(《史林》1994年第4期)一文中指出:牙人,是旧时代的买卖中间人,又称经纪人。牙行是牙人的经纪场所,牙行必须领到官颁的牙帖,才能合法经纪。随着封建体制的解体,多年前牙行已被淘汰。但不少商品交易,必须通过中介组织,为买卖双方说合,才能成交。因之,作为经纪人的跑街、掮客、买办一直在商品经济中起着重要作用。

祉戈在《"牙人"与市场》(《商业文化》1995年第5期)一文中指出:在旧时城乡集市牲畜交易市场中,常会看到一个人把手伸进另一个人的袖筒内,那是中介人和买主或卖主在用手指讲价钱、谈生意。交易场上的这种中介人,北方俗称"说合的"或"说合人""中人"。在我国西周时,称这种中介人为"质人";秦汉时称"驵"。

欧阳侃在《牙行的发生、发展及转化》(《上海经济研究》1981年第9期)一文中指出:旧中国的商业中,有一种叫"行"或"行家"的居间业,它的主要业务不是从事商品的收购、贩卖、运输和销售,而是代客买卖抽取佣金,一般资金不大,从业人员不多,但在商品经济发展的过程中一度起过相当重要的作用,没有它,商品就会脱节。随着商品经济的发展,行的规模越来越大,居间作用却逐渐减弱以至在很大程度上为别的作用所代替,有些居商逐渐转化为批发商的性质。新中国成立后,因这种行业对国计民生作用不大甚至有害而被淘汰。

那晓波在《牙人》(《黑龙江民族丛刊》1994年第2期)一文中指出:牙人是交易买卖的中介人,元代有官、私之分,官牙通常由官府在诸行铺户中选取有一定资产者充任,发给正式文凭。未经官府认可者为私牙。至元二十二年(1285),卢世荣在大都、上都等处成立市易司及各种牙行。

田懿行、李军在《活畜交易中的牙人——基于甘肃省新添镇的调研》(《中国农业大学学报》2014年第1期)一文中指出:牙人在中国有着悠久的历史,是为买卖双方介绍交易、评定商品质量和价格的居间行商,在经济活动中的生产、交换等环节起着重要的协调和组织作用。文章通过系统的实地调研,对活畜交易市场中牙人的交易活动、生存状况、收益状况、工作技巧、从业经验和感情进行剖析,对牙人存在的社会学价值进行解读,认为其在熟悉对手交易条件下能够显著提高农产品交易活动效率。文章并对牙人交易模式的经济学含义进行理论分析,探索其在信息不对称的情况下对市场机制和价格形成的具体作用和影响,进而提出了改善经纪人在现代农产品市场交易中发挥作用的思路。

区达权在《盛衰功过说"牙行"》(《寻根》2009年第5期)一文中指出:20世纪80年代中国改革开放之后,房地产开发曾高潮迭起,从事房地产租售业务的代理商如雨后春笋般出现。代理商,或称中介、经纪之类,并非新生事物,它们的祖宗应是在中国封建社会后期曾盛极一时的牙行。

赵演在《"牙行""牙纪"释》(《咬文嚼字》1999年第11期)一文中指出:"牙行""牙纪"是电视连续剧《康熙微服私访记续集·桂圆记》里频繁出现的两个词。对于今天的人们来说颇觉生疏,其实在日常生活中还是能经常接触而且比较熟悉的,只不过是古今的称法不同而已。

张彦台在《国内外牙商研究述评》(《前沿》2011年第14期)一文中指出:在近代化以前的中国城乡市场中,为买卖双方说合交易并抽收佣金的居间商人——牙商不可或缺。目前,国内外学术界有关牙商研究成果并不乏见,但尚未有一篇文章对这些成果进行综合评析。文章对国内学界和以日本为首的国外学界有关牙商的研究内容、区域、朝代、作用等现状进行了述评,指出了研究中存在的一些不足和需要拓展之处。

岳朝娟、朱彧在《中国古代中间商人的历史演变》(《河南商业高等专科学校学报》1999年第6期)一文中指出:中间商人在中国的先秦时代便久已有之,"质人"的称谓至迟产生于西周,而后多有变化,唐以后名目繁多,特别是五代宋时出现了中间商人的行业组织即"牙行",不仅有官私之分,更有性别之差;下及明清,虽有周折,但中间商人发展更趋专业化。

刘一达在《说"牙"》(《书摘》2007年第9期)一文中谈道:"车船店脚牙,无罪也该杀。"老北京有句顺口溜儿:车船店脚牙,无罪也该杀。我估计50岁往上的北京人不差嘛儿的都知道这句顺口溜儿。

2.性质与管理制度

张秋华在《经纪人及其法律调整》(《吉林财贸学院学报》1990年第2期)一文中指出:当前,经济体制改革中出现了一个新的现象,即经纪人在商品经济中起着越来越重要的作用。但是,现实生活中对经纪人有着各种各样的叫法,其看法也不同。例如:在南方叫捐客,在北方叫跑合,西南地区叫串串,湖南、江西等地称黄牛。《辞海》中对经纪人的解释为:经纪人是资本主义市场上的一种中间商人,有一般经纪人和交易所经纪人之分。在旧中国,前者是为买卖双方介绍交易以获取佣金的中间商人;后者是具有一定资格,并向交易所缴纳保证金,代客进行买卖取得佣金的中间商人。

魏启华在《对我国经纪人立法的思考》(《国家检察官学院学报》1999年第1期)一文中简要叙述了经纪人的历史沿革,分析了经纪人在市场经济中的作用,以及经纪人立法中的主体法律制度、行为原则、调整范围等问题。

郭群在《历史悠久且内容丰富的中国经纪人立法》(《中国工商管理研究》2000年第3期)一文中指出:我国是世界上著名的文明古国之一。我国经纪人的立法从唐代开始,经过一千多年的发展,为我们提供了一个历史悠久、沿革清晰、内容丰富、资料翔实的文化遗产宝库。唐代至明代,将持照经纪、限量抽取佣金、严禁舞弊作为经纪人立法的重点内容。据有证可查的文字记载,经纪人在我国汉代即已出现,《汉书·货殖传》称之为"驵侩",颜师古注为:"侩者,合会两家交易者也;驵者,甚首率也。"也有人将"驵侩"俗称为马匹交易的经纪人。唐代是中国历史上一个政治、经济、文化高度发达的朝代,唐代立法在中国法制史上占有十分重要的地位。

韩光军在《我国清代经纪人的发展特点》(《北京商学院学报》1994年第1期)一文中指出:经纪人亦称"捐客"。他们一般都不自设铺号,"惟恃口舌腰脚,沟通于买者与卖者之间",为供求双方提供中介服务,并赚取一定的佣金。也可以说"传递语言,说合价值",往返中介交易,乃是经纪人的基本职能。

李景祥在《经纪人岂是"牵客"》(《咬文嚼字》2008年第5期)一文中指出:一日,央视10套《百家讲坛》播出《李清照》第八集"再嫁婚变"。主讲老师说到李清照在信中称张汝舟是"驵侩(zǎng kuài)之才"时,解释说"驵侩"就是贩卖牲口的qiān客。这时字幕上"qiān客"打出的竟然是"牵客"。驵侩是马匹交易的经纪人,也就是"掮客"。掮(qián)客是为双方介绍买卖从中赚取佣金的人,也就是中人、中间人。"掮客"带有贬义色彩,一般场合用得不多,多数用"中介""经纪人"。古今汉语中都没有"牵客"这一说法。

侯富强在《论经纪人及其法律调整》(《政法学刊》1995年第1期)一文中指出:经纪人是指在经济领域传递信息、提供订约对象、代为买卖,以从中取得酬金为目的的中介人。中国的经纪人,早在汉代就已出现,当时称为驵侩。《汉书·货殖传》颜师古注"侩者,合会两家交易者也;驵者,甚首率也"。首率就是侩中的大户。唐代把经纪人称为牙人、牙侩、牙子、牙郎、互郎。中国社会进入半殖民地半封建社会以后,把经纪人叫掮客。

钱章录在《论加强对经纪人的管理》(《商业经济与管理》1994年第3期)一文中指出:改革开放以来,经纪人重新出现于经济生活的舞台,尤其党的十四大提出建立社会主义市场经济体制以后,经纪人活跃在社会经济生活中,在传播市场信息、促成买卖双方交易、加速商品流通、推动科技成果转化为生产力等方面发挥着日益重要的作用。经纪人现已成为社会上新的一员,经纪业逐渐成为一个新兴的行业。

金治泉、曹诗权、顾东林在《我国经纪人立法初探》(《广西大学学报》1994年第3期)一文中指出:随着我国经济体制改革向纵深拓展和社会主义市场经济模式的逐步确立,一种新的现象随之出现,即经纪人在商品经济中日趋活跃,并对促进商品流通、活跃经济起着越来越重要的作用。但是,与此不相适应的是,我国法学界对经纪人的研究甚少,立法更是一片空白。为此,文章试图从经纪人立法角度作些初步探讨,以期将经纪人的活动纳入法治轨道。

王雪梅、翟文在《浅谈农民经纪人协调城乡关系的功能》(《农业经济》2006年第9期)一文中指出:农民经纪人上联市场,下接农户,外联城镇,内接乡村,在带动农民思想转变、促进农产品流通上起着越来越重要的作用。为充分发挥我省农民经纪人在协调城乡关系中的作用,特对农民经纪人的功能进行探讨。经纪人在我国并不是什么新事物,据史料记载,我国最早的经纪人产生于两汉时期,称之为驵侩,"驵侩也,南北物价定于其口,而后相与贸易"(《资治通鉴》)。到唐代把为双方当事人撮合的人称为牙郎,后称为牙人、牙侩。牙人须经官府批准,领取从业凭证——牙帖,并按期缴纳牙税才能获准经营。其后,称之为"邸店"的经纪组织大量涌现。明代以后称为"牙行""牙店"等,制定了专项官府条文。

黄东海在《传统中国商业法制的一段秘史——制度变迁视角下的牙人牙行制度》(《中西法律传统》2009年第7卷)一文中指出:牙人牙行制度是极具中国传统特色的社会经济制度,是中国传统商业制度的核心。以牙人牙行为主要特色的中国传统商业中介,在中国商业史乃至中国经济发展史上都有着至关重要的作用。

童光政在《明律"私充牙行埠头"条的创立及其适用》(《法学研究》2004年第2期)一文中指出:明律新创"私充牙行埠头"条,将牙行制确定为全国通行的一种法定制度,在市场管理中扮演着重要角色。该条的创立是对中国古代尤其是宋元以来市场交易中介行为进行总结继承和明初社会经济秩序要求"因事制律"的结果。该条在调整市场秩序的实践中产生了一定作用。明代官府通过控制市场交易中介组织来调整市场秩序的经验对清代的市场管理法制产生了重大影响。

周中云、曹君乾在《明代牙行法律制度考评》(《晋中学院学报》2008年第1期)一文中指出:明代随着商品经济的发展,牙行在社会经济生活中的作用越来越重要。明朝对牙行的管理制定了比较完备的法律规范,从禁止到开放,使牙行在明朝的经济发展中起到了促进作用。这些法律政策值得今人借鉴。

胡铁球在《明清海外贸易中的"歇家牙行"与海禁政策的调整》(《浙江学刊》2013年第6期)一文中指出:为了冲破明代的海禁政策,民间创造出一种商贸经营模式——"歇家牙行",这种经营方式可以把各类商人、基层组织、地方衙门、海防、税关等人员联络起来,形成一个巨大贸易与关系网络,为成功走私海外贸易提供了条件。开展这种经营方式的群体,史称"商牙歇家"或"窝主""主家""接引之家"等,名目不一。他们推动了明代海禁政策的调整,转变了明清海外贸易管理方式,这主要体现于政府利用他们的力量来协助管理番货抽分。另外,因"歇家牙行"经营模式能很好替代市舶司的功能,这为明清从"市舶司管理"转变为"海关管理"提供了社会条件。

燕红忠在《清政府对牙行的管理及其问题》(《清华大学学报》2012年第4期)一文中指出:牙行是一种沟通信息、商品交易的中介组织,在商品经济的发展过程中,牙行和牙人是不可或缺的;但在清代,牙行也担负着特定的政治职能,它不仅是官府征集商税的一种半官方组织,也是其借以管理市场和民间商业的一种间接手段。为了实现牙行的政治功能,清廷采取了额定牙行制度,并加强了对牙行和牙人的管理。然而,随着商品经济的发展,牙行的政治管制必然会与商业自由发展的要求之间产生冲突,而传统官僚体系和政治制度则进一步凸现了清代的牙行问题。

张渝在《清代乾嘉道年间重庆牙行的管理与运作》(《重庆师范大学学报》2008年第1期)一文中指出:清初重庆得益于长江上游航运业的发展,逐渐成为长江上游重要的商贸中心,牙行的活动空间愈加增大。文章以18、19世纪重庆府巴县衙门保存的司法档案与契约文书为主要史料,检视清代对当时牙行的管理、控制及牙行实际运作中的规则。

张泰、刘宗棠在《论清前期的牙行制度》(《求索》2007年第11期)一文中指出:牙行是商品交换发展到一定阶段的产物,其职能也随着商品市场的发展而不断扩大。清代前中期的牙行除了履行其基本职能外,还被清廷赋予了部分官方职能,因而也就给市场的运行带来了某些不利的因素。在这种因素影响下,清代前中期牙行制度表现出不同的特征,在商品交换以及市场管理中也流露出有利与不利的方面。

汪熙在《关于买办和买办制度》(《近代史研究》1980年第2期)一文中指出:买办在中国近代史上是一个老资格的角色,作为资产阶级的一部分,他们的出现早于中国的民族资产阶级和官僚资产阶级。他们的活动历久不衰,不像洋务派到19世纪末叶已近尾声,也不像资产阶级改良主义者,仅仅是昙花一现。甚至到新中国成立后,买办出身的人,在台湾还身居高位——他们的存在和活动的时间是很长的。

吕志兴在《我国古代居间制度及其借鉴》(《当代法学》2002年第6期)一文中指出:我国古代居间的发展及居间制度的形成,战国时期已出现的居间人,时人称之为"驵"或"驵侩",当时主要是从事牛马交易的居间活动。魏晋南北朝以后扩大到一般的交易领域,称"互郎",唐以后称"牙人"。

朱和平在《我国古代中间商人长期存在的原因及其作用》(《河南商业高等专科学校学报》2000年第2期)一文中指出:中国古代从西周到清代,以"质人""牙侩"为代表的不尽相同称号的中间商人的长期存在和发展,不仅有着深刻的经济发展的背景,而且对社会经济发展的促进工作不可低估。与此同时,由于它处于封建体制之下,也难免步入歧途。中间商人其资本虽属自有,但其职能却发展为半官半商性质,甚至与官府相勾结,以至成为盘剥小商人及民众的社会毒瘤。

杨宇辰在《试析二十世纪前期买办制度之成熟》(《商业时代》2011年第13期)一文中指出:20世纪前期,外国资本主义和买办这一对合作伙伴在利益上经过半个多世纪的博弈,买办制度经过微调和发展,逐步将买办的无限保证责任制度、基本职责、职业报酬制度和外商对买办的庇护制度等买办制度的基本内容加以强化和完善,取得了更好的双赢效果,使买办制度达到了成熟。文章认为对买办的界定应以其经济职能和职业属性为界,所谓买办制度,并非指由政府颁布或规定的成形的规章制度,而是在外商雇用买办的过程中逐渐形成、得到多数买办与外商默认的一套合作方式。

任丽梅在《新买办的辩证分析与管理对策》(《合肥工业大学学报》2009年第1期)一文中指出:买办的产生在中国已有百余年的历史,他们随着时代的发展历经多次变迁。作为开放社会的产物,买办的存在具有一定的现实性与合理性。改革开放后,中国产生了一批新的"买办",由于时代背景不同,其身份地位及产生的社会效应皆有新的变化。但是,由于买办的社会效应具有双重性,因此对这一利益集团要进行辩证对待,使其充分发挥积极的社会效应。

赵波在《试论近代买办、买办制度及其对西方企业管理思想的吸收与运用》(《江西师范大学学报》2005年第6期)一文中指出:服务于外资企业的买办利用买办职业积累下来的资金,经营着许多新式企业,他们不仅形成了较为完善的买办制度,而且吸收了西方大量先进的企业管理思想。这对中国近代企业的发展起到了较大的促进作用。

杨宇辰在《20世纪前期之买办制度论析》(《东华理工大学学报》2010年第4期)一文中指出:20世纪前期,外国资本主义和买办这一对合作伙伴经过半个多世纪的博弈,逐步将买办的无限保证责任制度、买办的基本职责、买办的职业报酬制度和外商对买办的庇护制度等买办制度的基本内容加以强化和完善,达到了更好的双赢效果;外商尝试对买办制度进行局部改良,但不表明买办制度已经衰落,由于中国市场和中国社会的特殊性,买办制度此时还有着强大的生命力。买办制度在这一历史时期最充分地完成了自己的历史使命,面临着盛极而衰的命运。

杨宇辰在《20世纪前期买办职业报酬制度分析》(《山西师范大学学报》2010年第1期)一文中指出:20世纪前期,买办职业报酬制度达到成熟和完善。买办的职业收入具有普遍性和稳定性,无论哪个行业的买办,职业报酬都是由薪金和佣金两部分构成。佣金是多数买办的主要收入,是买办经纪人身份的体现;到了20世纪,买办的佣金制度逐步完善。随着中外贸易的发展,外商对买办制度进行了一些改良,但买办的经济地位没有因此得到削弱,反而因为原有制度的成熟而得到进一步的增强。

3.经营方式与类型

李万康、谭丹莉在《中国古代书画经纪人考论》(《南京艺术学院学报》2012年第3期)一文中指出:中国书画经纪人出现于唐代,其作用主要有二:一是充当交易中介人;二是为藏家收购或出售书画。作为中国传统艺术市场的一个关键构成,书画经纪人在藏家蓄积书画的过程中扮演着重要角色,通过书画经纪人可深入了解中国传统艺术市场的运转机制以及书画古玩的流通机制,文章对其称谓演变、职业特点与中介作用作了初步探讨。

李亚慰、李建设在《从历史演变看当代体育经纪人的角色与定位》(《中国体育科技》2013年第6期)一文中指出:体育经纪人概念所界定的社会角色和体育角色、市场主体定位和法律主体定位存在基本认识问题。基于此,考证体育经纪人历史脉络,运用文献资料调研、归纳、专家访谈、历史比较与逻辑推理等方法,针对当代体育经纪人在角色与定位方面存在的理论误区、理解偏差及操作困难进行梳理,认为体育经纪人社会角色为"称谓多样,形式多变,提供服务,推广体育",其体育角色为"依托体育,活跃市场,角色确立,有待深化",其市场定位为"一个主体,二元定位,双重身份,三大功能",其法律定位为"多重定位,责权交叠,法规缺失,系统性差"。提出体育经纪人的社会角色较为庞杂,容易误解,应尽量统一称谓;体育角色虽已确立,但极为脆弱,应继续深化功能;市场主体定位业已形成,但较为特殊,应简化归一;法律主体定位未成体系,尚不兼容,应统一规范等。

张惠宾在《中原猪市——河南乡间猪市上的牲畜经纪人》(《文史月刊》2013年第2期)一文中指出:中国自古就有"粮猪安天下"之说,猪是农家的"六畜"之首。在河南乡间的猪娃市场上,买卖双方都相信一条古训:"中间无人事不成。"于是就有了一批能说会道的"猪经纪"。这些老说家们在买方与卖方间居中说合,促成交易。古时,他们被称作"牙人",所提的佣金称作"牙钱",古代典籍中描述他们"南北物价定于其口,而后相与贸易"。这是一个古老的行业。

单强在《略论近代江南市场经纪人》(《苏州大学学报》1997年第3期)一文中指出:江南是中国市场经济发育较早的地区。近代江南经纪人作为独立的市场主体,活跃于各级市场,对促进江南市场繁荣,沟通商品流转起到了积极的作用。文章拟就近代江南经纪人的形态、组织与网络、市场功能等几个方面,加以研究,以求教于方家。经纪人,是商品经济发展到一定程度的产物,是作为买卖双方的媒介,促成交易以赚取佣金的中间商人的总称。在江南地区,牙人作为小生产者之间商品交换的中介,早在宋代就已出现于农村市场上。作为中介组织的牙行,至元代始在江南市镇中出现。浙江濮院镇,"市中立四大牙行,收积机产。远商大贾,旋至旋行,无羁泊之苦,固有永乐市之名"。

胡铁球在《"歇家牙行"经营模式的形成与演变》(《历史研究》2007年第3期)一文中指出:在明清商贸民营和赋役货币化的变革过程中,作为客店之别称的歇家,开始与"牙行"相互转化结合,并形成一种新的"歇家牙行"经营模式,即集客店、经纪人、仓储、贸易,甚至运输、借贷于一体的新的商业运营模式。"歇家牙行"在内地,上承"邸店""塌房",下接"字号""坐庄"及其他商业经营模式;在藏边地区,取代"茶马司"的职能,成为明中叶至民国主导该地区的贸易模式之一。

张萍在《从牙行设置看清代陕西商品经济的地域特征》(《中国经济史研究》2008年第2期)一文中指出:文章通过梳理清代陕西各县牙人与牙行设置,牙税征收及牙税税额等问题,初步分析了清代陕西各县商业行业种类与地区分布情况,辨析了牙税税额及其内涵,由此考察了清代陕西省域商品经济的发展状况,阐明其与地区交通、产业结构的关系,指出清代陕西商业发展的地区不平衡性是其最重要的特征,在全国范围内表现得非常典型。

刘宗棠在《清朝前中期牙行制度的特点及其利弊》(《江西社会科学》2007年第10期)一文中指出:牙行是商品交换发展到一定阶段的产物,其职能也随着商品市场的发展而不断扩大。清朝前中期的牙行除了履行其基本职能外,还被清廷赋予了某些官方职能,也就给市场的运行带来了一些新的因素。文章从多个方面探讨清朝前中期牙行制度的特征与本质,并分析其在商品交换以及市场管理方面的利与弊。

4.唐宋金元牙商

张本顺在《论宋代"田宅牙人"之弊及其法律控制》(《东岳论丛》2009年第6期)一文中指出:两宋时期,封建商品土地流转加快,围绕田宅买卖的诉讼纠纷愈演愈烈,牙人在交易中的欺诈不诚行为是导致纠纷的一个重要因素。宋朝从田宅交易前的产权合法性调查,交易中的告知亲邻、公正评议价格以及严格遵循官版契纸,交易后监督交易双方过割赋税等方面规定了牙人必须遵循的法定义务,并同时规定了牙人享有收取佣金的权利。宋朝对牙人中介行为的法律控制,对于控制牙人弊端,保证国家赋税收入,最大限度地减少田宅诉讼的发生起到一定的遏制作用,但与此同时,牙人的田宅居间经纪行为,加速了宋代地主的土地兼并和自耕农的贫困化、佃农化。宋代对田宅交易牙人的法律控制,足以引起诸多的思考与启迪。

黎志刚在《宋代牙人与乡村经济的市场化》(《云南社会科学》2006年第1期)一文中指出:宋代是中国古代商品经济空前发展的时期,也是中国古代乡村经济走向市场的重要时期。这一时期,随着农村土地产权制度的变化,广大农民从国家束缚下解脱出来,拥有充分的自主权。他们出于逐利的目的,纷纷走向市场。为适应小农进入市场的需要,牙人这一职业群体在宋代迅速崛起,有力推动了乡村经济的市场化。

杨作山在《试论宋代牙人在蕃汉贸易中的作用》(《西北第二民族学院学报》2007年第3期)一文中指出:北宋初期,为应付对辽、金、夏战争的需要,在北部边境地区设立榷场,招募牙人,监督商人。熙宁以后,王安石推行变法,在全国各地设置市易司,召雇牙吏,监理商务。牙人集侩、吏、商职能于一身,出入蕃部,招徕商人,参与公私交易,坐收渔利,成为一支举足轻重的社会力量。

李达三在《宋代的牙人变异》(《中国经济史研究》1991年第4期)一文中指出:牙人,又名牙郎,汉代曾称驵侩。《史记集解》说:"驵,马侩也。"可能起初只主持牲畜交易,后来约定俗成,各种物业交换一概经由他们做中介了。《资治通鉴》注者在安禄山出身互市牙郎一文下写道:"牙郎,驵侩也。南北物价定于其口,而后相与贸易。"按注文理解,牙人在交换中的双向沟通作用很早就获得社会认同。然而这种情况并没有使牙人在自己的岗位上坚守如初,随着历史的演进,牙人神不守"舍"了,他们固有的中介人职能被弱化。

杨卉青在《宋代契约中介"牙人"法律制度》(《河北大学学报》2010年第1期)一文中指出:宋代发达的商品经济推动了契约关系的发展。在契约关系的订立和履行中,宋代"牙人"参与契约关系的范围很广,人数很多。宋代通过制定一系列的法律制度,规范牙人的活动,规范市场。因此,宋代中介牙人制度的完备成为宋代契约法律制度的显著特点,值得我们今天研究和借鉴。

陈明光、毛蕾在《唐宋以来的牙人与田宅典当买卖》(《中国史研究》2000年第4期)一文中指出:唐宋以来,随着土地买卖的进一步自由,以及政府对田宅买卖契约征税的加强,牙人在田宅买卖过程中的中介作用愈显重要。文章旨在阐述这一时期牙人从事田宅买卖中介的行业习俗以及由此反映出的社会经济关系,指出牙人参与田宅典当买卖,加剧了自耕农的佃农化。

任仲书、于海生在《宋代"牙人"的经济活动及影响》(《史学集刊》2003年第3期)一文中指出:宋代经济高度发展,商业繁荣,牙人在宋代经济发展中表现活跃,成为沟通信息、提供媒介服务,促进商品流通的重要力量,为宋代商品经济的发展起到了推动作用。

张小健、陈匡明在《"牙人"在宋代蕃汉贸易交往中的活动及影响》(《兰台世界》2014年第18期)一文中指出:在商业繁荣以及经济高度发展的宋代,牙人在蕃汉贸易中的表现非常活跃,而且逐渐成为提供媒介服务、沟通信息以及促进宋代商品流通的支柱,推动了宋代商品经济的进步与发展。

李伟国在《宋代经济生活中的市侩》(《历史研究》1992年第2期)一文中指出:一提到市侩,人们就会想到贪图私利、目光短浅的人,这些人作风庸俗,面目可憎。市侩作为现代词语,又专指唯利是图的奸商。这里用的是市侩的本义,即买卖的中介人。市侩的现代词义,当然是从本义派生衍化而来的,因为在古代,市侩形象即已不佳。但文章分析的,主要是宋代社会中作为一种经济角色的市侩。市侩作为买卖双方的居间人,至少在战国时期即已出现。市侩的"市"是买卖的意思,"侩"是会合的意思。市侩又称牙侩、牙人,"牙"是交互的意思。旧称马匹交易的经纪人为驵,所以市驵、牙驵、侩驵亦即市侩。侩可以写作脍。至于牙郎、侩父、小侩、大驵、村侩、官侩、女侩、良侩乃至书侩、画侩等,则随市侩的年龄高下、经营范围、资金多少及身份、特长等而各有所称。宋代商品经济长足发展,农副产品和手工业品的集散,土田庄宅牛马的交易,"牲口"的买卖,货币的借贷倒手,空前活跃。市侩以种种角色、种种面目活动其间,引人注目。文章拟对宋代经济生活中市侩所担当的角色及其作用,作一初步分析。

龙登高在《论宋代的掮客》(《思想战线》1990年第5期)一文中指出:掮客,作为市场交易的中介人与经纪人,古已有之,至宋代,在市场上更趋活跃。作为居间交易者,掮客增加了流通渠道,促进了商品流通和市场运转,并通过主持交易活动与契约买卖、赊欠买卖,推动了市场有序化进程。但其唯利是图的本性,又驱使牙客成为市场进一步发展的障碍。

薄新娜在《浅论两宋时期的居间契约》(《法制与社会》2008 年第 27 期)一文中指出:宋代经济高度发展,商业繁荣,牙人在宋代经济发展中表现活跃,成为促进商品流通的重要力量。与经济发展相适应,在这一时期,居间契约关系也有了很大的发展。

5.明清牙商

高叶华在《明代"牙人""牙行"考略》(《重庆师范大学学报》2007 年第 2 期)一文中指出:牙人是从事买卖的中介者,其历史可追溯到先秦时期。牙行由牙人组成,是经营中介业务的商行。明中叶以后,商品经济繁荣,牙行日益兴盛。明朝对牙行的统一管理,又推动了明代商品经济的发展。

李潇在《明代牙人、牙行的职能与商牙关系的探讨——以明代小说材料为中心》(《东南大学学报》2014 年第 5 期)一文中指出:明代牙人除了代客买卖以外,牙行与客栈结合形成了歇家牙行,为客商提供食宿,并代为雇用船脚夫,客观上保护了商人的旅途安全。他们掌握行情,稳定物价,维护了商人利益和市场平稳。文章选取明代小说材料来考察明代牙人的商业活动,以全面认识牙人在明代商业活动中的意义,同时考察明代牙人对商人的利益侵害,揭示明代对牙人牙行的控制力日趋衰微。

黄东海在《清前期商业社会秩序问题管见:以牙人牙行为基本线索》(《江海学刊》2011 年第 3 期)一文中指出:牙人牙行的产生缘于沟通信息、防讼结信的社会需要,在被明清律例正式引入商业社会控制体系之后,却制造了大量的商业纠纷。但因为牙人牙行垄断了国家与基层商业社会之间的信息渠道,这些纠纷必须留待国家予以解决。因此,国家通过新的模式来调控这种社会体制。正是国家疏于向商业社会提供必要的公共产品和公共服务,造成了清前期商业社会实际上的丛林原则和市场制度的持续不发育。

陈忠平在《明清时期江南市镇的牙人与牙行》(《中国经济史研究》1987年第2期)一文中指出：牙人与牙行是在封建社会小生产者之间及小生产者与商人之间商品交换活动中产生的中介人和中介组织。在明清时期江南地区的苏州、松江、嘉兴、湖州四府市镇之中，牙人与牙行历史悠久，数量众多，种类繁杂，其经营活动十分活跃，并表现出不少新的变化，曾在江南农村社会经济的发展过程中产生过重要的影响与作用。

郑志峰、景荻在《明清时期牙人牙行的法律规制》(《兰台世界》2015年第18期)一文中指出：明清时期牙人牙行功能呈现公私混合的特质。在公法层面，表现为协助政府管控市场、预防犯罪、征收税务、解决纠纷等；在私法层面，具有信息中介、客栈码头、融资投资等功能。明清时期对牙人牙行的法律调整主要包括主体监管和行为规制两个方面。

刘爱新在《清代前期广西牙人牙行发展考略》(《中国社会经济史研究》2010年第2期)一文中指出：清代前期，随着广西社会经济的发展，牙人牙行也出现于城镇商品贸易和不动产田宅典当买卖中，其区域性特征十分明显，呈现了与全国牙人牙行发展不一致的格局。

叶康宁在《明清书法市场中的牙人》(《书法》2013年第1期)一文中指出：在研究晚明广为流行的日用类书《万卷星罗》时，王正华发现有一启札格套：该信央人前往邻近城市时，代为购买楷书法帖。信中并未指定商号和卖主。由此可见，托人代购书画在当时是常见现象。职业的代购者或代售者——更确切地说是职业居间人被称为牙人，又叫牙郎、牙子、市牙、牙侩等。

刘巧莉在《明清时期的牙人牙行》(《吉林化工学院学报》2013年第12期)一文中指出：随着明清时期商品经济的繁荣、市场网络的拓展，牙人牙行作为贸易中间商，迎来了自身发展史上的顶峰，对当时的商品贸易、社会生活都产生了巨大的影响。文章从牙人牙行数量、经营范围、出身背景、行业分工、职能等五个方面论述明清时期牙人牙行的发展状态。

韩大成在《明代牙行浅论》(《社会科学战线》1986年第2期)一文中指出：牙行系代客商买卖从中说合的店铺。经营这种店铺或单纯从事买卖中介者，或称之为牙郎、牙人、牙商,或称之为牙侩、经纪。牙行在我国出现的时间较早,到明代,牙行的情况如何?文章就此作些初步的探讨。

程俊在《清代前期归化城的牙行》(《内蒙古大学学报》2014 年第 2 期)一文中指出:康雍乾年间,归化城既是屏藩朔漠的军事重镇,也是北疆地区的重要商品转运枢纽,是牲畜交易的中心。在清廷的大力扶持下,清初归化城牙行得到发展,形成了与基层政权相互依赖的关系。土默特都统衙门档案资料为考察清代前期归化城的牙行提供了史料基础。

周琳在《征厘与垄断——〈巴县档案〉中的晚清重庆官立牙行》(《四川大学学报》2015 年第 5 期)一文中指出:咸丰至光绪时期,重庆牙行代替地方官府抽收百货厘金。在此过程中,牙行凭借与地方官府的新型合作关系,努力攫取地方市场的贸易垄断权。在这一个案中,商人并非被动地受厘金制度盘剥,他们中的一部分也主动地参与甚至利用厘金制度;牙行也并不单纯从事中介贸易和市场管理,还扮演着市场垄断者的角色。因此笔者提出,制度史研究应更多地加入"亲历者"的视角,展现特定个人或群体多元化的历史经验。

张惠生在《漫谈明代牙行》(《中国税务》2013 年第 7 期)一文中指出:中国古代,在市场中为买卖双方介绍交易、评定商品质量和价格,并从中抽取佣金的中间人叫牙人,商品交易中"权贵贱,别精粗,衡轻重,革伪妄"的中介机构叫牙行。牙人出现早,牙行形成晚。秦汉时期从事说合马、牛交易的中介人,在牲畜交易时会评估出一个买卖双方都能接受的价格,并促使交易成功,当时被称作"驵侩",这算是早期的牙人。唐朝和五代时被称作"牙""牙郎"和"牙侩"。宋元以后又称作"引领百姓""经纪""互郎""牙人""牙子"和"行老"等。元代最早出现了有关牙行这一中介机构的文字记录,明代不仅沿用了这一称谓,而且推动了牙行的迅速发展。明代是中国经济发展和变革的重要时期,农业迅速恢复,手工业日趋兴旺,工商业人口增多,社会分工日益扩大,出现了"洪武之治"和"永乐盛世"。

郑晓文在《试论明清牙行的商业资本》(《开封大学学报》2005 年第 1 期)一文中指出:牙行为牙人开设的中介贸易的商行,其资本组织形式有独资、合资与合伙三种。随着商品经济的发展,牙行除中介交易外还直接从事商品的收购,实现了商牙结合;一些牙行还经营资本的放贷业务,出现了商业资本与借贷资本融合的现象。不仅如此,牙行的商业资本还出现了向生产领域渗透的现象,在生产过程中,牙行向小生产者提供贷款或生产原料,促进了生产的发展。但牙行本身的垄断性以及较高的行业利润阻碍了其资本向产业资本的完全转化。

王亚军在《农村中介组织的构建和启示——基于明清牙行的分析》(《内蒙古农业大学学报》2010年第3期)一文中指出:牙行是古代城乡市场上为买卖双方说合交易而逐渐形成的经济组织,它是对经济活动中的生产、交换等过程起协调、组织作用的中介组织。近年,农民专业合作组织不断涌现,文章通过对明清牙行组织的研究,以期为当前农村中介组织建构提供启示和借鉴,丰富和促进"三农"问题的研究。

刘秀生在《清代牙行与产地市场》(《北京商学院学报》1991年第2期)一文中指出:牙行是中国封建社会中出现的一种商业经济现象。牙行又称牙户、行户,经营牙行的人称为牙人、牙侩、市侩等。先秦时期的驵就是牲畜交易中的牙人,由于商业经济的发展,牙行成为商品交易中普遍存在的经济现象,它一直存在到1949年前后,随着新中国的建立而消亡。

龚关在《官府、牙行与集市——明清至民国时期华北集市的市场制度分析》(《天津商学院学报》2001年第1期)一文中指出:明清以来,华北地区各级官府尤其是地方官府对集市实施了一定的管理和控制,清末至民国年间,其管理和控制的力度进一步增强。与之相关,不同时期官府对集市管理和控制的目的稍有不同,明清时期官府更注重市场的稳定,而清末至民国时期则更注重税收的增加,并导致牙行制度及税收制度的较大变化,从而产生了截然不同的效果。

常红萍、张磊、王亚军在《明清江南地区农村牙行组织的社会学分析》(《安徽农业科学》2007年第35期)一文中介绍了明清江南地区牙行组织概况,并尝试用社会学理论对其进行分析。

刘培峰、潜伟、李延祥在《清前期山西泽州牙行的不同发展趋势及其影响》(《中国经济史研究》2013年第4期)一文中指出:山西泽州牙行在清前期以阳城县和凤台县(现泽州县)大东沟镇为代表出现了两种不同的发展趋势,前者以"牙佣归公"为特点,在一定程度上抑制了牙行正常职能的发挥,也阻碍了牙行的发展;后者在牙行与制铁行业组织的斗争中通过订立合同来相互制约,从而规范了牙行的行为,实现了牙行职能的发展和完善。

陈丽娟、王光成在《明清时期山东农村集市中的牙行》(《安徽史学》2002年第4期)一文中指出:牙行是促进买卖双方交易的中介机构。牙行的出现,是经济发展到一定阶段的产物,是市场扩大、交换频率增加的必然结果,对市场的正常运行有着不可忽视的作用,而牙行存在的弊端则是牙行本身的作用所必然带来的负面影响。同时,中央和地方政府也出台了相应的管理措施。因此,牙行问题成为研究农村市场发展的一个重要侧面。

林红状在《明清及近代牙行研究综述》(《历史教学》2008年第12期)一文中指出:在相当长的历史时期内,我国商品流通中存在着为买卖双方说合交易,承担代客买卖、信用担保等职能的中介人。历史上多数时期称这种中介人为牙人,俗称经纪。牙人所开设的店铺或中介交易机构称为牙行。

刘高勇在《官牙与清代国家对民间契约的干预——以不动产买卖为中心》(《赣南师范学院学报》2008年第1期)一文中指出:清代的官牙虽然设立于市集,但由于不动产买卖契税在清廷的财政收入中占有重要的地位,而民间以田宅买卖为主要内容的不动产交易具有一定的隐蔽性,因而清代对民间不动产买卖契约的干预在很大程度上依靠官牙来实现。通过官牙督促民间订立契约使用官颁契纸、监督契约中的交易价格是否如实填写,并以提成充偿的方式鼓励牙纪、卖主、邻右、里书人积极告发买主置买不动产后不缴纳契税的行为等,让官牙充分发挥对民间不动产买卖契约的干预功能。可以说,官牙是清代国家对民间买卖契约实施干预的最重要的途径。

高建刚在《垂直分工、官牙制与明清棉纺织业的效率》(《华南农业大学学报》2007年第1期)一文中指出:运用现代产业组织的有关理论,考察明清棉纺织业产业组织,并就其生产流程中的组织分工、生产销售、交易环节进行论述,分析其产业效率。

王廷元在《论明清时期的徽州牙商》(《中国社会经济史研究》1993年第2期)

一文中指出:徽州人经商多借牙行制度牟取厚利,其中有些人初则为牙后则为商,在居间活动中积累起经商的资本;有些人则本人经商,而支持其亲友经营牙行,利用牙行为自己的商业活动提供方便;还有一些人采用亦商亦牙的经营方式攫取暴利。随着徽商的兴盛,徽州人经营牙行的现象也日益普遍。商牙之间的紧密结合遂成为徽商经营活动的一大特色。文章试就笔者所接触到的资料,对此作初步论述。

燕红忠、李凤在《清代的牙商及其经营特点》(《中国社会经济史研究》2013年第1期)一文中指出:从商业经营的角度来看,清代的商人可以划分为行商、坐贾和牙商三个层次。牙商是清代商人群体中的主要组成部分,是沟通行商和坐贾的一类特殊的居间商人,但目前对这类商人经营状况的研究仍然比较薄弱。文章主要探讨了清代牙商的类别划分、牙商群体的构成及牙佣状况、牙商的职能和作用,以及牙商的经营方式和经营业务的发展变化等内容,反映了清代牙商的经营和发展特点。

黄东海在《明清商牙纠纷类型及所见国家商业社会控制》(《华东政法大学学报》2010年第6期)一文中指出:明清市廛律例主要针对牙人牙行而设。商牙纠纷是明清商业纠纷的重要组成部分,其存在类型及解决模式在一定程度上反映了传统国家对于商业社会控制的重要特征。明清牙人对国家赋予的公法职能的行使和滥用是引发诸多商牙纠纷的重要原因。

孙强在《论明代居间信用》(《史学集刊》2003年第3期)一文中指出:明代的牙行居间是民间自发形成的具有交易代理性质的商业信用运营活动。居间信用规则对居间行为人有一定的约束作用。居间信用的良性运转有利于商人的成功经营,居间信用的缺失对委托者的经济利益构成侵害。居间信用主要以财产保证和人情关系为基础,制度化的保障没有形成。

陈新元在《明清时期江苏的居间商》(《江苏商论》1991年第5期)一文中指出:介绍买卖、从中说合的居间商在我国由来已久。汉唐以来,驵侩、牙人的记述不绝于书。明清时"官私牙遍天下"(《杨文弱先生集》)。江苏是明清商品经济发达地区,居间商的经营活动颇有特色。

胡铁球在《明清贸易领域中的"客店""歇家""牙家"等名异实同考》(《社会科学》2010年第9期)一文中指出:在贸易领域中,"客店""歇家""牙家""牙歇"等,都是采取"客店"与"牙行"相结合的经营方式,且都有"开肆"的功能,它们在贸易领域经营方式的内涵,实际上是名异而实同。因在文献中见之最多的是"歇家",故将这类模式称为"歇家牙行"模式。由于"客店""牙家""园亭""歇店""牙歇"等都有称为"歇家"的记载,故可把它们称为"歇家"之异名。

骆利红在《晚清"买办"的形象演变与身份认同研究》(《沧桑》2014年第1期)一文中指出:买办作为特殊历史条件下产生的一个职业群体,尽管其经济地位在从事买办的过程中迅速提高,但其身份和社会形象始终没有得到传统社会的普遍认可。文章的研究重心旨在对买办的形成及形象演变进行系统梳理,并置于具体历史脉络中审视其身份认同。

张晓辉在《清代十三行时期的原型买办研究》(《史林》2014年第4期)一文中指出:与清代十三行贸易时期原型买办密切相关的"层递钳制"保证制度,是广州体制完备的一个例证。买办受到清廷的严密防范和限制,并被作为处理与外商摩擦和纠葛时的筹码。买办与外商的关系比行商更为密切,并随着外商及其企业在华迅增而崛起。买办制度在鸦片战争以前即已孕育,而于战后正式形成,这是"十三行"的变体,在条约体制下,它逐渐取代了旧行商在中西贸易中的地位和作用。英国人虽然打破了具有贸易垄断性质的广州体制,但最终所建立和依赖的买办制度却仍具外贸垄断性。与"十三行"整体走向衰亡相反,买办完成了资本的原始积累,加快了从中西贸易的居间人或代理人向近代企业家的转化。

高寿仙在《市场交易的徭役化:明代北京的"铺户买办"与"召商买办"》(《史学月刊》2011年第3期)一文中指出:明代北京城居民承担的"买办"之役有两种,即"铺户买办"和"召商买办",都是由市场交易转化来的。铺户买办始于永乐年间,其后买办的项目和数量不断增加,逐渐形成一套清查编行制度。自嘉靖年间开始,随着物料折银的普遍化,内府及各衙门所需物料大多在北京"召商买办"。但"召商"很快就变成"佥商",成为强迫性的"商役"。为了减轻铺户的困苦,嘉靖末年将铺户买办改为纳银代役,万历年间又免除了下层铺户的纳银。但时过未久,复令铺户当行买办,反而加重了铺户的经济负担。相较于实物贡赋而言,"买办"本是顺应市场经济发展而出现的,但在"权力经济"的制约下,竟然演变成固定化的徭役,给北京城居民带来深重的灾难。

6.近代牙商与买办

侯杰、王小蕾在《影视史学视域中的近代中国买办形象——以电视剧〈买办之家〉为中心的考察》(《安徽大学学报》2013年第4期)一文中指出:作为近代一个独特的商人群体,买办具有独特的言说价值。从事中国近现代史研究的学者对于这一群体予以了充分关注,并取得了丰硕的研究成果。然而,在当今社会,人们"读"历史的时间在减少,而"看"历史的时间有所增加,影视作品逐渐成为言说买办历史的全新方式。作为一个高度市场化的文化产业,影视对买办题材的选择既取决于这一社会群体的言说价值,又与观众的需求和创作者的经验密不可分。为了给观众提供一套"看"历史的方法,创作者需要精心编织视觉的符码构建买办形象,制造围绕他们所产生的戏剧冲突。相对于其他再现买办历史的文本,影视作品所具有的优势和局限都十分明显。

林红状在《明清及近代牙行研究综述》(《历史教学》2008年第12期)一文中指出:在相当长的历史时期内,我国商品流通中存在着为买卖双方说合交易,承担代客买卖、信用担保等职能的中介人。历史上多数时期称这种中介人为牙人,俗称经纪。牙人所开设的店铺或中介交易机构称为牙行。

张彦台在《民国时期牙商纷争研究》(《理论月刊》2014年第12期)一文中指出:牙商是中国传统的商业中介,指在近代化以前的城乡市场中,从中说合构成交易、代客买卖或为买卖双方执掌度量衡器而从中收取佣金的居间商人。民国以来,因牙商经营而引起的各种新问题、新情况层出不穷,群体性事件不断。纷争呈现出数量多、类型多、范围广、情况复杂等特点。纷争及纷争的解决对于促进社会结构更新、整合群体成员关系、更新社会观念、重塑社会心态等方面发挥着积极作用。

张彦台在《民国时期华北牙商的社会流动》(《河北师范大学学报》2014年第1期)一文中指出:借助于社会流动的分析维度,可以进一步揭示特定历史时期牙商群体的动态特征和一般趋向,为牙商群体的深入研究提供新的视角。民国时期,华北牙商形成了上下流动、职业流动和区位流动的现象。从本质上讲,牙商的社会流动是牙商群体社会作用日益凸显的必然结果,并在某种程度上预示着牙商阶层在近代发展演化的历史趋势。

张彦台在《民国时期北方牙商的社会特征》(《河北学刊》2014年第1期)一文中指出:在近代化以前的中国城乡市场中,牙商不可或缺。民国时期,政府提倡实业、鼓励商战,牙商得到了空前发展,社会各阶层纷纷加入其行列,使牙商群体的社会结构发生变异。同时,牙商为了谋取利益,同社会各界构成一张巨大的社会关系网络。在进行交易时,几乎所有行业的牙商都有一套神秘的行话和暗语。

蒋伟国在《民国掮客点滴》(《民国春秋》1996年第6期)一文中指出:掮客,是指为买卖双方介绍交易以获取佣金的中间商人。旧时他们一般被称为经纪人、居间人,也被称作跑合的、拉纤的。民国时期的掮客,形形色色,无奇不有。据不完全统计,当时活动于各地的掮客,有房地产掮客、广告掮客、股票掮客、船头掮客、转运掮客、粮食掮客、瓜果掮客、五金掮客、药品掮客、棉纱棉布掮客、煤炭掮客、颜料掮客、官司掮客等。

黄逸峰在《关于旧中国买办阶级的研究》(《历史研究》1964年第3期)一文中指出:1840年鸦片战争以后,外国资本主义侵入中国,破坏了中国自然经济的基础,同时也促进了中国封建社会孕育着的资本主义萌芽的发展,在中国逐步产生了资本主义生产关系。随着中国资本主义的发生发展和近代工业的产生,在19世纪下半期,中国出现了新生的资产阶级。由于中国资本主义是在帝国主义压迫和封建主义束缚下产生和发展起来的,中国新生的资产阶级一开始便包括两个部分:一个是买办阶级,是直接为帝国主义国家的资本家服务并为他们所豢养的阶级;一个是民族资产阶级,是同帝国主义联系较少或者没有直接联系的中等资产阶级。

熊月之在《略论近代买办与中国文化自为》(《史林》2013年第2期)一文中指

出：遭遇西方文化强烈冲击以后，近代中国文化进入了艰难的调适、嬗变与创新过程。这是一代又一代人持续接力的过程，买办的努力是其中重要一环。无论在物质文化、制度文化还是在精神文化层面上，买办对于西方文化都有广泛的了解、冷静的思考与积极的吸纳，都为中国文化自为做出了不可或缺的贡献。作为亦中亦西的文化混合体，买办处于中西文化交流的前沿与旋涡之中，对于西方文化了解比较真切。作为中西文化边缘人，买办对于吸纳西方文化较少有精神障碍。特定的时空，特定的身份，使得买办成为近代中国文化自为的先行者。

吴涛在《再析近代中国的买办——从不同视角来解读这一社会群体》（《哈尔滨职业技术学院学报》2014年第1期）一文中指出：近代中国的买办历来被许多人冠以"卖国贼""汉奸"等骂名，这主要是从买办的反动性、消极性等角度考虑的。其实经过仔细探究，不难发现，买办在政治、经济、文化等方面也曾起到过一定程度上的积极作用。从不同视角来解读这一社会群体，将有利于更加客观、更加理性地认识近代中国的买办。

常国良在《买办与中国近代商业教育》（《河北师范大学学报》2007年第6期）一文中指出：根据中外经济学界的最新认识，有理由认为买办是中国最早具有近代属性的新式商人。19世纪后期产生的商务英语教育和以买办为代表的新式商人在商业实践中所受的社会教育，标志着近代商业教育进入萌芽时期。20世纪初，近代商业学校教育是以商业社会教育为主要形式、以买办等新式商人商务英语教育为重要内容、以商业实践为主要课堂。中国商业近代化，急切催生和呼唤专业化的商业学校教育的诞生。

李春梅在《买办与中国近代股份制的兴起》（《西南交通大学学报》2003年第6期）一文中指出：股份制起源于西方，19世纪初传入中国。在西方资本主义势力入侵的过程中，我国的买办阶层积累起巨额的资产，他们从最初附股于外国在华的股份公司到自己主持创办中国近代首批官督商办股份制企业，进而私人投资兴办股份公司，率先在中国试行和推广股份制这种近代新式的企业组织形式。

杨生祥在《对近代中国买办资本的再认识》（《历史教学》1999年第5期）一文中指出：长期以来，我国史学界对于中国近代历史上的买办资本存在着模式化的认识,对于买办资本的评价也失之偏颇。我认为对这些问题必须采取实事求是的科学态度,结合特定的历史条件进行具体的分析,才能作出客观的、符合历史实际的评价。买办资本的积累与国门的被迫开放并行,鸦片战争以后,中国被迫对外开放,走向世界市场,伴随着对外贸易的兴起而产生了一种特殊的职业,即近代意义上的买办。

陶有伦在《试论早期买办阶级在中国近代史上的地位》(《安徽史学》1995年第3期)一文中指出:买办阶级是中国近代史上一个特殊的阶级。它既不同于地主阶级,又有别于资产阶级;它既与中国的官僚阶级有千丝万缕的联系,又为外国殖民者掠夺中国人民服务,它们在夹缝中生存、发展、分化。买办阶级在中国近代史上有其特殊的地位,它对中国近代史的发展有其独特的作用。文章试图就这个阶级在它形成的早期的历史地位作一些分析。

杨丽霞在《试论近代买办的社会地位》(《铜仁学院学报》2007年第2期)一文中指出:买办是近代中国史上出现的一个特殊的阶级,是东西两股势力结合的产物。纵观历史,买办的特点是俸优而业卑。文章试从当时人们的言论、心态、举止及文献剖析买办的社会地位,从中我们可约略看出中国近代社会的复杂性和近代化进程中的艰难性。

陈国威在《近代中国买办的卑微心理分析》(《史学月刊》2007年第12期)一文中指出:买办在近代中国新式企业活动中一直是一个活跃的也是最富有的群体。但买办一直"耻言身份",他们存在着一种卑微心理,这种心理的产生与当时的社会环境和个人出身有密切关系。这种心理给买办们的事业带来极大影响,也一定程度地影响了中国近代化的进程。

李吉奎在《近代买办群体中的广帮(1845—1912)——以上海地区为中心》(《学术研究》1999年第12期)一文中指出:买办是近代中国民族资本产生的一种形式,是近代中国一种新的生产关系。近代中国的经济中心在上海。在由地缘关系形成的各商帮中,广帮是其中的大帮。文章旨趣在探讨广帮买办是如何由广东区域性商人群体发展为买办的主流的,探讨以唐廷枢、徐润、郑观应等人为代表的广帮买办所从事的诸方面的活动,以及这个群体在中国近代化过程中所起的作用,并力图作一些适当的评价。

王湘林在《买办与近代中国的制度安排和变迁》(《广西社会科学》2001年第6期)一文中指出:买办作为近代中国经济活动中特殊的一类人,他们的经济活动对近代中国经济发展具有很大的影响力。文章试图从制度经济学的角度对买办的产生、发展、评价作一新的探讨。

孙毅在《论近代买办的企业主形态》(《云南社会科学》2004年第1期)一文中指出:从买办所从事的进出口业务、买办组织、买办合同及买办收入来看,买办是中国近代市场经济中形成的从事进出口业务的商人,是中国近代不成熟的市场经济环境下形成的一种较特殊的独立商人,已初步具有了独立的企业主形态,但是由于近代中国市场经济发展的不完善,导致他们采取了买办这种畸形的市场主体形式。

石志新在《浅析买办在近代化过程中的作用》(《青海师范大学学报》1994年第2期)一文中指出:买办是中国近代社会出现的一个新的阶层,国内史学界历来对它大加贬斥,认为它是中国近代为帝国主义侵略中国服务的反动阶级。如"近代意义上的买办,只是在鸦片战争以后才产生的,它是外国资本主义和帝国主义的工具和走狗的代名词"。

杨宇辰在《试析二十世纪初的中国买办社会》(《长白学刊》2003年第5期)一文中指出:20世纪初,中国买办社会发展至鼎盛,因而培育出不同的阶层。一方面少数大买办名利双收,另一方面大量的小买办惨淡经营。同时,大买办凭借财势在身边扶植了庞大的买办家族和买办帮派,使整个买办社会形成一张巨大的网络。它以亲缘和乡缘为连接,具有天然的排外性。买办社会的阶层架构呈金字塔形,且具有稳固的成员结构。

汪敬虞在《试论近代中国的买办阶级》(《历史研究》1990年第3期)一文中指出:近两年来,我有幸与李时岳同志就中国近代史的中心线索问题,共同进行了一次真诚的学术讨论,到最近时岳同志在《历史研究》总第200期发表的大作为止,讨论可以说进行了两轮。与此同时,许多学者也就与此有关的问题撰写论文或进行座谈、笔会,估计还会引起更多的人参加讨论的兴趣。这个势头如果保持下去,对中国近代史,特别是对近代经济史研究的进一步开展,无疑是有益的。现在的问题,是如何使这个富有活力的讨论能够深入下去。因为只有深入下去,才能有利于保持活力。而要做到这一点,我认为,一个主要的途径,是设法把我们的讨论和正面的研究结合起来。我们讨论的问题,是一个大面积的问题,需要有细部的研究,注入讨论的活力。老是在大面上直来直去,无助于认识的深层化,也难以取得大体一致的共识。本着这一粗浅的想法,文章试图在这方面作一点尝试,即通过一些细部的具体事实,进行一番思索,把自己所得到的初步认识提出来,供大家批评讨论,以期引起进一步的研究。对于近代中国买办阶级问题的思索,就是这一尝试的开始。

骆利红在《近代中国"买办"话语演变研究》(《安庆师范学院学报》2014年第3期)一文中指出:买办作为特殊历史条件下产生的一个职业群体,尽管其经济地位在从事买办活动中迅速提高,但其身份和社会形象始终没有得到传统社会的普遍认可。在人们的话语中,买办始终处于边缘地位,并且其话语内涵也随着社会发展与政治演进产生相应的变化。

金普森、易继苍在《买办与中国近代社会阶层的变迁》(《浙江大学学报》2002年第3期)一文中指出:买办是中国近代史上一个十分重要的问题,尤其在中国近代经济史中的地位更加突出。作为资产阶级的一部分,他们的出现早于中国的民族资产阶级和官僚资产阶级。自从中国与西方接触以来,无论在政治与经济、城市与农村、国内与国外,几乎在各个重要领域和地区都有买办的活动。特别是在中国早期经济现代化进程中,买办最先投资近代新式企业。买办对传统工商行会的改造,使广大农村融入资本主义市场体系。在瓦解中国古老经济结构的过程中,买办的作用从沿海城市直至穷乡僻壤,对中国社会影响的深度不容忽视。

胡波在《近代中西文化碰撞中的香山买办——兼论近代中外关系的几种研究模式》(《山东社会科学》2006年第11期)一文中指出:近代香山买办群体的产生、形成、发展和转化的历史,正是"中国走向世界""世界走向中国"的双向互动的历史缩影。在中西文化碰撞中,香山买办因势而动,因时而变,以香山人特有的开放包容、务实进取、开拓创新、重利而不轻义,以积极的态度大胆任事,勇于担当,在近代中西文化碰撞中,抓住机遇,在成就自己的同时,也以思想和行动,促使尘封已久的中国开始了近代文化的破冰之旅。

金普森、易继苍在《买办与近代中国东南社会变迁》(《福建论坛》2002年第4期)一文中指出:买办是中国近代史上一个十分重要的问题,尤其在中国近代经济史中的地位更加突出。作为资产阶级的一部分,他们的出现早于中国的民族资产阶级和官僚资产阶级,自从中国与西方接触以来,无论在政治与经济、城市与农村、国内与国外,几乎在各个重要领域和地区都有买办的活动,在瓦解中国古老经济结构的过程中,买办的作用从沿海城市直至穷乡僻壤,对中国社会影响的深度不容忽视。随着资本主义国家政治、经济侵略的加深,在东南沿海的通商口岸就产生了一个新的阶层——买办阶层,可以说买办是东南社会变迁的产物;另一方面,买办阶层是中国近代的一个新型阶层,他们的商务经营与社会实践活动则促进东南社会进一步变迁。因此,在研究东南社会变迁这一命题上,买办问题是一个不容忽视的问题。

陈诗启在《论鸦片战争前的买办和近代买办资产阶级的产生》(《社会科学战线》1982年第2期)一文中指出:中国的买办,大概起源于明代中叶葡萄牙商人东来之后。葡萄牙商人在16世纪初(明正德、嘉靖年间)就在中国沿海开始活动。嘉靖十四年(1535年),他们贿赂了明朝的腐败官员——都指挥黄庆,窃据了广东壕镜(澳门)。自是,壕镜地方,"高栋飞甍,栉比相望,闽粤商人趋之若鹜"。到了17世纪初(万历后期),他们又在壕镜筑城,"聚海外杂番,广通贸易,至万余人"。从此以后,他们以澳门为基地,独占中国沿海贸易达七八十年。

张萍在《中国近代买办职业群体略论》(《历史档案》2007年第4期)一文中指出:在鸦片战争后半个多世纪的时间里,中国社会经济生活中最活跃的一群人是买办。买办应运而生,并随着西方资本主义势力的深入得以迅速发展。在近代中国,从商业到金融,从交通运输到加工制造,从城市到农村,从经济到政治、文教,无一不显示出买办的重要影响。中华人民共和国成立后,中国学者形成了以阶级分析见长的买办研究体系,买办被泛化为一切"勾结封建主义及外国资本主义的反动势力",它包括所有"在帝国主义与反动政府之间穿针引线谈判卖国条约"的

"政治掮客","贩卖西方文化的文化掮客",大小军阀、洋务官僚以至于国民党政权都被视为买办阶级的重要组成部分。

张萍在《近代买办研究综述》(《清史研究》1996 年第 1 期)一文中指出:一个世纪以前,近代中国的社会经济生活中最活跃的一群人可谓买办,但历史上关于买办的记载很少,盖以"食夷利者"为贱之故。关于买办的研究发端于 20 世纪 20 年代前后。当时买办制度的表象已现,关于此一制度的利弊与存废引起了工商人士及社会各界的关注和争论,也促发了学者们的研究兴趣,相继有四篇论文发表,即甘作霖的《论洋行买办制度之利害》、马寅初的《中国买办制》、沙为楷的《中国买办制》、瞿秋白的《上海买办阶级的权威与商民》,可以视为买办研究的发端之作。此后 20 年,又有两项综合性研究与两广人物研究问世。综观民国时期的买办研究,数量少,规模小,其共同特点是侧重经济分析,追溯买办制度的起源,考察其运作过程与组织构成,探究其兴衰利弊,基本上没有超出经济生活本身。这可以说是民国时期关于买办研究的整体特色。

魏重庆在《近代中国买办资本的发展和买办阶级的形成》(《贵州社会科学》1982 年第 1 期)一文中指出:买办制度是外国资本主义侵略的产物,它是外国资本主义和帝国主义对被压迫民族实行侵略的工具。外国侵略者可以利用买办制度,培养买办阶级,通过这个阶级,首先从经济上对落后国家进行掠夺和控制,接着进一步控制落后国家的政治,从而把落后国家变成自己的殖民地和半殖民地。中国的买办一词原是清代广东"十三行"(公行通称)对外贸易的一种职业的名称。据《上海闲话》所载:"西人之来中国,首至之地点为广东。彼时外人只能居住船上,不准逗留陆地。(间有登陆居住者则以澳门为安插地,在明时即然)而贸易往来,则全由'十三行'为之居间介绍。遇一洋船来,'十三行'必着一人前往该船看货样,议定价格,然后偕同官厅派员开仓起货,及货已售罄,洋人购土货回国,亦由此人居间购进,而此一人者当时即名之为买办。意义上若谓代外人买办物件者然。"

黄瑾瑜在《论近代汕头的买办和买办资本》(《汕头大学学报》2011 年第 2 期)一文中指出:第二次鸦片战争后,被迫开放为通商口岸的汕头产生了特殊的买办阶层。汕头买办与外国洋行是复杂的资本主义性质的契约雇用关系。汕头买办资本的积累及其转化对以汕头为经济中心的粤东,乃至闽西南、赣南等地的历史进程有负面影响,但也促进了部分买办资本向民族资本转化的进程。

苏全有、陈冬梅在《对近代中国买办史研究的回顾与反思》(《华北水利水电学院学报》2013年第1期)一文中指出:近几十年来,学界掀起了对买办史研究的热潮,并取得了丰硕成果。就近代中国买办史的研究而言,大体可以分为整体性研究和个案性研究两大方面。其中整体性研究主要是从经济、政治、文化三大视角入手来研究近代买办的有关状况,个案性研究主要以盛宣怀为核心进行研究,并涉及其他买办人物。总体看来,近几十年来中国近代买办史研究涉及领域广,分析也比较客观公正,成绩突出,但同时也存在着诸如研究角度有待创新、空间分布不均衡、缺乏整体性和联系性等问题。只有在这几方面都有改观的前提下,对近代中国买办史的研究才会达到一个更高的境地。

孙善根、杨顺福在《近代宁波籍买办势力的形成和发展》(《浙江学刊》1993年第5期)一文中指出:买办由于其在近代中国历史进程中的特殊地位,引起了中外学者的持久兴趣,有关著述相继问世。但作为近代中国买办重要组成部分的宁波籍买办势力,论者虽偶有提及,却大多语焉不详,缺乏系统、全面的研究,这不能不说是个缺憾。有鉴于此,文章试图对近代宁波籍买办势力的形成和发展情况及对近代宁波商帮崛起的影响诸方面进行初步的分析和探讨。

易继苍、史荣华在《买办商人、华商附股与近代中国人投资理念的嬗变》(《贵州大学学报》2007年第3期)一文中指出:买办商人在中国近代史上占有十分重要的地位,他们的活动涉及政治和经济、城市和乡村、国内和国外、官僚和平民,几乎在各个重要领域和地区都有买办的足迹。近代中国,买办在为外商的代理活动中,在西方商业精神、商务习惯的熏陶下,成为中国最早改变投资理念的群体,他们的实践活动改变了传统的投资模式,提高了整个社会的投资意识,使有志兴办实业的人开阔了眼界,增强了信心,为社会各阶层的投资活动作了很好的示范作用。

黄杰明在《买办与晚清商业的近代化》(《大庆师范学院学报》2013年第5期)一文中指出:晚清国门被西方列强的坚船利炮打开,最先卷入世界资本主义体系的是流通领域——商业和钱业,以及适应出口需要的丝茶生产和手工加工业。与此相适应,近代中国产生了洋行与买办。在其影响下,旧式商业也向新式商业转变,晚清商业开始逐渐走向近代化。

严中平在《试论中国买办资产阶级的发生》(《中国经济史研究》1986年第1期)一文中指出:在有关中国近代史的著作上,人们常常使用买办资产阶级这个概念。但是,人们对于这个概念的含义却很少加以界说。我们认为科学研究不能从定义出发,需要在观念上明确概念的确切含义。在这里,我们对这个问题提出我们的看法,以供讨论。列宁说:"所谓阶级,就是这样一些集团,这些集团在历史上一定社会生产体系中所处的地位不同,对生产资料的关系(这种关系大部分是在法律上明文规定的)不同,在社会劳动组织中所起的作用不同,因而领得自己所支配的那份社会财产的方式和多寡也不同。所谓阶级,就是这样一些集团,由于他们在一定社会经济结构中所处的地位不同,其中一个集团能够占有另一个集团的劳动。"

陈明远在《中国租界史的再认识(之五)——毁誉不一的"买办"阶层》(《社会科学论坛》2013年第10期)一文中指出:"买办"是近代世界范围内欠发达国家(旧为殖民地半殖民地)的共有现象,但程度不一。百年租界史中,中国特色买办阶层长期存在,在世界上首屈一指,这是不能回避的历史真实。中国租界(主要是上海、天津、汉口等地)的近代化,是在外贸洋商侵入的推动下完成的,而不像西方近代化是由欧美本身的产业革命得来的,是被动的,而非主动的。由此,买办的生命线首先是受西方列强雇佣的"商",辅助洋商经营贸易和金融投资;其次的生长点才是"产",即引进科技产业、厂矿实业,以催生民族经济。中国买办阶层在五口通商后逐步发达,到1920年,买办人数超过10万。

马学强、张秀莉在《二十世纪前期买办及其社会生活状况研究》(《社会科学》2007年第12期)一文中指出:买办是近代中国通商口岸显赫的、有较大影响力的社会阶层。在以往的研究中,较多关注19世纪买办的兴起及社会状况,而一般认为到了20世纪以后买办逐渐走向衰落。从20世纪三四十年代上海商业储蓄银行、中国征信所等进行的调查中整理出大量有关买办的资料显示,在20世纪前期,买办呈现出更为复杂的样态,在社会经济生活领域仍具有一定的势力与影响。

杨宇辰、杨艳春在《20世纪前期买办阶层职业收入分析——以行业为视角》(《北方论丛》2009年第5期)一文中指出:20世纪前期,买办的职业收入主要由薪金和佣金构成,还有一部分被外商默许的暗中收入。佣金是多数买办的主要收入,是买办经纪人身份的体现。薪金是买办与外商雇佣关系的一种象征。买办收入的复杂性还在于不同行业的买办收入来源不一,且差距较大。依据买办制度的性质进行归并,大致可以分为洋行、银行和公司买办。他们依据本行业的特色对买办报酬制度进行了各种改造。

虞和平在《香山籍买办与宁波籍买办特点之比较》(《广东社会科学》2010年第1期)一文中指出:在中国近代众多的买办中,香山籍买办和宁波籍买办是最大、最典型的两个群体,也最受研究者关注,但是对两者的不同特点尚少研究。综观这两者的产生发展过程,在第一次鸦片战争之前,香山籍买办由于有澳门和广州两个对外贸易中心,使之首先具备生成的条件而得以产生;宁波籍买办虽因缺少生成条件而尚未产生,但宁波所具有的外贸环境为它在后来的产生和发展准备了良好的基础。在第一次鸦片战争之后,香山籍买办虽然兴盛起来,但因不能很好地利用有利条件而使其发展受到制约,表现为一种保守性和单线性的发展,并导致其势力逐渐衰退;宁波籍买办虽在第一次鸦片战争后才开始出现,但它能主动而充分地利用有利机遇而得到全面快速的发展,其势力在19世纪80年代后超过香山籍买办,表现出多方面发展的特点,具有较多的开拓性。

吴桂龙在《论上海开埠初期的通事和买办》(《史林》1996年第4期)一文中指出:上海开埠后,原公行时代的买办和通事纷纷随洋行大班和外国领事涌入上海。在此后的岁月里,他们的队伍不断扩大,成为上海滩大亨中最富实力的人群。虽然他们的名称没变,但就其地位和职能而言,与公行时代的买办和通事已没有多少相同之处。他们不再是官方派充的由政府严格控制的公行商馆内部事务的管理者,而是中外贸易的居间人。从这个意义上说,他们又是近代中外贸易的产物。

黄逸峰在《帝国主义侵略中国的一个重要支柱——买办阶级》(《历史研究》1965年第1期)一文中指出:买办阶级的形成及初期发展在19世纪末叶,随着外国资本主义的侵入、中国资本主义的发生发展和近代工业的产生,中国出现了资产阶级。中国资产阶级一开始便包括两个部分:一个是买办阶级,是直接为帝国主义国家的资本家服务并为他们豢养的阶级;一个是民族资产阶级,是同帝国主义联系较少或者没有联系的中等资产阶级。买办阶级是中国半殖民地半封建社会的特殊产物。外国资本主义为了侵略的必要,为中国缔造了买办制度,缔造了买办资本,从而形成了买办阶级。

韩仕海在《买办的再界定》(《嘉应大学学报》1999年第2期)一文中指出:对于买办的界定历来是一个颇具争议的问题。近年对买办的研究也出现了貌似"客观"而不切实际的人为拔高倾向。文章以此为基点,从历史的、民族的角度着眼,对中国近代社会买办这一特殊的社会群体在经济领域的活动、政治上的态度和作用、买办自身素质及去向分流作了一番整体的考察。认为:(1)根据买办的职业属性应把其界定为一个经济概念。(2)经济范畴中的买办在政治上凸现出明白无误的奴性与对国家民族观念的缺乏。买办对民族工业的促进作用是有限的,因而买办是一个不值得肯定的阶级。

严中平在《试论中国买办资产阶级的发生》(《中国经济史研究》1986年第3期)一文中指出:华商资本对外商企业的附股活动,如果买办只是由于受雇于外商,便在外国人的庇护之下,具有特殊的身份和威风,那么投资于外商企业,和外商融为一体的华商,当然就具有更加特殊的身份和威风了。因此,早在我们当前所讨论的时期里,许多华商便已找寻机会,投资于外商企业。外商对于精通商品流通渠道、市场行情、行帮会馆规章、金融周转习惯和风俗人情的华商,当然也乐于招揽利用,因而双方便在资本投放上结合起来。最便于附股于外商企业的人物,首先当然是那些和洋行保有人身关系的买办,而买办则因亲及友,也能动员非买办的各色商人共同投资附股。这就形成一股争相附股的浪潮。

易继苍在《买办与上海钱庄的近代转型》(《贵州社会科学》2006年第6期)一文中指出:近代买办与传统的钱庄相结合,促使了传统的钱庄向近代金融机构的转化。在买办云集的上海,此种影响尤为显著。首先,买办将钱庄纳入近代商业、工矿、交通企业中,为钱庄开拓了广阔的金融市场;其次,大量买办投资于钱庄,或是钱庄成员厕身买办行列,使钱庄的组织成分进一步资本主义化;再次,买办加入钱庄行列,促使钱庄功能的资本主义化。

胡波在《香山买办与开埠后的上海社会》(《史林》2004年第4期)一文中指出:具有业务知识又熟悉英语的香山人,成为上海洋行的第一批买办。他们通过家族和同乡的举荐,大量进入洋行工作,逐渐形成商业和社会网络。上海开埠后,买办在对外通商特别是早期中外贸易中起了很大作用。以家族或同乡关系为纽带的大量移民,加速了上海的城市化进程以及上海市民社会和商业社会的形成。

陶水木在《浙江籍买办的崛起及其影响》(《历史教学》1998年第7期)一文中指出:买办是近代中国在特定的历史条件下的产物,是19世纪后半叶中国社会经济生活中最为活跃的一群人,他们对近代中国社会的发展有着重大的影响——尽管学术界对这种影响的评价一直众说纷纭。浙江籍买办是近代中国买办特别是上海买办群体中的重要组成部分,虽然在有关研究论著中对之有所涉及,但缺乏专门深入的讨论。文章不想对浙江籍买办做全面评价,只想就浙江籍买办在上海崛起的条件、特点及对上海经济发展的影响做些考察。

周静芬在《宁波籍买办的兴起与宁波帮近代化》(《浙江师范大学学报》1998年第4期)一文中指出:宁波籍买办是近代宁波帮的一个重要组成部分。它自五口通商后开始孕育,19世纪50年代以后迅速崛起,至19世纪末20世纪初成为近代中国买办的一支不可忽视的力量。它的兴起,深刻地影响着宁波帮的近代化。中国近代史上第一个不平等条约——中英《南京条约》订立之后,我国就开始产生近代的买办,宁波籍买办也随之孕育起来。我国最早的一批近代买办,主要是从广州公行制度时期的行商中来。鸦片战争以前,清王朝唯一向外部世界开放的城市是广州,外国商人来到中国进行贸易,主要集中在广州一地。当时中外贸易由公行垄断。行商代理外商推销商品,买进货物,还管理外商商馆内部的经济和其他事务。《南京条约》废除了公行制度,被迫开放了包括广州在内的五个口岸,这样外国商人可以进入五个口岸,直接与中国商人进行贸易。

丁日初、杜恂诚在《买办与洋务企业》(《历史研究》1984年第5期)一文中指出:洋务运动中,官督商办企业的投资经营者中有一些是职业买办出身的人,最著名的有唐廷枢、徐润和郑观应。文章拟讨论洋务派官僚委派唐廷枢、徐润、郑观应等参与经营官督商办企业,是否造成了"买办官僚化"与"官僚买办化",以及唐、徐、郑等人在洋务运动中所起的作用,从而为研究买办问题与洋务运动问题提供一己之见。

郑宏泰、黄绍伦在《香港欧亚混血买办崛起之谜》(《史林》2010 年第 2 期)一文中指出:19、20 世纪华洋种族交往的环境,令懂得华洋双语的人成为沟通中外的买办阶层。香港开埠的华洋杂处,又诞生了欧亚混血族群。该族群的特色是父亲多为洋人,母亲才是华人,而自小接受中英双语训练则让他们成为买办阶层主力。从父系社会传统看,他们乃缺乏宗族与乡里纽带的无根一群。为此,以何东为代表的混血买办利用婚姻结盟及旧生网络,加上提升教育及专业化,强化其竞争力,令其族群成为香港社会中一股巨大力量。

王相钦在《对我国早期买办商人的一点看法》(《北京商学院学报》1982 年第 2 期)一文中指出:买办商人是我国近代社会中的一股重要势力,它对我国社会经济的发展有很大的影响。长期以来,买办就是卖国的代名词,买办商人也就成了卖国商人。我们从接触到的一些有关早期买办商人的史料中,感到事实并非完全如此。文章试图从历史的实际出发,对我国早期买办商人提出自己的一点看法和见解。

庞玉洁在《天津开埠初期的洋行与买办》(《天津师范大学学报》1998 年第 2 期)一文中指出:天津开埠初期,转口贸易占据主导地位,洋行和买办起了至关重要的中介作用。就洋行方面而言,除了在语言、货币、度量衡、商业惯例、社会习俗等方面依赖买办的帮助以外,还需要在买办制度的保护下占用买办资本;而买办一方面在为洋行获取高额利润的同时使自己的佣金得到增长,另一方面,由于子口税和三联单制度的实施,买办也利用洋行的名义经营自己的企业。洋行与买办之间的这种相互依存的关系一直维持到 20 世纪初。

易继苍在《论浙籍买办与宁波商帮的近代转型》(《求索》2011 年第 3 期)一文中指出:近代浙江籍买办是一个非常重要的商人团体,其不仅对近代浙江产生了重大影响,可以说对近代中国的方方面面都产生了重大影响,在中国早期近代化历程中扮演了极为重要的角色。而浙江籍买办在宁波商帮的近代转型过程中所发挥的重要作用则具有典型意义。

张慧芝在《官僚买办资产阶级与近代中国农村贫困》(《高校理论战线》2010年第2期)一文中指出:近代中国官僚买办资产阶级是西方资本主义列强势力扩张与中国封建官僚政治相结合的产物,具有明显的殖民性、封建性,对近代中国社会发展产生了巨大的阻碍作用,加剧了近代中国农村的贫困。

骆利红在《革命动员中的"买办"话语研究》(《学理论》2014年第15期)一文中指出:买办原本作为一种社会职业,由于其依附洋人的经历和"代理人"角色,在革命动员中,经过政治宣传和诠释,买办话语被扩展到泛指为资本主义政治、经济、文化利益服务或与之密切相关的中国人。买办在一定程度充当了革命年代社会动员和反对西方势力的代名词。

吴羽在《买办与中国民族资本主义的发展》(《安顺师范高等专科学校学报》2006年第4期)一文中指出:买办作为一个特殊的阶层,在瓦解中国传统的自然经济、吸收西方的经济思想、进行资本积累、引进先进的生产技术、创办民族资本主义企业等方面起到了极为重要的促进作用。

黄瑾瑜在《谈汕头的买办阶层》(《广东史志》2000年第4期)一文中指出:汕头开埠后,外国资本主义势力倚借不平等条约,豢养了一批忠于他们,为其在潮汕掠夺原材料和倾销商品的买办。至19世纪八九十年代,已形成"于士农工商之外,别成一业"的买办社会阶层。这对汕头不能向资本主义正常历史轨道发展,而是陷入半殖民地半封建的深渊有一定的影响。文章就汕头买办阶层的产生、买办与洋行的关系、买办资本的积累及其转化问题,提出了初步的见解。

王永宏在《买办与英美烟公司在华企业》(《生产力研究》2013年第2期)一文中指出:英美烟公司自20世纪初期进入中国市场以来,迅即做出了使用买办开展业务的决策,并招募了大量各种类型的买办为其服务。同时,为最大限度地发挥买办的中介作用,英美烟公司还十分注重对买办的控制和笼络。

徐龙在《香山买办与中国的近代化》(《河南广播电视大学学报》2013年第1期)一文中指出:以香山(今之中山、澳门和珠海)商人为主体的买办阶层,因近代以来中国贸易格局之变化而逐渐兴起。在贸易通商口岸不断增加、旧行商制度的废除、中外贸易逐渐扩大的有利条件下,香山买办已成为中国近代新型商人。在近代中国经济社会转型之过程中,香山买办毫无疑问地扮演着举足轻重的角色,他们不仅是近代中国早期工业化的先驱者,而且还是促使中国由传统社会向近代社会迈进的积极推动者。

7. 传统行业习俗

丁闯在《论导游在跨文化交际中的掮客角色》(《吉林教育学院学报》2008年第11期)一文中指出:基于角色理论,从讨论旅游的跨文化属性入手,着重研究导游在跨文化交流中的掮客角色。文章分析探讨了涉外导游是旅游过程中的导译者、文化传播的使者、审美的指引者、外国游客的心理协调师、外交家等。另外,导游在跨文化交际的文化冲突下,还作为一种文化缓冲器和润滑剂,帮助外国旅游者成功跨越文化的屏障。

笑尘九子在《揭开文化掮客的真实面目》(《中华诗词》2005年第3期)一文中指出:看罢潘梦旦先生发表在《中华诗词》2004年第6期《走出随便出书的误区》一文,相信八成以上诗词界同人会深有感慨的,因为此种现象早已在诗词界乃至整个文化界泛滥成灾。一帮粗通文墨的"文化掮客",借出书、入编、评奖等形式,经过精心策划和运作,达到敛财暴富的商业目的。

魏书传在《国道上货运掮客在行动》(《经贸导刊》1995年第10期)一文中指出:进出城市的国道上,总可以看到一些人,守在一块标明有货运某某城市的牌子下注视着来来往往的货车,并不时对过往的空货车挥手呼喊:"停车,有货带!"这些人便是国道上的"货运掮客"。这一职业是什么时候开始出现在国道上的,没人说得准,但近年以此谋生的人越来越多。在全国的各条国道上,几乎都活跃着成千上万的货运掮客。他们三三两两分头把守在国道的各地段,构成国道上独有的"风景"。

林铁军在《古代刑名幕友擅权与现代司法掮客》(《中国律师》2015年第4期)

一文中指出:中国共产党第十八届中央委员会第四次全体会议通过了《中共中央关于全面推进依法治国若干重大问题的决定》,《决定》提出,坚决惩治司法掮客行为,防止利益输送。在中央文件中首次提出"司法掮客"这个概念,并表示要加以"坚决惩治",这表明司法掮客现象已到了非惩治不可的地步。其实,司法掮客与中国历史上出现的刑名幕友多有相似之处。在清代的政治体制中,幕友是极其特殊的阶层,他们活跃在地方各级官府,对地方的政治生活产生了很大影响。

8.其他

许挺斐、严朝旭在《"牙人"今日又重来》(《南风窗》1988年第10期)一文中指出:《红楼梦》中,荒淫无度的薛蟠纳香菱为妾,惹得夫人金桂大发雷霆,把个薛家吵得鸡犬不宁。薛姨妈一气之下,令下人"找个'牙人'来,把香菱给卖了……""牙人",今之谓经纪人也。而七十二行中的"牙行"呢?熟知的人又有多少?谁又曾想到,这一行在历史的风风雨雨里颠簸了多年后,竟能再次生气勃勃地崛起于广州街头?1987年12月26日,广州市西堤工业品市场门口,一块崭新的招牌悄悄地挂上了:广州市交易服务公司经纪人服务所。至此,争议颇多的广州市第一家经纪人事务所终于正式亮相。

王晓斌在《农村村民自治中政治掮客的出现及其影响》(《人民论坛》2013年第35期)一文中指出:政治掮客是指以政治权力的出租出售为手段而获取中间利益的人。在当前体制下,政治掮客的存在对农村村民自治的建立、村民自治所需资源的获取具有一定的促进作用,但同时也破坏了自治四原则,制造了新的社会不公与乡村政治腐败。

璞玉、四海在《港版资本掮客》(《英才》2007年第7期)一文中指出:"在民企的几种死法中,死于掮客是其中的重要一种。"往来北京就住在王府井大饭店一间局促的双人标准间里,头顶着"世界最大华资证券行京华山首席顾问、香港上市公司智富能源(1051-HK)执行董事、香港特区政府中央政策组非全职顾问"诸多头衔的刘梦熊,看起来生活似乎并不宽裕。

李春光、赵典山在《诉讼掮客问题刍议》(《湖南公安高等专科学校学报》2006年第3期)一文中指出:诉讼掮客是指在法官和当事人之间搞活动、拉关系的人,主要包括单打独斗、"垂帘听政"、"包二爷"和联营等类型,行政机关和公、检、法等司法机关的离职及在职人员等是其主要来源。诉讼掮客的存在原因比较复杂,对法律服务市场、法制建设和社会稳定产生了较大的危害性。因而有必要针对诉讼掮客问题,提出若干具体解决措施并完善代理、辩护等制度,设立"关系律师"媒体公开制度和法律共同体依法执业制度。

朱正奎在《论权力掮客腐败"公司化"走向的成因、危害及治理》(《云南行政学院学报》2011年第4期)一文中指出:近年,随着我国反腐力度的不断加大,权力掮客腐败"公司化"趋势日益凸显。对于正处于计划经济向市场经济转型时期的中国来说,权力掮客腐败走向"公司化",既是中国腐败蔓延的新动向,也是当前走向法治过程中必须惩治和预防的难题,是一种腐蚀性、破坏性都更大的消极因素,关系到中国新时期经济与政治的健康发展。

沈泉涌在《解读"权力掮客"现象》(《政府法制》2007年第8期)一文中指出:所谓"权力掮客"是指利用固有的关系网,在行贿受贿者之间牵线搭桥,并从中渔利的人。强大的社会关系网是他们的立身之本,而助人交易成功是他们的生财之道。

周丹平在《信访掮客"成功"的背后》(《记者观察》2003年第2期)一文中指出:最近,社会上出现了一批信访掮客。他们若打听到谁家出了什么事,便怂恿其上访,并通过种种方式赢得当事人的信任,以此收取不薄的"代理金"和"打点费"。信访掮客借"帮忙"之名,行诈骗钱财之实,通过"地下途径"来谋取利益,给当事人和社会带来了不小的危害。据了解,这些信访掮客也并非全部整天靠蒙事吃饭(如果这样,恐怕也不会成为一种现象),他们中间也真有些"成功人士"。一些信访掮客之所以能够成功,一是他们对政策、法律法规学得多、学得深,而一般人往往对此一知半解甚至一无所知,真要上访解决问题,不是有理说不清就是说不到点子上。二是他们无不是消息灵通、神通广大,熟人多、关系网密,能和"庙"里的"菩萨"们你来我往。

张枫逸在《取消领导专职秘书,更要铲除"掮客"滋生的土壤》(《秘书》2014年第6期)一文中指出:秘书异化为"掮客",是因为制度虚设给了一些人钻空子的机会。民主决策形同虚设,一切由"一把手"说了算;相关地方和部门不坚持原则,制度体系被轻易攻破。取消领导专职秘书,更要铲除"掮客"滋生的土壤。只有把权力关进制度的笼子,并给笼子装上一把好锁,安上防盗器,"贪腐掮客"才会逐渐退出权力舞台。

张麦在《"权力掮客"的寄生定律》(《浙江人大》2006年第10期)一文中指出:据报道,南宁检察机关不久前破获了一起涉及房产测绘的重大商业贿赂案件,市内各城区的房管所所长几乎全部被牵扯进来,拖他们"下水"的是一个叫张福武的年轻人。经深入调查发现,张福武的背后有一个神通广大的"中间人"帮助其结交各个受贿者。这一连接权钱交易买卖双方的"权力掮客"正是该案得以展开的重要因素。大量的事实表明,类似的"权力掮客"既是推动腐败蔓延的重要力量,更是当前反商业贿赂的一大难点。商业领域存在"贿托"这个特殊的角色,其实也不算什么"新生事物",更非商业领域所独有。在民间,有专替医院拉患者以牟利的"医托";在政界官场,有替买官者与卖官者之间牵线搭桥的"官托";在执法领域,有替违法犯罪当事人说情而开脱罪责的"法托"等。

参考文献

[1]吴自牧.梦粱录[M].杭州:浙江人民出版社,1980.

[2]伊永文.东京梦华录笺注[M].北京:中华书局,2006.

[3]四水潜夫.武林旧事[M].杭州:西湖书社,1981.

[4]孟元老.东京梦华录、都城纪胜、西湖老人繁胜录、梦粱录、武林旧事[M].北京:中国商业出版社,1982.

[5]中国社会科学院历史研究所宋辽金元史研究室点校.明公书判清明集[M].北京:中华书局,1987.

[6]何文焕.历代诗话[M].北京:中华书局,1982.

[7]洪迈.夷坚志[M].北京:中华书局,1981.

[8]方龄贵.通制条格校注[M].北京:中华书局,2001.

[9]范濂,李绍文.云间据目抄·云间杂识[M].松江县地方史志编纂委员会,1997.

[10]郭成伟,田涛.明清公牍秘本五种[M].北京:中国政法大学出版社,2013.

[11]张应俞.江湖奇闻杜骗新书[M].天津:百花文艺出版社,1992.

[12]田汝成.西湖游览志余[M].上海:上海古籍出版社,1998.

[13]李宗孔.宋稗类钞[M].刘卓英点校.北京:书目文献出版社,1985.

[14]徐珂.清稗类钞[M].北京:中华书局,1984—1986.

[15]商传.明代通俗日用类书集刊[M].重庆,北京:西南师范大学出版社,东

方出版社,2011.

[16]李光庭.乡言解颐[M].石继昌点校.北京:中华书局,1982.

[17]褚人穫.坚瓠四集[M].李梦生校点.上海:上海古籍出版社,2012.

[18]四川省档案局,四川大学历史系.清代乾嘉道巴县档案选编[M].成都:四川大学出版社,1989.

[19]郭孟良.从商经[M].武汉:湖北人民出版社,2006.

[20]漪子.士商要览[M].武汉:湖北人民出版社,1996.

[21]吴中孚.商贾便览[M].武汉:湖北人民出版社,1996.

[22]陶承庆.商程一览醒迷[M].武汉:湖北人民出版社,1996.

[23]程春宇.士商类要[M].武汉:湖北人民出版社,1996.

[24]杨正泰.天下水陆路程·天下路程图引·客商一览醒迷[M].太原:山西人民出版社,1992.

[25]仁井田升.北京工商基尔特资料集[M].日本东京大学东洋文化研究所东洋文献中心刊行委员会,1975—1983.

[26]李华.明清以来北京工商会馆碑刻选编[M].北京:文物出版社,1980.

[27]上海博物馆图书资料室.上海碑刻资料选编[M].上海:上海人民出版社,1980.

[28]彭泽益.中国工商行会史料集[M].北京:中华书局,1995.

[29]彭泽益.清代工商行业碑文集萃[M].郑州:中州古籍出版社,1997.

[30]傅崇矩.成都通览[M].成都:巴蜀书社,1987.

[31]云游客.江湖丛谈[M].北平时言报社,1936.

[32]湖南法制院,湖南调查局,劳柏林校注.湖南民情风俗报告书·湖南商事习惯报告书[M].长沙:湖南教育出版社,2010.

[33]中南财经政法大学法律文化研究院.中西法律传统(第七卷)[M].北京:北京大学出版社,2009.

[34]刘尧汉,卢央.文明中国的彝族十月历[M].昆明:云南人民出版社,1986.

[35]龙建民.市场起源论——从彝族集会到"十二兽纪日"集场考察市场的起

源[M].昆明:云南人民出版社,1988.

[36]李正华.乡村集市与近代社会:二十世纪前半期华北乡村集市研究[M].北京:当代中国出版社,1998.

[37]李学兰.中国商人团体习惯法研究[M].北京:中国社会科学出版社,2010.

[38]眭鸿明.清末民初民商事习惯调查的研究[M].北京:法律出版社,2005.

[39]苗鸣宇.民事习惯与民法典的互动:近代民事习惯调查研究[M].北京:中国人民公安大学出版社,2008.

[40]张松.变与常:清末民初商法建构与商事习惯之研究[M].北京:中国社会科学出版社,2010.

[41]孙丽娟.清代商业社会的规则与秩序:从碑刻资料解读清代中国商事习惯法[M].北京:中国社会科学出版社,2005.

[42]姜锡东.宋代商人的商业资本[M].北京:中华书局,2002.

[43]樊树志.晚明史:1573—1644(上册)[M].上海:复旦大学出版社,2015,第2版.

[44]李德中.新编经纪人概论[M].成都:西南财经大学出版社,2013.

[45]中国民事习惯大全(影印本)[M].上海:上海书店出版社,2002.

[46]新商法商人通例公司条例释义[M].良友社出版发行,民国三年(1914).

[47]张家镇等.中国商事习惯与立法理由书[M].北京:中国政法大学出版社,2003.

[48]南京国民政府司法行政部.民事习惯调查报告录(修订版)[M]北京:中国政法大学出版社,2005.

[49]马珺.清末民初民事习惯法对社会的控制[M].北京:法律出版社,2013.

[50]韩国磐.隋唐五代史纲[M].北京:人民出版社,1977.

[51]王仲荦.隋唐五代史[M].上海:上海人民出版社,1988.

[52]孔经纬.简明中国经济史[M].长春:吉林大学出版社,1986.

[53]漆侠.宋代经济史[M].上海:上海人民出版社,1988.

[54]张博泉.金代经济史略[M].沈阳:辽宁人民出版社,1981.

[55]李干.元代社会经济史稿[M].武汉:湖北人民出版社,1985.

[56]王孝通.中国商业史[M].上海:商务印书馆,1936.

[57]傅筑夫.中国经济史论丛[M].北京:三联书店,1980.

[58]张海鹏,张海瀛主编.中国十大商帮[M].合肥:黄山书社,1993.

[59]刘娟等选编.北京经济史资料[M].北京:北京燕山出版社,1990.

[60]杨法运,赵筠秋主编.北京经济史话[M].北京:北京出版社,1984.

[61]虞和平.商会与中国早期现代化[M].上海:上海人民出版社,1993.

[62]王日根.乡土之链——明清会馆与社会变迁[M].天津:天津人民出版社,1996.

[63]汤锦程.北京的会馆[M].北京:中国轻工业出版社,1994.

[64]陈宝良.中国的社与会[M].杭州:浙江人民出版社,1996.

[65]张振华,赵志伟.传统中国商人的贾道透视[M].深圳:海天出版社,1993.

[66]杨荫深.事物掌故丛谈[M].上海:世界书局,1945.

[67]施沛生编.中国民事习惯大全[M].上海:上海广益书局,1926,上海书店,2002影印.

[68]李剑农.宋元明经济史稿[M].北京:三联书店,1957.

[69]尚秉和编著.历代社会风俗事物考[M].上海:商务印书馆,1939.

[70]瞿宣颖纂辑.中国社会史料丛钞[M].上海:商务印书馆,1937.

[71]傅衣凌.明清时代商人及商业资本[M].北京:人民出版社,1956.

[72]李乔著.中国行业神崇拜[M].北京:中国华侨出版公司,1990.

[73]李乔.行业神崇拜:中国民众造神运动研究[M].北京:中国文联出版社,2000.

[74]亨特.旧中国杂记[M].广州:广东人民出版社,1992.

[75]亨特.广州"蕃鬼"录[M].广州:广东人民出版社,2009.

[76]加藤繁.中国经济史考证(卷一)[M]台北:华世出版社,1981.

[77]加藤繁.中国经济史考证[M].北京:中华书局,2012.

[78]寺田隆信.山西商人研究[M].张正明等译.太原:山西人民出版社,1986.

[79]奥朗奇.中国通商图——17—19世纪西方人眼中的中国[M].何高济译.北京:北京理工大学出版社,2008.

[80]张渝.清代中期重庆的商业规则与秩序[M].北京:中国政法大学出版社,2010.

[81]张彦台.蜕变与重生:民国华北牙商的历史演进[M].太原:山西人民出版社,山西经济出版社,2013.

[82]钱南扬.汉上宦文存[M].上海:上海文艺出版社,1980.

[83]童书业.中国手工业商业发展史[M].济南:齐鲁书社,1981.

[84]韦庆远.明清史辨析[M].北京:中国社会科学出版社,1989.

[85]格林比.清代广东十三行行商伍浩官轶事[J].亚细亚杂志,1925,(10).

[86]龙登高.论宋代的捐客[J].思想战线,1990,(5).

[87]张徐.关东第一马市习俗调查[J].民间文学论坛,1992,(4).

[88]杨其民.买卖中间商"牙人""牙行"的历史演变——兼释新发现的嘉靖牙帖[J].史林,1994,(4).

[89]邓季方."牙郎"之"牙"考辨[J].古汉语研究,1992,(3).

[90]张彦台.民国时期北方牙商的社会特征[J].河北学刊,2014,(1).

[91]小林高四郎.唐宋牙人考[J].史学,1929,(8).

[92]斯波义信.宋代的干运与经纪[J].孙耀,李凭合译.运城师范专科学校学报,1985,(3).

[93]老北京的牙行和牙税[N].财会信报,2007-08-27.